Rudolf Krämer-Badoni

Zwischen allen Stühlen

LAURA

Rudolf Krämer-Badoni

Zwischen allen Stühlen

Erinnerungen eines Literaten

Herbig

Umschlaggestaltung: Christel Aumann, München
Satz: Fotosatz Service Weihrauch, Würzburg
Schrift: 10/12 Punkt Palatino gewöhnlich u. kursiv, System Berthold
Druck und Binden: May + Co., Darmstadt
ISBN 3-7766-1354-8

Inhalt

I

Der Abiturient von 1933

Kein Deutscher, der 1933 erwachsen und weder Nazi noch Verfolgter war, hat ohne seelische Beschädigung überlebt, auch wenn er nichts verbrochen hat. Nicht möglich? Das werden wir gleich sehen.

Zwar ist vielen die Kunst des Verdrängens, vielen sogar die Wohltat des völligen Vergessens gewährt, nicht aber Schriftstellern, Journalisten und Politikern. Oder sollte doch nicht. Aber wieviel Erinnerungsbände meiner Generationsgenossen gibt es, die mit dem Jahr 1933 abbrechen, »Ende des ersten Bandes«, auf den nie ein weiterer folgt, oder die mit ein paar nichtssagenden Sätzen über zwölf Jahre hinweghuschen, wenn sie nicht sogar von innerer Emigration und heimlichem Widerstand faseln. Wo sind denn die vielen Juden, die von Schreibenden und öffentlich Redenden gerettet wurden? Ich habe keinen Juden gerettet, ich habe mich selbst gerettet.

Ja, fangen wir gleich mit dem Trauma an, dem sie alle so kunstvoll aus dem Weg gehen. Ende Dezember 1932 war ich wild euphorisch, der Sohn unbeschreiblich armer Eltern – ich versage mir das Wort Proletarier –, bewunderter Oberprimaner des Rheingau-Gymnasiums in Geisenheim: Ich hatte nach Vorlage einer Jahresarbeit über »Hugo Ball und Dada« von der »Studienstiftung des deutschen Volkes« die Zusage eines wundervollen Studienstipendiums erhalten und war im siebten Himmel. Die ganze Welt lag mir zu Füßen.

An einem dieser euphorischen Abende fuhr ich mit dem Rad zu irgendeiner Arbeitsgemeinschaft von Rüdesheim nach Geisenheim. Auf halbem Weg überholte ich ein marschierendes Häuflein SA-Männer, sie grölten: »Wenn das Judenblut vom Messer spritzt, dann geht's noch mal so gut.« Da kam mir, ebenfalls auf einem Fahrrad, ein Gendarm entgegen. Ich steuerte auf ihn zu, hielt an und sagte: »Bitte unterbinden Sie diese empörende sittenwidrige Grölerei.« Er nickte, ich bedankte mich und fuhr weiter in meinem siebten Himmel.

Am nächsten Abend wurde ich auf einem windschiefen verschlafenen Plätzchen hinter der Rüdesheimer katholischen Kirche plötzlich von fünf Burschen umringt. Namen vergesse ich leicht, diese habe ich für immer behalten: Hess, Neist, Querbach, Dadischek, den fünften habe ich nun doch vergessen. Einige werden noch in Rüdesheim leben.

»Das häsche nit geglaabt, daß der Gendarm aaner vun uns is, hä?«

Sie rückten mir näher. Flucht war unmöglich, Gegenwehr sinnlos. Ich wich zurück, mit dem Rücken zur Wand, betont aufrecht, und faßte sie scharf ins Auge. Ich wußte, sie würden nicht zuschlagen, ich hätte sie angezeigt. Sie müßten mich totschlagen, aber dazu hatten die umstehenden Häuser zu viele Fenster.

So stand die Gruppe eine Weile unentschlossen da. Bis einer von ihnen sagte: »Noch aamol, un du bisch e Leich.«

Sie zogen ab, und ich kehrte in meinen siebten Himmel zurück. Tatsächlich, das lief an mir ab wie Wasser. Ihre »Partei« war im Niedergang, und das waren die Anhänger. Zores.

Einen Monat später war Hitler Reichskanzler. Der Geisenheimer Naziführer, ein unflätiger Bengel (einige Jahre nach 1945 ein achtbarer Bürger, wenn man mit Geisenheimern sprach), hielt im Hof des Gymnasiums eine Rede: »... und da gibt's bei euch Lehrer, dene wer'n mer die Zung aus'm Hals reiße ...« Das war auf Schlitt gemünzt, Englisch und Geographie, Reichsbannermitglied, er fuhr bei Wahlkämpfen auf offenen Lastwagen zusammen mit seinen Kameraden durch den Rheingau. Ich war Klassen- und Schulsprecher. Sofort setzte ich ein Schreiben auf, wonach die gesamte Oberstufe bezeuge, daß Studienrat Schlitt ein ausgezeichneter und von uns allen hoch

geachteter Lehrer sei und in all den Jahren kein einziges Wort und keine einzige Andeutung über Politik haben fallen lassen. Die Schüler, und darunter auch alle Nationalsozialisten, bäten um Vorlage dieses Zeugnisses bei der oberen Schulbehörde.
Außer einem Klassenkameraden namens Werkmeister, der sich nie in unsere wilden politischen Diskussionen eingemischt hatte und zu meinem Entsetzen die Unterschrift verweigerte (und mir 1947 fröhlich auf der Rheinpromenade begegnete, auf der Durchreise, mit einer Amerikanerin verheiratet, »fliege übermorgen in die Staaten zurück«), außer diesem unbegreiflichen Kerl unterzeichneten alle Schüler und Schülerinnen der drei obersten Klassen, und tatsächlich auch alle, die seit Jahren in Naziorganisationen mitmachten, ja sogar Cecil Nassenstein, der von mir nicht viel Gutes erfahren hatte und später ein hohes Tier bei den Nazis und nach 45 Direktor bei der Firma Kalle in Biebrich wurde. Ich verschwieg, daß einer nicht unterzeichnet hatte, und trug das Blatt zu dem strengen, weißbärtigen »Alten«, dem Oberstudiendirektor Brokmann. Der alte Herr las das Blatt, dankte und reichte mir die Hand – und brach in Tränen aus. Er sah sehr komisch aus, der strenge Mann in Tränen. Wenige Tage später versetzte die Kasseler Schulbehörde Schlitt, wir erfuhren nicht, wohin. Tausend Jahre später lernte ich in Wiesbaden einen Arzt namens Schlitt kennen, ich fragte ihn, ob er verwandt sei mit meinem Geisenheimer Schlitt, er war verwandt, und ob sein Verwandter noch lebe. Er war nun Oberstudiendirektor in – den Ort habe ich vergessen.
Damals wußten wir nur, daß er versetzt und sofort abgereist war, und das genügte. Und ich hätte mich wieder im siebten Himmel fühlen können. Aber da mußte ich schon schweren Herzens allen widersprechen, die dem Hitler zwei Jahre zum Abwirtschaften gaben, ich bot jedesmal Wetten auf zwanzig Jahre an und wurde jedesmal ausgelacht. Ich bin der Meinung, die Wetten gewonnen zu haben, auch wenn's dann nur zwölf Jahre wurden.
Mein Klassenlehrer, der klein gewachsene, rundliche Studienrat

Engel, genannt »der Dobsch« (Kreisel), ein katholischer Priester und Betreuer der Ursulinen, die dem Gymnasium gegenüber eine Mädchenschule unterhielten, bat mich kurz danach ins Lehrerzimmer, bedankte sich gerührt für unsere »großartige Aktion« und überreichte mir verlegen meine Jahresarbeit über den Zürcher Dada. »Du verstehst«, sagte er, (vor drei Jahren hatte er uns gebeten, beim Du bleiben zu dürfen; einstimmig bewilligt) »vielleicht verstehst du, nicht wahr, was da jetzt alles los ist, natürlich verstehst du, und das heißt, diese Arbeit da, wir können sie nicht vorlegen. Aber ich meine, verstehst du, das macht gar nichts, du mußt halt die mündliche Prüfung in Deutsch ablegen, Kinderspiel für dich, hast sowieso das Abitur ›mit Auszeichnung‹ so gut wie in der Tasche.« Ich nahm konsterniert das Konvolut entgegen und dachte dabei an die Kopie, die von der Studienstiftung so begeistert aufgenommen worden war, und Engel klopfte mir auf die Schulter und sagte: »Um Himmels willen, mach dir nichts draus.«
Ich versuchte, mir nichts daraus zu machen, und fand zu Hause einen Brief von der Studienstiftung vor, der mich für einen der nächsten Tage in den Baseler Hof nach Frankfurt bestellte, dort werde ich von dem Herrn Konsistorialrat Soundso erwartet. Der Konsistorialrat empfing mich feierlich, freundlich, todernst und sagte: »Lieber junger Freund, Sie werden verstehen, Sie sind ja intelligent, also verstehen Sie, nachdem sich nun das Blatt gewendet hat, Sie verstehen, was ich meine, jetzt ist die Studienstiftung dem Führer verantwortlich, und so mögen Sie wohl schon von selbst darauf gekommen sein, daß wir auf eine Arbeit über dieses Thema da kein Stipendium vergeben können. Aber ein junger Mann mit Ihrer Begabung ist nicht auf uns angewiesen, das nehmen Sie bitte als prophetisches Wort nicht der Studienstiftung, sondern meiner schlichten Person mit.« Und er überreichte mir feierlich die Kopie, deren Original mir vor ein paar Tagen ungefähr mit dem gleichen Text überreicht worden war. Ich dachte an meinen Vater, den Briefträger, und an meine Mutter, die uns mit Kartoffeln ernährte, ich kämpfte mit den

Tränen, und da lachte ich: ich sah den komisch aussehenden Brokmann vor mir. Der Herr Konsistorialrat sah mich erstaunt an. »Na, Sie nehmen das ja sonderbar leicht.« Es klang enttäuscht. Ich hätte sagen müssen, ich sei so überaus glücklich über seine Prophetie. Aber in einem solchen Augenblick sind nicht viele arme »junge Freunde« schlagfertig. Ich sagte: »Es ist die Aufregung. Es ist das Gegenteil von Leichtnehmen.« Jetzt erschrak er, das kam ihm wohl neurotisch vor. »Sie werden sich doch nichts antun?« Er erhob sich und begleitete mich durch die Halle. Ich sah leer vor mich hin, weit hinaus vor mich hin, und sagte: »Wer weiß.« Kopfschüttelnd ließ er mich gehen.

Das Abitur fand erst im März statt. Bis dahin also Tag für Tag auf dem Fahrrad zur Schule. An einem Samstag im Februar kamen mir zwei Personen entgegen: ein Hüne in SA-Uniform und der kleine Herr Strauß aus Geisenheim, der auf dem Weg zur Rüdesheimer Synagoge war. Der SA-Mann trieb mit Fußtritten den kleinen Mann in den tiefen Straßengraben hinunter, der kleine Herr Strauß lief ein paar Schritte im Graben, und wenn er wieder heraufkletterte, stieß ihn der Kerl mit einem Fußtritt wieder hinunter. So gingen sie gemeinsam nach Rüdesheim, und so sah ich sie von weitem kommen. Ich kannte den Herrn Strauß, und er kannte mich. Ich fuhr ganz langsam, vielleicht läßt der Kerl von seinem Treiben ab. Aber der brutale Kloben, den ich nicht kannte, kümmerte sich nicht um den Radfahrer, ich hörte den Herrn Strauß betteln: »Hannes (oder irgendein anderer Name), hör doch uff, ich kenne doch dein' Vatter so gut«, was den Kerl noch wilder machte, und ich – ich fuhr vorüber.

Am liebsten hätte ich mich am nächsten Baum aufgehängt. Ich hätte es tun sollen, und ganz Deutschland mit mir. Dann wäre mir und ganz Deutschland manches erspart geblieben. Tagelang redete ich mir Beschwichtigungen ein: ein schwächlicher, untererernährter Junge gegen einen muskelschweren Gorilla? Herr Strauß hätte mich mit Namen angeredet, und diesmal hätte die SA ganze Arbeit mit mir geleistet. Und noch mehr des

plausiblen Zeugs, aber es half nichts. Bis die Selbstvorwürfe unter dem Eindruck von Schrecklicherem allmählich schwächer wurden. Ich habe das irgendwo schon einmal zu Protokoll gegeben, Jahre nach dem Ende der Schrecken, beim Graben in meiner Erinnerung, und ich schloß mit ungefähr diesen Worten: »Der kleine Herr Strauß ist tot, und ich werde nie davon frei sein.« Das war pointiert gesagt, ich erkundigte mich dann, der Herr Strauß war bald nach jenem Vorfall ausgewandert. Also könnte ich jetzt davon frei sein? Die Ohnmacht, das schweigende Vorbeifahren, die Wut auf mich selbst – das kann ich mir gut und plausibel erklären, aber vergessen nicht.
Und nun darf ich fragen: Ist das eine seelische Beschädigung oder nicht? Und ich darf weiter fragen: Gibt es einen Deutschen von damals, der nichts dergleichen erlebt hat?
Da haben wir's also. Es ist das allgemein Erfahrene. Jetzt gehen wir zum Besonderen weiter. Das Abitur im März endete tatsächlich so, wie Engel vorausgesagt hatte. Vermutlich hat noch nie ein Neunzehnjähriger ein Zeugnis »mit Auszeichnung« mit so blicklosen grauen Augen entgegengenommen. Da stand ich nun. Ich ging zum Rüdesheimer Bürgermeister, dem »neuen«, und erkundigte mich, ob ich aus dem Begabtenfonds (den gab es) ein Studiendarlehen erhalten könne. Abgelehnt. Ich schrieb einem wohlhabenden Onkel Rudolf, meinem Taufpaten, und bat ihn um ein Studiendarlehen. Er antwortete, ein so intelligenter Junge habe gerade heute glänzende Aussichten als Offizier, und legte zwanzig Mark bei. Ich versuchte es ein paar Tage als kaufmännischer Lehrling in einer Weinhandlung und gab fast sofort wieder auf. Mein Vater bekam von seiner Post Aussicht gemacht auf spätere Einstellung seines Sohnes als Anwärter für die mittlere Laufbahn.
Und da sagte ich mir eines Tages: Jetzt denkst du einmal scharf nach, und dann handelst du. Also: Du hattest eine fabelhafte Chance, die Stiftungsfachleute hatten geurteilt und wollten dir die Möglichkeit geben, dich in der Literatur umzusehen. Und der Lektor des Reclam-Verlags, dem du deinen handgeschrie-

benen Roman geschickt hast, hatte recht: »Tausend Blatt persönliche Erlebnisse ein Kunstwerk? Studieren Sie die Weltliteratur, und danach nehmen Sie Ihren begabten Federhalter oder besser Ihre begabte Schreibmaschine wieder zur Hand.« Nie mehr einem so interessierten, ehrlichen, harten Lektor begegnet! Das Manuskript habe ich dann im Küchenherd verbrannt. Aber in Frankfurt gibt es einen Dozenten namens Kommerell, bei dem studierst du.

Warum nicht? Du hattest schon gewonnen, und da kommt im letzten Augenblick dieser Braunauer Dilettant dazwischen, dem ahnungslose Leute zwei Jahre geben und der das deutsche Volk sich selbst entfremdet. Willst du dir von dem Ganoven deine Begabung abwürgen lassen? Studium aufgeben? Und nach zwanzig Jahren geistig unbewaffnet unter den verwirrten Deutschen stehen? Und das Lächerlichste: wenn du Geld hättest, gäbe es überhaupt kein Problem. Du brauchtest nicht bei den Nazis zu betteln. So aber ist alles klar.

Unmöglich. Du kannst vor diesem Pack nicht zu Kreuze kriechen. So, kannst du nicht? Warum nicht? Ich werde nie mehr gut von mir denken können. Konntest du denn das je? Nein, aber nicht so. Lieber Steine klopfen.

A propos Steine klopfen. Das ist eine Idee. Ein Rüdesheimer Arbeitsloser ist in Auerbach beim freiwilligen Arbeitsdienst, da klopfen sie Steine. Du gehst zum Parteilokal und meldest dich gleichzeitig in Auerbach an. Danach stellst du einen Antrag beim Studentenwerk. Den Rest besorgt das Abiturzeugnis. Nimm die Demütigung auf dich, gerade hier, wo jeder jeden kennt. Das wirst du dir und ihnen nie vergessen. Hier handelt es sich überhaupt nicht um gut oder ungut, hier handelt es sich darum, diese lausigen Machthaber übers Ohr zu hauen und ihnen das mit List zu entreißen, was sie dir vorenthalten wollen. Verstanden?

Im Parteilokal stauten sich die Rüdesheimer. Die Partei war gerade »auf kurze Zeit« für Eintritte geöffnet worden. Einige waren aufgekratzt, die meisten suchten die Blicke aller andern zu meiden. Der Vorsitzende war ein älterer Gutsverwalter, aber einer der fünf, die mir die Verwandlung in einen Leichnam angedroht hatten, saß neben ihm. Als ich an die Reihe kam, blickte der Vorsitzende, nein: Ortsgruppenleiter freundlich auf, er kannte meinen Vater und vom rühmenden Hörensagen offenbar auch mich, und er sagte: »Gut so, freut mich sehr, Sie haben recht.« Der andere sagte: »Er muß auch in die SA eintreten.« Der Ortsgruppenleiter griff nach einem abseits liegenden Haufen Papier, das verschaffte mir die Zeit, das Wiedereinsetzen meines Herzschlags, der ausgesetzt hatte, abzuwarten. »Ja«, sagte er, »selbstverständlich«. Ich stützte mich auf den Tisch und sagte: »Selbstverständlich.«

Selbstverständlich! Ich brauche nicht zu beschreiben, in welchem Zustand ich zu Hause ankam. Meine Mutter hatte den Vater schon informiert. Er war zwar ein armer Briefträger, aber ein gescheiter und beliebter Mann. Zentrumsstadtverordneter, der nicht leicht zu haben war, aber das war wohl jetzt zu Ende, und Präsident des Männergesangvereins Harmonie, wo er bei dem jährlichen Sängerfest gereimte witzige und satirische Vorträge hielt. Wenn es bei den Proben zu Streitigkeiten kam, brauchte er nur langsam aufzustehen, und sofort war Ruhe. Einmal hatte er einen hartnäckigen Unruhestifter gepackt und durchs geschlossene Fenster des ebenerdigen Saales hinausbefördert.

Ich trat in die Küche, er sah mich forschend an. Ich ließ mich auf einen Stuhl fallen und stöhnte. Die erwarteten Vorwürfe blieben aus. Er sagte nichts. Ich sah ihn nur an, und er wußte Bescheid. Er nickte. Wir wechselten nie ein Wort darüber.

Die SA sah mich zwei- oder dreimal, denn noch am selben Tag meldete ich mich zum Arbeitsdienst nach Auerbach. In den »Schulungsabenden« erklärte einmal der Neist, ein andermal der Hess das Gewehr 98. Es zerfiel nämlich in Teile, eine sehr wichtige Eigenschaft, vielleicht 98, ich weiß es nicht.

In Auerbach arbeiteten wir in einem Steinbruch, zerkleinerten die Brocken und legten damit den Unterbau eines Waldweges.

Ein noch junger Opernsänger, dem Trunke und den Auerbacher Mädchen ergeben, schmetterte oft mit alkoholgeschädigter Stimme seine Arien durch den Steinbruch, machte sich bei der Führung beliebt und wollte, wie er mir einmal erklärte, hier eine neue Karriere suchen: »Der Arbeitsdienst wird nämlich nächstens Pflichtdienst, dann brauchen sie Führungspersonal.« Einen Wiesbadener Abiturienten, Walther Ludwig, sollte ich an der Universität wiedersehen, und am Ende der Nazizeit war er Studienrat, wurde aber bald Referent für höhere Schulen beim Hessischen Kultusminister Metzger. Da kannten wir uns also schon lange, und wir waren, na, sagen wir befreundet, obwohl er mich, wenn er ein Glas zu viel getrunken hatte, »du blöder Schwarzer« schimpfte. Als ich 1949 den erfolgreichen Roman »In der großen Drift« veröffentlichte, kam er nach Rüdesheim und sagte, ich solle das Buch beim Minister einreichen und mich um den Büchner-Preis bewerben. Bewerben? Ich? »Wenn der Minister etwas von mir will, soll er sich bei mir melden.« Ludwig antwortete: »Er hat sich hiermit gemeldet, und du bist hiermit abgemeldet.« In Ordnung. Wir blieben trotzdem, na, sagen wir befreundet.
Die Arbeit in Auerbach ging über meine Körperkräfte. Als dann eines Nachts im Lager getuschelt wurde und am nächsten Morgen einer mit blauen Flecken und blutunterlaufenen Augen beim Appell erschien (»ein Kommunist, der Dingsda, hat heute nacht eine anonyme Abreibung bezogen«), da hatte ich genug. Ich ging zum Büro und ließ mir eine Bescheinigung über die drei Monate geben; ich müsse mich nämlich bei der Post vorstellen.
Meine Eltern erschraken: »Ist etwas passiert?« Ich sagte, ich hätte genug, und bat meinen Vater, wieder einmal bei seiner Post nachzuhören. Ich mußte versuchen, etwas Geld zusammenzubringen, da ich von Ludwig gehört hatte, fürs erste Semester komme das Studentenwerk nicht auf. Mein Vater hatte Glück, ich wurde als Anwärter eingestellt und bekam 80 Mark im Monat. Kurz darauf schon wurde ich versetzt, und dann wieder,

und eines Tages fuhr ich nach Frankfurt zu einem mehrmonatigen Kursus: Vorbereitung der Inspektorprüfung.
Kurz vor der Abschlußprüfung suchte ich Professor Scherpner im Studentenwerk auf. Den Namen hatte ich von Walther Ludwig, und dazu die Versicherung, Scherpner sei kein Nazi. Ich hatte einen Brief bei mir: ich bäte um Bewilligung des Gebührenerlasses und womöglich eines Stipendiums (nach jedem Semester mit einer Fleißprüfung verbunden); zwar sei ein großzügiges Stipendium der Studienstiftung wegen einer Arbeit über Dada widerrufen worden, doch hoffte ich, daß die beiliegende Abschrift des Abiturzeugnisses ... Scherpner, ein ruhiger Mann in mittleren Jahren, las den Brief, steckte ihn samt dem Zeugnis wieder in den Umschlag, warf einen kurzen Blick ins Nebenzimmer, wo zwei Studenten mit Akten und Maschinentippen beschäftigt waren, öffnete die Tür, schob mich wortlos hinaus, begleitete mich schweigend durch den Flur bis hinaus ins Freie. »Stecken Sie den Brief weg«, sagte er. »Sie scheinen wahnsinnig zu sein. Studienstiftung hat zwar widerrufen, aber – aber ich bin politisch nicht förderungswürdig. Das und nichts anderes steht in Ihrem Brief. Weg damit. Sind Sie nicht in irgendeiner Organisation?« Ich sagte ihm alles. »Und warum haben Sie das nicht reingeschrieben?« Ich war deprimiert, jetzt war mir alles gleichgültig, und ich sagte, ich murmelte: »Ich habe mich geschämt.« Er sah mich scharf an, ich sah zu Boden, vorbei auch mit dieser Hoffnung. Da hörte ich ihn sagen: »Mein Gott, wie ich Sie verstehe.« Das war wie ein elektrischer Schlag. Ich sah auf. Er war wieder der Gleichmütige wie am Anfang. »Waren Sie im Arbeitsdienst?« – »Drei Monate.« – »Das langt nicht. Sie müssen noch drei, vielleicht sogar sechs Monate machen. Und dann stellen Sie bei mir den Antrag, aber so, als ob Sie – sich nicht schämten.« – »Ich trete also aus dem Postdienst aus.« – »Bedenken Sie aber: versprechen kann ich Ihnen nichts.« – »Ist gut«, sagte ich, »ich trete am Tag vor der Abschlußprüfung aus.« – »Wollen Sie nicht zur Absicherung ...?« – »Nein, ich will diese Brücke hinter mir abbrechen.« Seine Augen veränderten

sich. Er gab mir die Hand und sagte: »Ich werde mir Ihren Namen merken.« Er nickte mir zu und wandte sich zurück ins Haus. Und ich ging zum Asta und erkundigte mich.

Tatsächlich wurden die drei Monate überhaupt nicht anerkannt. Aber ich könne mich sofort in Königstein melden, da beginne gerade ein halbes Jahr, dem Semesterrhythmus angepaßt. Am nächsten Tag verließ ich den Postdienst, zum kopfschüttelnden Erstaunen des Personalchefs. Auch bei der Post gab es für die Jungen eine Art SA, das hieß dort »Postschutz«. Dort wurde der Karabiner nicht nur zerlegt, sondern auch zum Übungsschießen verwendet, und zur blanken Wut eines Telegrafenarbeiters, der Postschutzführer war, schoß ich Zwölfer. Alles zum Kotzen.

Der zweite Arbeitsdienst war mein Glück. Nach ein, zwei Monaten kam eine Inspektion, und unter den höheren Arbeitshelden, die unsere Spatenfront abschritten, schritt auch mein Opernsänger mit. Er fiel mir um den Hals, mitten im Abschreiten. Und ich wurde auf seinen Wunsch zu einer Kommission abkommandiert, die im entmilitarisierten Rheinland »Musterungen« durchführte, angeblich für den Arbeitsdienst, in Wirklichkeit fürs Militär. Von da an bekam ich ein schönes Tagegeld, und wir fuhren monatelang durch die Lande. Mein erstes Semester war finanziert. Wäre finanziert gewesen, wenn ich nicht zwischendurch ein Gutteil des Geldes mit Wein und Weibern durchgebracht hätte. Pfennigfuchserei war mir nicht gegeben, wie arm ich auch immer war.

Scherpner hatte mich tatsächlich nicht vergessen, er nahm meinen Antrag entgegen, ich wurde in den Studentenbund eingeschrieben und zog zu einer Gruppe abenteuerlicher Typen ins »Kameradschaftshaus«: versoffene ehemalige Korpsstudenten, sanfte Verschreckte, unbekümmert tollende Knäblein, bösartige Streber und Spitzel, und über allen ein krummbeiniger, schielender Studentenführer, der uns eines Abends in einem Vortrag mitteilte, der Führer werde nach seinem Hingang »zur Ehre der Altäre erhoben«. Ich lachte, und um ein Haar wären meine Tage an der Universität gezählt gewesen.

Jetzt meldete sich auch die Frankfurter SA und erhielt ein Urlaubsgesuch, das bewilligt wurde; Grund: in einigen Wochen Fleißprüfung.

Schon nach vierzehn Tagen war ich in eine Studentin verliebt, die mich nach einiger Zeit mit ihrem Freundeskreis bekannt machte. Das geistige Haupt war Wolfgang Abendroth. Er hatte sich exmatrikuliert, um den Nazis aus den Augen zu sein, hatte aber einen Jura-Professor, der sich um seine Promotion kümmerte. Wir waren bald befreundet, und gelegentlich trafen sich die Freunde bei der »Heiligen Familie«, das waren seine gütigen Eltern und er. Hie und da machten wir auch gemeinsame mehrtägige Wanderungen. Einmal fragte er mich, warum ich nicht der Partei beitrete, nachdem wir uns doch über den Hitler total einig seien. »Sind wir«, sagte ich, »aber ich bin kein Sozialist. Du mußt bedenken, ich trage den Marschallstab des Kapitalisten im Tornister.« Das sollte sich allerdings als Übertreibung erweisen. Und ob er die SPD oder die KPD meinte, wußte ich nicht und fragte auch nicht danach. Später warnte mich ein Nazi vor dem Umgang mit dem Mädchen; sie sei zwar im Studentenbund (ich weiß nicht mehr, wie die weibliche Organisation hieß), aber sie werde seit neuestem mißtrauisch beobachtet; ihr Vater sei, wie man jetzt erfahren habe, schon 1933 aus seinem städtischen Amt gejagt worden. Ich benachrichtigte sie sofort, sie exmatrikulierte sich und setzte ihre Studien in München fort. Mit Abendroth blieb ich auch nach 45 befreundet, aber vielleicht nur bis 1972. Darüber später.

Damals lernte ich auch eine italienische Studentin kennen. Laura verliebte sich rettungslos in mich und machte mich langsam meiner Freundin abspenstig. Im Jahre 1937 heirateten wir, fanden eine hübsche Wohnung in der May-Siedlung Römerstadt und mußten kurz darauf ihrem Vater mitteilen, daß ich mein Stipendium verloren hatte. Er schickte uns monatlich eine kleine Summe, die bei sparsamstem Leben ohne Zigaretten hinreichen konnte. Ich hatte den Studentenführer öffentlich beleidigt und war aus dem famosen Club ausgestoßen worden.

Gleichzeitig wurde mir empfohlen, die Universität zu wechseln, man könne dem Beleidigten nicht zumuten, an derselben Universität usw.
Ich ging zu Kommerell, der sich entsetzte: unter diesen Umständen könne ich ihm, dem so sehr Gefährdeten, keine Mitwirkung zumuten, ich möge doch bitte zum Ordinarius Franz Schultz gehen. Ich fand drei Professoren, die sich bereiterklärten, mich blitzschnell zu promovieren; ich konnte mich also ruhig exmatrikulieren. Die drei waren Franz Schultz, Hans Lipps und Paul Kirn. Für Mittelhochdeutsch mußte ich allerdings mit einem vorlieb nehmen, er hieß Brinkmann, der mich in der mündlichen Prüfung mit Sicherheit hereinlegen würde. Mich darauf vorzubereiten war zwecklos, das wußte ich schon, er hatte als Korreferent meine Dissertation »Rilke und Bachofen« verworfen. (In den sechziger Jahren warf mir einmal ein linker Salomo vor, ich hätte in der Nazizeit voller Raffinesse mit einem unverfänglichen Thema promoviert. Das hat mich sehr amüsiert. Er selbst scheint in der Nazizeit mit einer Kritik der Sprache Hitlers die Professoren hingerissen zu haben. Was für Leute!)
Am Abend vor der Prüfung saß ich, unfähig zu denken, im Seminar herum. Nervös griff ich mir aufs Geratewohl ein Bändchen vom Regal, schlug es auf und verstand sehr wenig. Sitzt man also jahrelang im Seminar, und eines Tages fällt einem etwas in die Hände, wovon nie die Rede war. Fortwährend mußte ich im Glossar und in den grammatischen Anmerkungen nachsehen. Ich vergaß meine Sorgen und las mich fest. Es war ein mittelniederdeutscher Text, also Plattdeutsch aus dem Mittelalter. Kurios.
Am nächsten Morgen, ich schwöre alle heiligen Eide, legte mir der Mensch eben dieses Bändchen vor, mit der süffisanten Bemerkung, ich werde ja wohl auch mittelniederdeutsche Texte studiert haben. Um ein Haar hätte ich einen Jubelschrei ausgestoßen, aber es gelang mir, die Augen zu schließen, statt mich durch strahlende Augen zu verraten, und ich sah danach ein bißchen erschrocken aus. »Oder nicht?« sagte der Mensch

lauernd. Ich zuckte die Achseln und begann holpernd und Schwierigkeiten vortäuschend mit der Übersetzung. Ich mußte unbedingt verhindern, daß er die halbe Stunde noch mit einem anderen Einfall würzte. Durch Verzögerung und Diskussion gelang mir das tatsächlich, und er mußte mich passieren lassen. Dem Beisitzer hätte er eine Ablehnung nicht aufbinden können. Während der Schlußkonferenz stand ein Häuflein Kandidaten vor der Tür im Flur, alle sehr aufgeregt. Immer wieder kam Schultz heraus und gratulierte dieser oder jenem zum bestandenen Examen, meistens waren sie »sehr gut«, die Damen und Herren. Dann blieb ich übrig, und es geschah lange Zeit nichts. Die andern wollten mich trösten: das nächstemal halt, es ist ja bald wieder Termin. »Ihr seid gut«, murmelte ich. Dann wurde es drinnen laut, es wurde lauter, und einmal schien jemand mit der Faust oder der flachen Hand auf den Tisch geschlagen zu haben. Und wieder Stille. Bis plötzlich die Tür aufflog, Schultz wie eine Kanonenkugel herausschoß und mit den Worten auf mich zustürmte: »Herr Doktor, ich gratuliere, Sie haben mit gut bestanden.«

Ich drückte ihm mit beiden Händen die Hand. Schultz, der als politischer Feigling schon der allerersten Stunde verschrien war, hatte plötzlich unter Mißachtung aller Vorsicht gekämpft, und warum? Er sagte es selbst ein paar Tage später: »Der Herr Korreferent plädierte für die Note 5, unglaublich. Sie wollen damit, sagte ich ziemlich empört, den Kollegen Kommerell treffen, dessen Schüler der Kandidat lange Zeit war. Aber ich werde einige Passagen aus der Arbeit zitieren, dann werden die übrigen Herren hier verstehen, warum ich die Arbeit sehr gut nenne. Na, Sie hätten die verblüfften Zuhörer sehen sollen. Der Herr Korreferent gab es auf. Aber ich noch nicht. Ich sagte voller Zorn, ich hätte ja wohl nicht zu büßen dafür, daß ein Schüler Kommerells am Ende doch mich vorziehe. Der andere murmelte dann, ich möge doch jetzt aufhören, man könne sich auf die Note 2 einigen. Haha.« Er sagte das alles kürzer, besser, er sprach stets in abgehackten Sätzchen. Aber seine Kampfeslust war danach klar: Stolz darauf, daß er Kommerell einen Schüler abgejagt hatte. Dr. Mergell, der bei Schultz Assistent war, erzählte mir voller Bewunderung, Schultz habe sogar dem Studentenführer die Tür gewiesen; der schielende Zwerg hatte von Schultz verlangt, mich als Doktoranden abzulehnen.

Jahre nach dem Krieg saß ich mit Brinkmann zusammen in einer von Bonn eingesetzten Beraterkommission für die Rechtschreibreform. In einer Pause saß er zufällig mir gegenüber und erklärte seinem Nachbarn, warum er momentan keine Professur habe: »Sie wissen, wie das zugegangen ist. Viele Remigranten mußten versorgt werden. Nach Qualität wurde nicht gefragt.« Da schaltete ich mich ein: »Herr Brinkmann, ich mische mich ungefragt ein. Sie erinnern sich vielleicht an den Studenten, der von den Nazis gebrandmarkt im Dezember 1938 rasch Examen machen mußte. Sie als Korreferent haben meine Arbeit abgelehnt und in der mündlichen Prüfung mit einer ungewöhnlich schwierigen Textstelle aufgewartet, mit der ich allerdings nicht hereinzulegen war. Und nur weil Ihr Kollege Schultz mit den Nazis nicht die brutal verlangte Kumpanei machte, kam ich mit der Note Gut aus dem Examen. Nehmen Sie das als Zusatz zu der Erklärung, die Sie soeben abgegeben haben. Ich halte den Zusatz für notwendig, entgegen aller Höflichkeit.« Er schwieg. Sein Nachbar ebenfalls.

Im Frühjahr 1939 sagte ich zu Laura: »Geh nach Italien, in diesem Jahr beginnt Hitler seinen Krieg.« Alle meine Bekannten hielten mich für übergeschnappt, aber sie fuhr. Und sie fuhr gern, endlich wieder einmal normale Verhältnisse. Ich konnte nicht mitfahren, da neuerdings Männer des Jahrgangs 13, die noch keinen Militärdienst abgeleistet hatten, kein Visum mehr bekamen. Sie aber konnte für eine Weile – und es wurde eine Weile von über sechs Jahren – den ärmlichen Verhältnissen entkommen, in denen wir bisher gelebt hatten. Außerdem hatten wir nun ein Söhnchen zu versorgen, einen »Stammhalter«, wie mir die Schwester vom Rotkreuzkrankenhaus

strahlend nach der Entbindung mitgeteilt hatte. Diese Entbindungsanstalt hatte uns Dr. Katz empfohlen, den die italienische Studentin sich als ihren Frauenarzt gewählt hatte. Als sie schwanger wurde, ging ich mit ihr zu Katz und sagte: »Wir brauchen Ihren Rat. Sie ist jetzt eine Deutsche. Können Sie ohne Schwierigkeiten ihre Entbindung übernehmen?« – »Nur mit großen Schwierigkeiten. Sind Sie in der Partei?« – »Gott sei's geklagt.« – »Dann nenne ich Ihnen einen guten Kollegen, zu dem gehen Sie. Ich rufe ihn an. Übrigens sind Sie der erste, der zu mir kommt, um die Schwierigkeiten mit mir zu besprechen. Alle anderen Nichtjuden, auch Freunde, sind wortlos weggeblieben. Ich und Jude! Eisernes Kreuz erster Klasse, preußischer Nationaler! Ich gehe nicht weg. Mein Sohn sagt, ich soll zu ihm in die Schweiz kommen, er habe ein Dachkämmerchen für mich. Dachkämmerchen!«
Ich pries ihn glücklich, dieses Pied-à-terre in der Schweiz zu haben und warnte ihn vor den verniedlichenden Parolen; ich kenne andere Parolen. Er ließ sich nicht beeindrucken. Doch Jahre nach dem Krieg las ich in der FAZ die Notiz, daß der bekannte Frankfurter Frauenarzt Dr. Katz in New York, wo er eine angesehene Praxis aufgebaut habe, gestorben sei. Vielleicht hat die »Kristallnacht«, die kurz nach unserer Beratung vielen die Augen öffnete, auch ihn zur Ausreise bestimmt.
Die SA war ich schon vor dem Examen losgeworden. Jede Woche am gleichen Wochentag klingelte es, das war irgendein SA-Mann, der mich zum Dienst holen sollte. Das Wort Verdunkelung gab es damals noch nicht. Ich nannte die absolute Abdichtung der Fenster Luftschutz (das gab es schon) und amüsierte Laura mit großer Rhetorik über Luftschutz in Braunauer Deutsch. Es war also nie jemand zu Hause. Schließlich wurde ich zum Sturmführer bestellt. Als ich ankam, schnauzte er: »Sehen Sie da diesen Haufen Urlaubsgesuche! Damit ist jetzt Schluß, verstanden!«
»In einem halben Jahr«, sagte ich.
»Was?!?«

»Gerade jetzt muß ich ins Abschlußexamen, Sie können sich die irrsinnige Paukerei sicherlich vorstellen.«
»Also noch einen Urlaub? Nichts. Treten Sie aus der SA aus!«
»Nur, wenn Sie mir die Erlaubnis geben, mich nach dem Examen wieder bei Ihnen zu melden.«
Er lachte. »Sie und melden. Ich habe Sie in all den Jahren nicht ein einzigesmal gesehen.«
»Herr Sturmführer, ich bitte, mich armen Mann, der bitter schuften muß, nicht zu verhöhnen.«
»Ich habe Sie ja gar nicht verhöhnt. Also wie Sie wollen. Sie haben jetzt den Antrag auf Entlassung gestellt, Entlassung ist nicht ehrenrührig, und ich stelle Ihnen Ihre Entlassung schriftlich zu. Nach dem Examen machen Sie, was Sie wollen. Melden Sie sich oder melden Sie sich nicht, wie Sie wollen. Ich bin gespannt.«
Hoffentlich hat er die Spannung bis heute ausgehalten. Ich wurde per Postkarte entlassen. Die Postkarte habe ich mir aufgehoben. Sonderbar, dachte ich, als ich das Büro in der Eschersheimer Landstraße 542 verließ, ich brauchte das Alibi, um studieren zu können, und im Augenblick des Examens entlassen die Deppen mich. An diesem Abend gaben wir unser letztes Geld für eine gute Flasche aus.
Und jetzt greife ich vor. Im Jahr 1942 druckte Eugen Claassen im Goverts Verlag, wo er Teilhaber war, meinen ersten Roman, »Jacobs Jahr«. Die Belegexemplare wurden meiner Schwester nach Rüdesheim geschickt, die für ihren Bruder, den Sanitätsunteroffizier, das Manuskript getippt und abgeschickt hatte. Meine Mutter war aus dem Häuschen vor Glück. (Der Vater war 1940 tief deprimiert gestorben. Wenn er je den Braunauer erwähnen mußte, hieß er der »Dingsda«.) Während die beiden Frauen in Rüdesheim in dem Buch blätterten, traf ich Claassen in München; ich war von einem Urlaub, den ich in Italien bei meiner Familie verbracht hatte, auf dem Weg zur Ostfront. Ich gratulierte ihm zu seinem Mut. Er sagte: »Erklären Sie mir, worin mein Mut besteht.« Und ich: »Haben Sie das Manuskript nicht

gelesen?« Claassen: »Wir sind fünf Mann. Wären wir sechs, müßten wir in die Nazi-Kammer eintreten. Also packe auch ich Bücher ein und trabe zur Post. Meine alten Autoren drucke ich unbesehen, von neuen lese ich zehn oder zwanzig Seiten an. Im übrigen habe ich mir ein Gutachten machen lassen. Darin heißt es, das sei ein gutes Buch, nur der Schluß sei eine Farce.« Ich lachte: »Der Schluß ist ein Staatsbegräbnis, das der Mörder veranstaltet.« – »Wie bitte? Erzählen Sie.« Und ich erzählte; ein leicht verschlüsselter Roman, der »Chef« steht für Hitler, der »Dichter« steht für die freie Gesellschaft, Jacob trägt auf beiden Schultern, rettet aber am Ende den Dichter. Doch er fühlt sich beschattet von Spitzeln des Chefs, beschließt zu verschwinden, wird aber am nächsten Tag tot in einem Steinbruch aufgefunden. Der Chef hält eine Trauerfeier ab für den jungen Mann, der den großen Gegner aus der Stadt vertrieben habe (in Wirklichkeit konnte der Dichter rechtzeitig »ins Exil« gehen).
Claassen sah mich an. »Schöne Farce«, sagte er, »ich fahre sofort nach Hamburg und lese.«
Er las, und das Buch wurde nicht an den Buchhandel ausgeliefert, die ganze Auflage verbrannte beim Bombardement Leipzigs. Es blieb also unbekannt (nach der Nazizeit schenkte ich ein Exemplar der Wiesbadener Landesbibliothek.) Claassen druckte es nach der Befreiung nicht wieder, verständlich, denn jetzt brauchte man nichts mehr zu verschlüsseln.
Ich habe übrigens später nie etwas daraus gemacht, außer daß ich es der Spruchkammer vorlegte mit der Bitte, die angestrichenen Stellen zu lesen, falls sie keine Zeit hätten, das Ganze zu lesen. Sie scheinen es ganz gelesen zu haben. Sie bescheinigten mir »aktiven Widerstand« und verfügten, ich sei »in vollem Umfang zu entlasten«.
Ich habe nicht nur nichts daraus gemacht, sondern ich machte etwas ganz anderes. Die erste Zeitschrift in dem zerbombten Land war »Die Wandlung«, die Dolf Sternberger in Heidelberg herausgab. Die Zeitschrift tat alles Erdenkliche, um die zweite Republik vorzubereiten, und das hieß fürs erste, den Deutschen,

die durch das alliierte Entnazifizierungsgesetz samt und sonders bis zum Beweis des Gegenteils als Nazi betrachtet wurden, ihre Verdrossenheit auszureden und sie trotz der pauschalen Verdächtigung für die Demokratie zu gewinnen. Die Zeitschrift hat sich in den ersten Jahren immer wieder mit diesem Problem beschäftigt.
Im Juni 1947 erschien dort ein längerer Artikel von mir, »Terror der Anständigen?« Darin analysierte ich die Gründe dafür, daß die Millionen von mehr oder weniger notgedrungenen Mitläufern nach der Befreiung keine scharfen Antinazi wurden. Alle diese anständigen, cum grano salis anständigen Menschen zahlten dem Terror der nunmehr Entmachteten keineswegs mit Gegenterror heim. Ich suchte das Knäuel von Kompromittiertheit, Verlegenheit, Verdrossenheit, Öffentlichkeitsscheu zu entwirren und meine Landsleute zur Hinnahme der Beweislast und der Sanktionen und zu einem neuen, besseren Anfang zu überreden.
Nach den Einleitungsabschnitten beginnt der eigentliche erste Hauptteil mit den Worten: »Dem Schreiber dieser Ausführungen scheint die Mitteilung wichtig, daß er selbst zu der sehr großen Zahl jener Parteigenossen gehört, die aus mehr oder weniger fadenscheinigen Gründen zum Nazismus gestoßen sind und angeblich nichts davon wissen wollten.«
Alle deutschen Literaten lasen den Artikel, denn alle hielten diese Zeitschrift, und wer sie nicht hielt, fand Auszüge in fast allen Zeitungen. Die Neue Zürcher Zeitung nutzte den sehr langen Artikel vollständig aus. Es war wie ein Donnerschlag. Da war also einer, der sich nicht schonte, und daher konnte er so offen, scharf, eindringlich reden.
Es erübrigt sich zu sagen, warum ich nicht hinzugefügt habe, daß man in der Landesbibliothek in Wiesbaden feststellen konnte, ob der Autor von »Jacobs Jahr« ein Nazi oder ein Feind der Nazi war. Dann hätte der Aufsatz keine Wirkung haben können (falls er überhaupt eine Wirkung hatte), er wäre als barsche Belehrung von oben herab erschienen. Wenn ich von

meinen kompromittierten Landsleuten gehört werden wollte, mußte ich einer von ihnen sein, ohne wenn und aber. Ich log nicht, der Satz war richtig, ich ließ nur etwas Wichtiges weg, was ich zum Zweck des Aufsatzes nicht brauchen konnte.
Bleibt die Frage, ob ich nicht für meine Reputation unter den Schriftstellern fürchtete. Die Antwort: Das war und ist mir gleichgültig. Erst 1978, rund 35 Jahre nach dem Erstdruck, wurde das Buch von einer Darmstädter literarischen Gesellschaft (im Roether-Verlag) neu aufgelegt; mein Freund Heinz Winfried Sabais, sozialdemokratischer Darmstädter Oberbürgermeister, hat das vermittelt.
Und jetzt kann ich den Kreis schließen. Der Konsistorialrat im Baseler Hof hatte gesagt: »Sie werden sich doch nicht etwas antun?« Und ich antwortete damals: »Wer weiß.«
Der Neunzehnjährige hat sich etwas angetan mit seiner eiskalten, rational verständlichen Entscheidung. Doch die Beschädigung, die ich mir damit zufügte, ist unheilbar. Daher der unauslöschliche Haß auf die Nazi, Mann für Mann. Mit »Jacobs Jahr« wollte ich Zeugnis ablegen von meiner Generation, die auf zwei Schultern trug, ein Zeugnis derer, die nichts verbrochen und nichts riskiert hatten. Mein Zeugnis sollte diese Generation überleben. Aber Zeugnis ablegen heißt noch lange nicht sich befreien. Manchmal träume ich den immer gleichen Traum: Die Nazis sind zum zweitenmal da, und es steht jener Hess aus Rüdesheim triumphierend vor mir und sagt: Jetzt haben wir dich endlich.
Andererseits kam mir hinterher nie der Gedanke, in meinem endlich befreiten Land eine linke Mimikry zu üben. Ich verantworte meine Entscheidungen, punktum. Ich kämpfe als der, der ich bin, gegen beide Extreme, das linke und das rechte. Auf dem Höhepunkt der NPD-Umtriebe (der rechtsextremen Nationaldemokratischen Partei, die zeitweise mehr als 10% der Wähler anzog) forderte ich in einer Darmstädter Zeitung den Rotary-Club auf, sich von einem Mann zu trennen, der in dieser Gegend Bezirksleiter der Neonazistischen Partei war. Große Aufregung:

Ich hatte innere Angelegenheiten des Clubs in die Öffentlichkeit getragen und die Zugehörigkeit eines Mitglieds zu einer zugelassenen Partei als unerträglich ausgegeben. Man wollte mich ausstoßen, aber einer der Wiesbadener Bismarcks schlug in der eigens anberaumten Vorstandssitzung die Lösung vor: feierliche Danksagung für die reinigende Handlung, die ich auf mich genommen hätte. Betretenes Glotzen, Verlaufen im Sande, und der attackierte NPD-Führer trat freiwillig aus dem Club aus. Jahre später trat auch ich bei passender Gelegenheit aus. Derartige Clubs betreiben sinnlose Spielereien mit gegenseitiger Beweihräucherung.
Mit einem Clubmitglied hatte ich damals ein Gespräch, das aus dem Ärger über meine Nestbeschmutzung stammte. Er war im Krieg Kampfflieger gewesen. »Ihr Verhalten in der Nazizeit gefällt mir nicht«, sagte er, »das war Maske aus Eigennutz. Jeder überzeugte Nazi war damals aufrichtiger als Sie.« – »Sie waren also ein überzeugter Nazi?« – »Ich war noch Schüler, als ich zur Luftwaffe einrückte. Ich war in der Hitlerjugend aufgewachsen und wußte nichts anderes.« – »Und was dachten Sie über die Untaten der Nazi?« – »Davon wußte ich nichts.« – »Ihre Familie hatte gar keine jüdischen Bekannten?« – »Ich nicht mehr. Meine Eltern vor Zeiten. Aber davon wurde nicht gesprochen. Die meisten Juden waren ausgewandert.« – »Aha? Aber Sie wollen doch nicht sagen, Sie hätten nie Leute mit einem gelben Stern gesehen?« – »Doch, natürlich, aber das war halt so. Wir waren Kinder, in der HJ aufgewachsen.« – »Noch ein paar Sätze, und Sie waren ein Säugling. Aber Sie waren nicht den ganzen Tag in der HJ und anschließend nicht dauernd in Flugzeugen. Ich will Ihnen was sagen: Sie haben den Kopf in den Sand gesteckt. Ich habe den Kopf nicht in den Sand gesteckt. Und diesen Kopf wollte ich ausbilden, um hinterher Waffen gegen extreme Linke und extreme Rechte parat zu haben, momentan besonders gegen extreme Rechte. Das ist der Unterschied zwischen Ihnen und mir.« – »Sie können mir meine saubere vaterländische Jugendzeit nicht vergällen.«

Ich ließ das unfruchtbare Gespräch auslaufen. Ich versagte mir die Frage: Haben Sie manchmal ungute Träume über jene Zeit? Er hätte mit Sicherheit gesagt: Nein. Und dann hätte ich sagen können: Ich träume manchmal schweißtreibend von einem Nazi aus meinem Heimatstädtchen, und dieser Walter Hess bringt mich jetzt endlich, nach dem zweiten Sieg der Rechten, grinsend zur Strecke. Und nun mögen Sie triumphieren, mein Lieber. Sie, der keine solche quälenden Träume hat, Sie sind glücklicher als ich. Jeder echte Nazi von damals schläft ruhiger als ich. Aber – ich bin froh, daß ich nicht so glücklich bin wie Sie. Das behielt ich für mich. Er hätte es nicht verstanden.

Gotteslob und Frauenlob

Rüdesheim war katholisch und die Frömmigkeit der Rüdesheimer ganz irdisch, derb, problemlos. Taufe, Hochzeit und Tod versah der Pfarrer auf Treu und Glauben mit Garantien für die Ewigkeit, Volksmissionen rüttelten mit Höllenschrecknissen am verknorpelten Gewissen der Männer, worauf dann der oder jener Hartgesottene einen gemütlichen Spaziergang nach Marienthal machte und bei dem allgemein bekannten Franziskaner beichtete, der nach nichts fragte und einfach die Absolution erteilte. Wein und Handkäs gab's nebenan in einer Wirtschaft, bei schönem Wetter in offener Laube. Es war für alles gesorgt, und zu Ostern wollten alle in Ordnung sein, das gehörte sich so. Keiner wollte Scherereien mit geschwätzigen Nachbarn und dem strengen Pfarrer Kohl.

Die Rache des Fleisches brach zur Fastnachtszeit aus. Jedes Jahr tobte ein Orkan von Sinnlichkeit, und manche Ehe ging neun Monate später zugrunde. Und jedes Jahr tuschelten empörte Frauen, nachdem sie ihre Maskerade wieder in der Kommode verstaut hatten, über diese oder jene Tochter braver Eltern, die es ganz offen mit dem jungen Ritter (er wurde Herr Ritter genannt, aber das war sein kleiner Adelstitel) oder einem andern reichen Pinsel getrieben hatte. Eine hatte sich sogar mit abgenommener Maske hoch auf Männerarmen aus dem Drosselhof tragen lassen, hinunter zum Rheinufer. Ohne Maske! Darin bestand die Schande. Den Männern war nichts vorzuwerfen. Sie saßen ohne Gesichtsmaske da und wurden von den vermummten Töchtern und Müttern zum Tanz ausgewählt.

Das alles ist vorbei, die geschwundene Autorität der Kirche hat auch das uralte Aufbäumen des Fleisches zum Verschwinden

gebracht. Es wäre ganz überflüssig. Ehen gehen heutzutage in jeder Jahreszeit zugrunde, und die Fastnacht besteht aus saftlosen Bällen mit ein bißchen lustigem Aufputz.
In meiner Jugendzeit aber war die alte Welt noch intakt. Die brünstigen Fastnachtsschwärmer und -schwärmerinnen zogen im Sommer inbrünstig mit der Fronleichnamsprozession und sangen das Gotteslob vom »hochheil'gen Sakrament«, unterstützt von der Feuerwehrkapelle, und die Prozession war so endlos lang, daß vorn etwas anderes als am Schluß gesungen wurde; die verschachtelten Gassen verhinderten, daß die Gesänge sich gegenseitig störten. Und dazu erzählte man genüßlich die Anekdote, die in allen katholischen Gegenden kursierte, daß ein Touristenpaar vom Straßenrand aus zuschaute und die Dame beim Anblick der Schar weißgekleideter Mädchen zu ihrem Begleiter sagte: »Sieh doch mal, Egon, die hübschen Kommunionkinder«, worauf sich eins der Kleinen umdrehte und den beiden zurief: »Mer sein doch Engelcher, ihr Arschlecher.«
Die paar zugezogenen Protestanten betrachteten kopfschüttelnd diese barbarischen und widersprüchlichen katholischen Exzesse, das blechmusikalische Herumziehen mit dem angebeteten Brot in der Monstranz und das lärmende Getobe, Gesaufe und Gehure während der Fastnacht. Offen sprachen sie das nicht aus, aber ein evangelischer Schulkamerad, Fingado, mit dem ich befreundet war, fragte mich einmal im Vertrauen, ob ich wirklich glaubte, dieses weiße Brot sei Gott. Erschrocken sah ich ihn an: »Glaubst du denn nicht, daß Jesus Christus Gott ist?« – »Aber das bedeutet doch nicht, daß er im Abendmahlsbrot konkret zugegen ist.« – »Aber hat er nicht gesagt: dies ist mein Leib?« – »Ach ja, Rudi, lassen wir's, wir sind fünfzehn Jahre alt und wissen nicht viel von Theologie.« – »Du hast recht«, sagte ich, »davon weiß ich gar nichts.«
Die Protestanten waren fast alle »bessere Leut«. Die Rheingauer waren seit einigen Generationen Preußen, was keinem Rüdesheimer über die Lippen kam. Sie waren Nassauer, obwohl sie auch das erst vor hundert Jahren geworden waren. Vorher ge-

hörten sie dem Mainzer Erzbischof, und noch heute stehen in den Weinbergen einige Grenzsteine mit dem Mainzer Rad. Aber so weit zurück reichte das Gedächtnis nicht. Der preußische Staat jedenfalls schickte in evangelische Gemeinden katholische höhere Staatsbeamte, und folglich in die katholische Gemeinde Rüdesheim evangelische. Sie hatten auch oft Namen, die hier fremd klangen. Fingado war der Sohn des Reichsbankpräsidenten; damals hatte Rüdesheim noch eine Filiale der Reichsbank. Ein anderer evangelischer Schulkamerad hieß Verlohr. Unsere Namen lauteten Faß, Fischbach, Schön, Glock, Willig, da wußte man doch, woran man war. Was Vater Verlohr trieb, weiß ich nicht, da ich mich nie um die Familienverhältnisse der Schulkameraden kümmerte, ganz im Gegensatz zu allen anderen Rüdesheimern, die alles über alle wußten. Dieses Interesse kannte ich nicht, denn es war in meinem Elternhaus unbekannt. Und das wiederum kam daher, daß meine niederbayrische Mutter sich nie an das gleichgültige, selbstgefällige hiesige Volk gewöhnt hatte und mit niemand vertraulich umging. Selbst ihren Mann, der zu Hause schweigsam war und beim Essen Romane las (heute glotzt man statt dessen in die Flimmerkiste), lernte sie nie wirklich kennen; höchstens gelegentlich zu sehr.
Die feinen preußischen Damen und Herren standen sonntags nach dem Gottesdienst mit ihrem Pastor vor der bescheidenen Kirche, die sie sich in der Vorstadt gebaut hatten. Den unnahbaren Geistlichen Rat Kohl dagegen hätten sich die Willig, Glock und Genossen unter keinen Umständen plaudernd vor der Kirchentür vorstellen können. Der Pfarrer stand an Gottes Statt, unnahbar wie Gott, nachsichtig wie Gott, Buße fordernd wie Gott, geliebt und gehaßt wie Gott. Damals herrschte noch der alte, totale, alles fordernde Gott und nicht etwa ein Kumpel, der's auch zum Nulltarif tut. Er war wirklich Mensch geworden, er war für uns Saubande am Kreuz gestorben, er war wahrhaft auferstanden, und er trat in jeder Messe mitfühlend aus der Zeitlosigkeit in unser armseliges Jetzt. Also war es nur recht und

billig, daß in der vielgliedrigen gotischen Pfarrkirche mit dem riesigen Barockaltar und den sattfarbig glühenden mittelalterlichen Fenstern das Tedeum wie ein Sturm aufbrauste und die mächtige Orgel bei offenen Portalen durch ganz Rüdesheim donnerte. Daß sie alle verworrene, lotterige Kreaturen waren, wußten die Rüdesheimer, sie bekamen's vom Pfarrer oft genug in der Predigt mitgeteilt, aber daß sie deshalb nichts mehr zu hoffen hätten, davon war keine Rede. Jeden nahm Kohl streng und mit der Bereitschaft zum Erbarmen ins Gebet. Und die Rüdesheimer wollten es nicht anders. Herr Gott, ich bin eine Sau, und wenn du nicht hilfst, bin ich verloren, so mochte manch einer vor sich hinseufzen, bevor er zum Tedeum-Gebrüll ansetzte und sich im selben Augenblick vorkam wie Sankt Georg, der den Drachen absticht.

Natürlich war das alles nur eingeübtes Herkommen, wie sollte es auch anders sein, wenn man mit allen anderen von Kind auf hineinwächst. Nur war es ein inhaltvolleres und maulvolleres Herkommen als das heutige Herunterkommen. Modernisten gab es damals nur in gewissen Theologenzirkeln, in der wortwörtlich glaubenden Großkirche hatten sie noch nichts zu sagen. Das hat sich geändert, aber das mögen sie unter sich ausmachen. In meinen Sternen stand es sowieso ganz anders.

Zunächst schien sich meine Religiosität zu vertiefen. Mit vierzehn trat ich einem katholischen Bund von Gymnasiasten bei, »Neudeutschland«. Wir hielten uns für jugendbewegt und für berufen, eine bessere Welt als die von unseren »verknöcherten« Alten zusammengepfuschte Kriegs- und Nachkriegswelt zu gestalten. Zu dem Zweck sangen wir alte Volkslieder auf Heimabenden und an Lagerfeuern, machten wochenlange Wanderungen durch ganz Deutschland, schliefen in Jugendherbergen und in Zelten und wurden von den Pfadfindern, Wandervögeln, Naturfreunden, Nerothern und anderen als »Kirchenlichter« verspottet. Das war hart, denn zur echten Jugendbewegung gehörte die Meißnerformel mit der Selbstbestimmung und Eigenverantwortung der Jugend. Viel konnten wir ihnen nicht ent-

gegnen, wir hatten ja tatsächlich geistliche Berater, die so tun mußten, als unterstützten sie unsere Autonomie. Der hochgradig mit pädagogischem Eros gesegnete Bundeskanzler hieß Pater Esch S.J., die Kirche hatte uns den Jesuiten zugewiesen.
In manchen Bünden waren Jungen und Mädchen gemischt. Das war uns verwehrt. Und nicht nur das. Wir hatten in jedem Mädchen das Ebenbild der allerseligsten Jungfrau zu sehen, was nicht immer ganz leicht war, besonders wenn man in so ein zartes Ding mit Seele und Leib verliebt war. Es fehlte gerade noch, daß der Esch von uns verlangt hätte, in uns selbst Ebenbilder des heiligen Josef zu sehen. Auf jeden Fall ging es ihnen um Priesternachwuchs und nicht um irgendeine Meißnerformel. Ihre Exerzitien waren Parforcetouren, die mit Höllenvisionen anfingen und mit detaillierten Lebens- und Tagesplänen zur Selbstheiligung endeten, bar jeder Menschenkenntnis.
Zufällig lernte ich eines Tages den Grafen von Neipperg kennen, der in einem kleinen Kloster bei Heidelberg Abt war. Das war bei einer Gruppenführertagung in Frankfurt, ich war seit kurzem Führer der Geisenheimer Gruppe. Er hatte das Gehabe eines vornehmen Herrn, kannte keine Frömmelei, erzählte uns, daß er – Hahn im Korb bei allen Festen – eines Tages, längst über die zwanzig hinaus, mitten in einem wunderbaren Balltrubel wie vom Blitz getroffen plötzlich wußte: ich werde Priester. Das erzählte er fröhlich, so als ob er das äußerst lustig fände. Er erbot sich, mit uns gelegentlich übers Wochenende geistliche Übungen zu veranstalten. Als es dazu kam, erwarteten wir jesuitische Exerzitien. Und was geschah? Heiter und sehr gescheit las er mit uns Paulusbriefe. Das sprach sich im ganzen Bunde herum.
Mit siebzehn wurde ich zum Leiter des Nassaugaus gewählt, und die Zusammenarbeit mit Neipperg setzte sich wunderbar fort. Meine Vorgänger im Amt hießen Campe und Adlhoch, smarte Jungen, der eine wurde später Weihbischof von Limburg, der andere Stadtpfarrer von Frankfurt, so wie Esch es erhofft hatte.

Im Jahr 1932 fand in Berlin eine Gauleitertagung statt. Nebenbei: in den fünfziger Jahren kam einer meiner Söhne ganz aufgeregt nach Hause und wollte wissen, in welcher Naziorganisation ich Gauleiter gewesen sei; diese Behauptung werde an der Frankfurter Universität verbreitet. »Frag deine Gewährsmänner, ob sie den katholischen Gymnasiastenbund Neudeutschland für eine Naziorganisation halten. Möglich ist alles. Dort war ich 1932 Gauleiter.« Er fuhr in grimmiger Laune nach Frankfurt zurück. »Sag's ihnen nett«, rief ich ihm nach.

Aber zurück ins Jahr 1932. Als ich in Berlin ankam, umringten mich sofort einige aus der ziemlich großen Schar, die sich dort versammelt hatte. Ich mußte von den Erfahrungen mit Neipperg berichten. Solche Männer brauchen wir, hieß es sofort.

Die Tagung sollte ein neues Programm des Kanzlers Esch diskutieren und annehmen: vorsorgliche Umstellung auf nationale Grundsätze, da es zu einem Staatsstreich oder zu einer legalen Hitlerregierung kommen könne. Es gab eine erregte Debatte, bis einer rief: »Da haben wir sie wieder mal, die Jesuiten!« Esch wehrte erschrocken ab und vertagte die Debatte auf den Nachmittag.

Am Nachmittag wehte scharfe Luft. In der Mittagspause drang die Gruppe, die mich bei der Ankunft beiseite genommen hatte, leidenschaftlich in mich, sofort bei Eröffnung der Sitzung den Antrag auf Ablösung der Jesuiten durch Benediktiner zu stellen. Daß der Antrag, wenn überhaupt, von mir gestellt werden mußte, verstand sich von selbst; ob aber überhaupt, das war die Frage. Sie sagten, sie hätten gut vorgearbeitet. Ich stellte also den Antrag, ohne jede Begründung, und verlangte Abstimmung.

Esch erwiderte ungerührt, von mir hätte er so etwas nicht erwartet, darüber sei noch unter vier Augen zu sprechen. Im übrigen sei der Antrag gegenstandslos, wir könnten ja nicht gut über die Kirche abstimmen. Einer entgegnete, es gehe nicht um die Kirche, sondern um die Hinwendung zu einer geistlichen Gruppe, die in der Kirche ebenso angesehen sei wie die seine. Er möge ruhig abstimmen lassen, das Weitere werde sich finden.

Esch ließ abstimmen. Das Ergebnis: eine Stimme Mehrheit für

die Jesuiten. Freudestrahlend dankte Esch für das Vertrauen und forderte mich zum Rücktritt auf. »Ich bin von den Gruppen gewählt, die werden entscheiden.« Als mich dann einer zum persönlichen Gespräch mit Esch abholen wollte, ließ ich ausrichten, es sei nichts zu besprechen, da er schon eine überspannte Forderung gestellt habe, die nicht in seine Kompetenz falle. Ich reiste ab. Was sie beschlossen haben, weiß ich nicht. In den paar Monaten, die ich das Amt noch führte, erhielt niemand in meinem Bereich eine Nachricht von der Bundesführung. Ob die vorsorglichen Jesuiten ihre kluge Vorausanpassung durchgesetzt haben, weiß ich ebensowenig. Aber ich weiß, daß der nicht angepaßte Benediktiner Neipperg später vor den Nazis fliehen mußte und in die Schweiz, später nach Jugoslawien als Leutpriester ging. Dort soll er bei Kriegsende ein deutsches Gefangenenlager betreut haben und eines Nachts, auf dem Weg zu einem angeblich sterbenden Bauern, ermordet worden sein.
Zufällig kam mir ungefähr zur Zeit der Berliner Tagung ein Buch über Goethe aus der Feder eines Jesuiten namens Muckermann in die Hände. Ich will es im knappen Jargon der Rüdesheimer charakterisieren. Sein Thema war im wesentlichen »Goethe die Sau«.
Das war zu viel für einen achtzehnjährigen Kunst- und Literatursüchtigen. Einige generell kritische Schriften mögen hinzugekommen sein, an die ich mich nicht mehr erinnere; ich glaube nicht, daß ich damals schon Eduard Meyers Frühgeschichte des Christentums kannte. Jedenfalls wachte ich eines Morgens auf und stellte fest, daß mir die Kirche und mit ihr der Christenglaube über Nacht spurlos abhanden gekommen waren. Ich reckte mich, es war eine ungeheure Befreiung. Die Figur des Klerikers Esch, dessen Zögling ich lange Zeit gewesen war, schrumpfte zu Wichtelgröße zusammen, der andere mit seinem Goethepamphlet zu einer Null mit Größenwahn, und die Kirche, mit solchen unheilstiftenden Gestalten angefüllt, kam mir plötzlich als eine Institution zu Bewußtsein, die über alles daherschwätzte, was sie nichts anging und wovon sie nichts verstand. Zurück-

denkend kann ich natürlich sagen, daß ich die Institution mit den zufälligen Personen gleichsetzte, muß aber heute, in den achtziger Jahren, erst recht darauf bestehen. Wenn z.B. einige tausend Konzilsväter vor zwanzig Jahren die Katholiken im Gehorsam verpflichteten, mit den Kommunisten »zum richtigen Aufbau der Welt« zusammenzuarbeiten, dann sind das eben keine zufälligen Personen, sondern diese Personen sind die Institution, denn sie sprechen und ordnen an nicht als Personen, sondern als Institution. Dieser Passus Nr. 21 der Konstitution »Kirche und Welt« ist bis heute nicht widerrufen worden, denn dies unheilvolle Konzil gilt als sakrosankt. Wer an Jesus Christus glauben will, kann sich nicht auf den unheiligen Geist dieses Konzils berufen.

An dem für mich denkwürdigen Tag ging allerdings auch der Glaube an Jesus Christus unter. Ich fühlte mich plötzlich als Mann, als endlich in die Freiheit entlassener Mann. Und derart neugeboren setzte ich mich hin und schrieb die letzten Sätze meiner Arbeit über Dada.

Ich legte mein Amt nieder und teilte es Neipperg mit. Ich deutete auch die Wandlung an, die in mir vorgegangen war. Wäre er ein Jesuit gewesen, es hätte Briefe gehagelt mit Aufforderungen zur Aussprache. Er war aber kein Jesuit. Er stellte den Fall vermutlich der göttlichen Gnade anheim. Das war das einzig Richtige. Ich sah und hörte nie mehr etwas von ihm. Dieser große Herr war ein echter Menschenkenner.

»Und wer ist das da?«

Von weit her kommt die Stimme, eine Männerstimme. Ich reiße die Augen weit auf und sehe im Nebel einen älteren Herrn, der sich gerade die Jacke auszieht, eine Dame, die sich mit Mühe an einem Bettpfosten festhält, und an meinem Arm ein glückstrahlendes Mädchen, das in diesem Augenblick verlegen wird und seinen Arm zurückzieht. Plötzlich wird mir alles klar. Mit diesem Kind habe ich den ganzen Abend im Drosselhof getanzt und anschließend am Rheinufer den Mond bewundert, und danach sind wir in halb bewußtloser Weinlaune hinter den Eltern her einfach in das Hotelzimmer hineinspaziert. Auch die Kleine ist nicht mehr allzu nüchtern, sonst hätte sie draußen auf der Straße Abschied von mir gefeiert.

»Keine Sorge«, sage ich in hochherrschaftlichem Ton, »ich will mich nur verabschieden und Ihnen noch eine schöne Rheinreise wünschen.« Und ich verabschiede mich von der schwach lächelnden Dame, dem erstaunten alten Herrn und mit schwungvollem Handkuß von dem liebreizenden, leicht besoffenen Mädchen. In verräterisch aufrechtem Gang verlasse ich das Schlafzimmer der drei schwankenden Gestalten.

Ja, wer war »das da«. Das da war ein Mann, der mit einem Ruck die sittenwidrigen Fesseln der Prüderie gesprengt hatte und nicht nur Zuneigung und scheuen Gruß für die ebenso scheue Angebetete hatte, sondern auch Mädchen traf, die Lust nach Männern hatten, so wie er Lust nach Mädchen hatte. Von diesen Eintagsfliegen antikischsinnlicher Lust brauche ich nichts aufzuschreiben, sie gehören zum Heranreifen junger Leute, gleichgültig was die Esch und Muckermann und andere steifleinene Moralkarikaturen behaupten.

Ich hatte gleichzeitig stets eine todernste »erste Liebe«, die nach kurzer Zeit immer wieder von einer vermeintlich noch ernsteren und definitiven ersten Liebe abgelöst wurde, zuerst eine herbe, fast steinern männliche Heroine, die auf meinen schüchternen Gruß hin sogar einmal lächelte, dann eine feingliedrige sommersprossige Stupsnase, in die ich mich in einem Volkstanzkreis des Musiklehrers verliebte, danach für längere Zeit ein blondes, seelenvolles Mädchen aus Barmen. Ich lernte sie auf dem Rüdesheimer Weinfest kennen, und danach kam sie regelmäßig nach Rüdesheim oder lud mich nach Barmen ein. Diese Beziehung wurde in der Tat recht ernst, aber zum letzten Ernst kam es nicht, weil ich hinter ihren gesprochenen Worten nicht heraushörte, was sie wirklich meinte. Während sie beim Küssen in meinen Armen ermattet zusammensank, sagte sie

einmal, sie wisse, daß »es« eines Tages passieren werde, aber wenn es geschähe, bevor sie »den Schleier« nähme, gehe sie ins Wasser. Daß dieser Seufzer eine dringende Aufforderung war, den Tag endlich herbeizuführen, das war's, was ich nicht begriff. Und da ich von ernster Leidenschaft bebte, hatte ich auch nicht den Humor, sie daran zu erinnern, daß sie eine gute Schwimmerin sei. Statt dessen hörte sie, was sie gerade nicht hören wollte: »Ich werde dich nie verführen.« Tableau.
Als ich sie kennenlernte, hatte sie eine dunkle, junonische Schönheit bei sich, deren sich mein Klassenkamerad Fritz annahm, ein lebenslustiger, nicht übermäßig intelligenter Bursche mit einem guten Herzen. Er nahm die Sache weniger ernst, packte die junge Dame in sein Auto (der einzige Schüler, der damals im Auto zur Schule kam) und fuhr mit ihr in die Taunuswälder. Hinterher war er deprimiert. Ganz offen teilte er mir mit, daß diese erste Erfahrung ihn über einen schweren, körperlich bedingten Potenzmangel belehrt habe. Aber er vergrämte sich nicht, eine Flasche Wein war für ihn ein hinreichender Trost. Für meine Flaschen verdiente ich mir das nötige Geld durch Nachhilfestunden.
Im letzten Schuljahr gab Fritz einmal ein denkwürdiges Schauspiel ab. Wir hatten Ovids »Philemon und Baucis« vorzubereiten. Er wurde vom Lateinlehrer, Dr. Max Krämer (wegen seiner O-Beine »das Loch« genannt), als erster zum Übersetzen aufgerufen, Krämers Steckenpferd war die »gute« Übersetzung, die anschließend grammatikalisch gerechtfertig werden mußte; keine dumme Idee. Fritz stockte schon in den ersten Zeilen bei den Worten »et Baucis vetus anus«. Er bekam nur »Und Baucis« heraus und starrte erschrocken auf den Text. »Na?« sagte Krämer. »Und Baucis«, sagte Fritz. Krämer sagte spöttisch: »Na, was ist denn mit der Dame Baucis, da liegt doch gar keine Schwierigkeit vor.« Fritz stimmte zu und sagte: »Und Baucis.« Da wurde Krämer ärgerlich. »Hören Sie mal, mein Lieber. Wenn Sie sich nicht vorbereitet haben, sagen Sie's gleich, und ich male eine Fünf in mein Büchelchen. Aber halten Sie uns nicht auf, wir

haben nur fünfundvierzig Minuten. Also heraus mit der Sprache. Gefaulenzt, was?« Da rief Fritz verzweifelt: »Nein, ich bin vorbereitet. Und Baucis, das alte Arschloch ...«
Krämer verschwand infolge eines Lachkrampfs unter dem Pult, und wir wälzten uns wie suhlende Säue auf Tischen und Bänken und fielen uns gegenseitig um die Hälse. Sehr langsam stellte sich die Ruhe wieder her. Ich war Klassensprecher, und ich meldete mich: »Herr Studienrat, ich nehme an, Sie werden ihm eine Eins ins Büchelchen schreiben. Er hat sich zwar beim Nachschlagen mit der ersten Bedeutung von anus, After, zufriedengegeben, und die zweite, altes Weib, übersehen, aber mit dem Material, das er eruiert hat, ist doch tatsächlich eine elegante Übersetzung entstanden.« Erneutes Gelächter, und Max verpaßte ihm schmunzelnd eine Eins. Das war Fritz. In den fünfziger Jahren ist der alterfahrene Wagenlenker auf einer kurvenreichen Taunusstraße ums Leben gekommen.
Kaum hatte ich die »Kommilitonen« und »Kommilitoninnen« an der Frankfurter Universität gemustert, verliebte ich mich in eine Studentin, die ein mächtiges, schönes und dabei sehr scheues Weib war. Mit einiger Mühe gelang es mir, ihre Bekanntschaft zu machen, und danach sah man uns oft zusammen. Sie war es, die mich in den Kreis um Abendroth brachte.
Es war eine lange Mühsal mit diesem Mädchen. Zwar wurde sie allmählich zutraulicher, aber ich muß wohl alles falsch gemacht haben. Dieser gescheiten, aber sehr komplizierten Frau konnte ich mit meinem ungestümen Drängen und meiner blindwütigen Ergebenheit nur auf die Nerven gehen. Aber daran habe ich nur noch nebelhafte Erinnerungen, denn nun geschah etwas, das ich zuerst kaum wahrnahm und das doch für mein Leben entscheidend wurde.
Als Schultz am Ende einer Vorlesung sein vergilbtes Manuskript zusammenpackte, tippte mir jemand von hinten auf die Schulter. Es war Walther Ludwig. Er sagte: »Die junge Dame hier möchte, daß ich dich ihr vorstelle.« Die junge Dame neben ihm lächelte und sagte: »Wie heißen Sie?« – »Rudi.« – »Rudi? O,

das ist ein schöner Name.« Sie sprach mit einem kaum merklichen fremden Akzent. Ich fragte nun sie, wie sie heiße. »Laura.« – »Auch ein schöner Name, seit Petrarca schon.« – Ihre Augen leuchteten: »Sie kennen Petrarca?« – »Leider nur auf deutsch. Das genügt nicht.« – »Ich kann Ihnen einen italienischen Petrarca geben.« Ludwig lachte: »Siehste, jetzt haste eine italienische Professorin, die dir Vorlesungen privatissime anbietet«, und er wollte sie hinausbegleiten. Sie blieb stehen und sagte: »Vielleicht geht Rudi auch in die Mensa.«

So fing das an, mit Lachen, leichtem Staunen und einem billigen, aber vergnügten Essen in der Mensa. Sie hatte ein Seminar bei Kommerell belegt, und Kommerell hatte Ludwig beauftragt, der fremden Studentin durch den bürokratischen Dschungel der Universität zu helfen. Wie er auf Ludwig gekommen war, der gar nicht bei ihm hörte, war mir schleierhaft. Ich saß in demselben Seminar, sie las ein Essay über Rilkes Ästhetik vor, das sie aus Italien mitgebracht hatte, und Kommerell war entzückt. Er war erstaunt über ihr ausgezeichnetes Deutsch und über ihr literarisches Gespür. »Bei wem haben Sie in Italien studiert?« – »Bei Giuseppe Antonio Borgese, er war in Mailand Professor für Ästhetik.« – »Ich weiß. Aber wieso sagen Sie: er war?« – »Jetzt ist er in New York.« – »Als Gastprofessor?« – »Nein, für immer. Er ist emigriert.« Damals sagte mir der Name Borgese nichts, aber Kommerell schien Bescheid zu wissen, er nannte einen Buchtitel, und die großen schönen Augen der Studentin blitzten vor Freude.

Ich übernahm an dem Tag ein Referat über die Ballade. Hinterher kam sie zu mir und sagte: »Ich kann Ihnen italienische Balladen besorgen. Die kennt hier niemand.« Ich lächelte, ein wenig von oben herab, und sagte: »Die italienische Ballata ist etwas ganz anderes als die englische und die deutsche Ballade. Das kann ich nicht brauchen. Aber machen Sie sich nichts daraus«, setzte ich hinzu, als ich ihr enttäuschtes Gesicht sah. Sie lachte: »Nein, mache ich nicht. Ich bin gespannt auf Ihr Referat.«

Es sollte noch eine Weile dauern, bis ich begriff, daß Kom-

merells Verblüffung echt und nicht etwa ein höfliches Kompliment gewesen war. Zunächst war sie für mich ein harmloses Mädchen, allerdings ein ganz anderer Mensch als die deutschen Studentinnen. Nun ja, so still und bedacht sind eben gebildete Italienerinnen, sagte ich mir. Sie war sehr sorgfältig in der Wahl ihrer Worte, und sie sprach leise, fast tonlos. Eines Tages begegneten wir auf der Treppe, die im Haus zur Mensa hinunterführte, einem langen, rothaarigen italienischen Studenten, Manacorda, dem Neffen eines bekannten italienischen Germanisten, der Goethes Faust übersetzt hat. Er grüßte im Vorbeigehen mit seiner rauhen, verrauchten und auch etwas versoffenen Stimme, und als er schon ein paar Stufen höher war, drehte er sich um und fragte Laura etwas auf italienisch. Und da antwortete sie ihm lachend mit kräftiger, melodischer Stimme. Ich war verblüfft. Die Szene gab mir lange zu denken. Aber schließlich blieb keine andere Erklärung, als daß sie nur in meiner Gegenwart diesen leisen, bedachten, vorsichtigen Ton hatte. Und so erst entdeckte ich, daß dieses stille Mädchen mir in aller Stille den Hof machte.
Das hatte ich noch nie erlebt. Jahre später, nach der Nazizeit, als ich schon meine ersten literarischen Erfolge hatte, sprachen wir einmal von jener Anfangszeit. Sie lachte und sagte: »Damals, ganz am Anfang, dachte ich: schade, daß er ein bißchen dumm ist, aber er hat ein hinreißendes Lächeln. Aber dumm schienst du mir nur, weil du mit deinen wasserblauen Augen verschlafen aussahst. Daß du nicht verschlafen warst, habe ich schon bald bemerkt, als ich dich die ersten Male diskutieren hörte.« – Das hatte sie ein Dezennium lang für sich behalten.
Ich konnte mit ihr über alles sprechen, es gab keine Probleme, keine seelischen Hemmungen, keine psychologischen Aushorchungen. Jeder ließ den anderen gelten. Und so entstand ein immer deutlicherer Gleichklang. Und eines Abends, als sie mir in ihrer Wohnung ein neues Referat vorlas, um meine Meinung zu hören, betrachtete ich sie aufmerksam und war tief beeindruckt von der Eleganz ihrer Figur, dem Leuchten der Augen,

der Intensität des Denkens, und plötzlich breitete ich die Arme aus. Sie sprang auf und flog mir entgegen. Als ich sie nach langer Umarmung auszuziehen versuchte, wehrte sie ab und sagte ganz ruhig: »Nein. Du liebst mich nicht.«

Monate später, als sie zu einem Examen in Rom war, erhielt sie den ersten Liebesbrief von mir. Jubelnd kam sie zurück. Und es begann eine wundervolle Zeit. Und in eben dieser Zeit mußten wir auf unseren Spaziergängen immer wieder Autos mit SS-Besatzung sehen; sie fuhren durch die Stadt mit Gefangenen, die blicklos zwischen Schergen saßen.

Als wir heirateten, sagte Laura: »Streichen wir das Wort Treue aus unserem Vokabular. Sobald einer von uns Treue nötig hat, um zu bleiben, ist schon alles zerstört.« Es war das Wort eines Menschen, der seine ganze Existenz en plein setzt. Sie verwies damit das klerikale Ethos in die unteren Ränge, wo man Schicklichkeit trägt oder sich eine Zwangsjacke anzieht oder schlicht heuchelt. Dieser ganz ruhig gesprochene Satz, das höchste Wort, das ich je gehört habe, bestimmte unser ganzes Leben.

Wenn du aber so lebst, dann lieferst du dich auf eine Weise aus, daß für eine zweite Verbindung nie mehr eine Chance besteht. Das ist dann die letzte Liebe.

Abschiede

Mit vierzehn ging ich zum erstenmal auf »Fahrt« mit meinen Bundesbrüdern. Wir wanderten durch den Hunsrück, zündeten abends auf Waldlichtungen Lagerfeuer an und bauten aus Bahnen unser Zelt zusammen, schliefen in den Kleidern und wechselten uns zur Nachtwache ab.
Die erste Nacht im Freien war schrecklich. Um Mitternacht wurde ich geweckt, meine Nachtwache begann. Schlaftrunken setzte ich mich ans Lagerfeuer und warf das Reisig hinein, das mein Vorgänger übriggelassen hatte. Beim Aufflackern der Flammen ging es los: Fratzen hüpften am Rand der Lichtung auf und ab. Ich suchte die Einbildungen durch scharfes Hinsehen wegzuwischen. Aber da der Wald nachts nicht still ist, hatten die Fratzen auch Stimmen. Und es knackte und knirschte bald da, bald dort im Wald. Manchmal war es ganz sicher: da kommt jemand. Ich erstarrte. Doch als das Feuer nur noch ein Häufchen Glut war, blieb mir nichts anderes übrig, als mich in die Dunkelheit des Waldwegs, auf dem wir gekommen waren, hineinzutasten und nach trockenem Holz zu suchen. Während ich da oder dort einen Zweig oder Ast griff, knarrte und spottete und seufzte es von überall her, und als ich schließlich zwei Bündel unter die beiden Arme geklemmt hatte, fing ich an zu rennen. Ein ganzer Troß von Verfolgern schien hinter mir her zu sein. Noch im Laufen schmiß ich das ganze Zeug auf die Glut, Flammen prasselten riesig hoch, ich kauerte mich so dicht wie möglich davor, preßte das Gesicht auf die angezogenen Knie und schloß die Augen. Komme, was wolle! Ich war am Ende.
Mit einem Schrei fuhr ich hoch, jemand hatte mich an der Schulter berührt. »Mensch, du hast gepennt«, sagte meine Ab-

lösung; »das darf niemand erfahren.« Ich dankte ihm. Lieber sollte er glauben, ich hätte geschlafen, als daß er von meiner Angst etwas hörte. Klebrig vor Schweiß schlüpfte ich ins Zelt und schlief erschöpft ein.

Am Morgen gab es Tee, wir wuschen uns an einem Bach, und die schreckliche Nacht wurde von der aufgehenden Sonne verscheucht. Wir bauten das Zelt ab und zogen weiter. Als wir in eine Talmulde kamen, die noch von Morgendunst überhangen war, blieb ich plötzlich stehen. Niemand achtete darauf. Diese Mulde, diese Ebene, diese scheinbar unendliche Weite, die man hinter dem Dunstschleier ahnen konnte, die kannte ich.

Und mir fiel plötzlich ein Traum ein, den ich vor Jahren immer wieder geträumt und seitdem völlig vergessen hatte: Unter der wohlig wärmenden Sonne arbeitete ich mich in hüfthohem Gras und ebenso hochgewachsenen Blumen voran. Ich ging und ging, ich wollte die Mitte erreichen. Endlos dehnte sich die Wiese mit dem sonderbar hohen Gras, die Gräser wurden gelblicher, es gab auch Flecken, die nur von harten Stoppeln bestanden waren. Schließlich wußte ich, daß die Mitte unerreichbar war. Ich kehrte um, aber nicht enttäuscht, das Wohlgefühl blieb. Dann trat ich aus der Wiese heraus und stand vor einem weißen Haus. Ich wußte, da muß ich hinein und hindurch, und ich wußte, das war der Abschied von der unendlichen Wiese. Einen Augenblick lang bedauerte ich das, aber dann ging ich in aller Ruhe ins Haus. Und hier endete jedesmal der Traum.

Und jetzt, in der Hunsrückmulde, stand ich ganz entrückt vor dem Traum. Die Freunde riefen: »Wo bleibst du denn?« Ich rannte ihnen nach. Einer sagte: »Wenn du wieder mal scheißen mußt, gib Laut, daß wir dich nicht verlieren.«

Mit neun oder zehn Jahren hatte ich mir den Traum nicht erklären können. Der immer wiederkehrende Schluß wollte aber verstanden werden. Doch ich sagte schon, als der Traum ausblieb, vergaß ich ihn. Bis zu diesem Morgen. Jetzt erst verstand ich den Schluß. Denn jetzt erst entdeckte ich beim Anblick der dunstigen, scheinbar unendlichen Wiesenmulde, wo und mit welchem Hintergrund der Traum sich abgespielt hatte. Die Traumwiese war das Ebenthal gewesen, eine kleine Hochebene oberhalb Rüdesheim, dort wo der steile Engerweg aus dem Ulmendunkel ins Freie führt. Die Fläche schien endlos, denn der Traum erzählte von dem vierjährigen Kleinen. Nur bis zu diesem Alter hatte meine Mutter, die diese kleine Hochebene sehr liebte, ihren Kleinen hier heraufgeführt, danach nicht mehr. Da war nämlich der Vater aus dem Krieg zurück, und es begannen andere Spaziergänge, die langweiligen Familienspaziergänge. Außerdem wurde zu dieser Zeit meine Schwester geboren, und niemand hätte den Kinderwagen den steilen Engerweg hinaufgeschoben.

Damit war auch das hüfthohe Gras mit den hohen Blumen von selbst verständlich. Dem kleinen Kind reichte das Gras bis an die Hüften. Und wohlig war diese Unternehmung nicht nur wegen der wärmenden Sonne und der lockenden »Mitte«, sondern vor allem wegen der Sicherheit, die ich stets im Rücken hatte. Diese Sicherheit war die Mutter, die mich an der Hand hier heraufgeführt hatte.

Merkwürdigerweise kam sie selbst in dem Traum nicht vor. Nur das Gefühl der Sicherheit war wohlig da. Auch beim Zurückkehren war sie nicht als Person zu sehen, ich dachte nicht an sie. Und als ich in das Haus des Abschieds ging, war ich ganz allein. Das »wußte« ich, denn ich empfand einen kurzen Augenblick lang Bedauern, aber nur einen Augenblick, und schon ging ich ruhig hinein.

Jetzt endlich wußte ich, was der Traum dem Zehnjährigen gewesen war: zustimmender, heiterer Abschied aus der mütterlichen Hut, einverstandene Hinnahme des Alleingangs in die Zukunft. Die Schrecken der verflossenen Nacht hatten das alles in mir so sehr aufgelockert, daß am Morgen eine Wiesenmulde mit der Erinnerung an »Ebenthal« den vergessenen Traum heraufschwemmte und das volle Ganze ans Licht brachte. Es war ein schöner Tag.

Anfang der fünfziger Jahre, kurz nach Erscheinen meines Romans »In der großen Drift«, waren wir bei meinem langjährigen Freund und kurzzeitigen Verleger Herbert Nette und seiner fröhlichen Frau in Darmstadt zu Gast. Damals mußte jeder Verlag eine Dependance in jeder der drei Westzonen haben, und Nette vertrat unter dem Signet »Claassen & Würth« den Hamburger Goverts-Verlag, der schon meinen veröffentlicht-unveröffentlichten Erstling »Jacobs Jahr« gedruckt hatte. Schon vor meiner »Drift« hatte Nette ein interessantes Buch des Psychoanalytikers Roellenbleck veröffentlicht, und er wollte uns mit ihm bekannt machen.

Im Laufe des angeregten Abends geschah ein Unglück. Roellenbleck erzählte aus seiner Praxis und berichtete von einer Patientin, die von Anfang an widerspenstig war und immer widerspenstiger wurde, bis er sie fragte, warum sie überhaupt zu ihm gekommen sei. Sie sagte, sie habe schon viel über Psychoanalyse gelesen, aber er, das habe sie sofort und dann immer deutlicher gesehen, er könne überhaupt nichts. »Gut denn, Schluß«, habe er gesagt, »aber nehmen Sie wenigstens eine Warnung mit. Wenn Sie Ihre besserwisserische Starre, dieses blindlings Drauflosschlagen nicht auflockern, werden Sie eines Tages mitsamt Ihrer krampfhaften Souveränität pfeilgerade unter einem Auto landen.« Wütend verließ ihn die Dame, er stand nachdenklich ärgerlich am Fenster, und da sah er sie aus dem Haus und über die Straße rennen, eine Bremse quietschte, zu spät, sie war schon überrollt. Tot.

Staunende Stille, und in die Stille hinein sagte ich ruhig: »Sie sind ihr Mörder.«

Jetzt rannte Roellenbleck unter ein Auto. Ich weiß nicht mehr, was alles er schrie, aber er schrie. Ich glaube, ich war unverschämt, ein Dummkopf, vielleicht sogar ein Idiot, ein Schwätzer auf jeden Fall. Nun ja, wer ist das alles nicht. Ich ließ ihn ausreden. Dann sagte ich ruhig: »Wenn Sie fertig sind mit Ihrem Protest, will ich Ihnen gern einiges über meine inkompetenten Erfahrungen erzählen.« Er war einverstanden.

Und ich erzählte. Mit meinem Vater lebte ich als Sechzehnjähriger wie Katz und Hund. Das hatte damit angefangen, daß ich meine Mutter vor seinen Rücksichtslosigkeiten und Roheiten beschützen wollte, und es hatte dann halt immer unheilbarer weitergefressen. Wir grüßten uns mürrisch oder überhaupt nicht. Eines Morgens trat er in die Küche, wo ich hastig mein Frühstück einnahm, um zur Schule zurechtzukommen. Ich sprang auf, ich begriff selbst nicht, was da geschah, rannte auf ihn zu und umarmte ihn voller Glück. Er sah mich erstaunt an. »Was'n das?« sagte er, lächelnd, gerührt, und als er mich gar schluchzen hörte, klopfte er mir auf die Schulter: „Na, is gut, schon gut. Ich verstehe.«
Er verstand, aber ich verstand nichts. Auf dem Schulweg fiel mir plötzlich alles ein. Im Traum hatte ich ihn vor mir in einer offenen Tür stehen sehen, mit starr ins Leere gerichteten Augen. Dann sah ich, daß er nicht genau in der Mitte stand, sondern in der rechten Hälfte der Türöffnung. In der Mitte lief ein heller Strich herunter, und da wußte ich: er ist tot, in einem Sarg mit offenem Deckel. Ich wachte auf, erschrocken, na ja, nur ein Traum, und schlief wieder ein.
Morgens beim Frühstück wußte ich nichts mehr davon. Und die Folge des vergessenen Traums, das Glück beim Wiedersehen mit dem Lebenden, konnte ich nicht begreifen. Aber jetzt, mit der klaren Erinnerung an den Traum, brauchte ich nicht lange nachzudenken: Ich hatte den ungeliebten Vater im Traum getötet, ich hatte meine Rache. Und das unerklärliche Glücksgefühl vom Morgen sagte: Du hast im Traum erledigt, was andere in Wirklichkeit tun oder ein Leben lang mit sich herumschleppen. Von dem Tag an besserte sich unser Verhältnis.
Roellenbleck sah mich groß an. »Hm«, sagte er. Und ich erzählte noch eine Erfahrung. Von der Schörnerschen Durchhaltefront 1945 in der Tschechoslowakei (ganz Deutschland war schon von den Alliierten besetzt) hatte ich mich selbst beurlaubt und war in Zivil auf Schleichwegen nach Rüdesheim gewandert. Als erste Etappe. Dann wollte ich nach Italien und meine Familie

holen. Im Juli kam ich von den Bergen herunter in meinem Heimatort an. Das Haus, in dem meine Mutter und meine Schwester wohnten, war unbeschädigt. Am nächsten Vormittag schlenderte ich zum erstenmal wieder über die Rheinpromenade, traf diesen und jenen Bekannten, darunter auch den reichen Prahlhans Niko, der uns Jüngere stets gönnerhaft herablassend behandelt und mich damit jahrelang verletzt und eingeschüchtert hatte. Ich war für ihn immer der Kleine, der noch in die Schule ging und noch dazu kein Sportsmann war. Er selbst war ein guter Fechter.

Aber sonderbar, jetzt ging ich auf Niko gelassen, ja herablassend zu, und er grüßte mich so schüchtern, daß ich lachen mußte. Er sah mich verdattert an. »Bist du heil davongekommen?« sagte er. – »Wie du siehst.« – »Ja natürlich, dumme Frage. Aber sag mal, du hast ja'n Buch geschrieben?« – »Woher weißt'n das?« – »Deine Schwester hat's mir gezeigt.« Er hatte also eins der Belegexemplare von »Jacobs Jahr« gesehen. Wir wechselten noch ein paar belanglose Worte, und ich ging weiter, aber sehr nachdenklich, grübelnd. Ich verstand die Überlegenheit nicht, mit der ich von vornherein auf ihn zugegangen war.

Kopfschüttelnd kehrte ich nach Hause zurück und setzte die Lektüre eines Bandes »Wirklichkeit der Seele« von C.G. Jung fort. Ich war an dem Aufsatz »Das große Mana« angelangt. Die Gegenstände im Traum bedeuten für Jung nie sie selbst, sie sind stets Symbole für etwas, was archetypische Bedeutung hat. Zum Beispiel der Penis.

Da fuhr mir ein Schlag durchs Gehirn. In der ersten Nacht in Rüdesheim, heute nacht also, bin ich im Traum auf der Rheinpromenade dem Niko begegnet, habe ihn gepackt, ihn kurzerhand umgedreht und ihn sexuell gebraucht. Ich war verstört aufgewacht und hatte mir gesagt: »Also auch das steckt in dir.« Nach einer Weile schlief ich wieder ein. Wichtige Träume versinken und tauchen erst später wieder auf. Und so sagte ich mir gedankenvoll: »Schöne Bescherung.«

Doch C.G. Jung beruhigte mich. Zum Beispiel der Penis – so

ging der Text weiter – bedeutet im Traum nicht Penis, sondern Macht, das große Mana.
Das also war es. Im Traum hatte ich den gefürchteten Spötter entmachtet. Der Traum hatte mir mitgeteilt, daß die Perspektiven sich vollständig verschoben hatten. Staunen mußte ich auch noch darüber, daß dieser Niko, an den ich seit Jahren nicht mehr gedacht hatte, in der ersten Nacht nach der Heimkehr sich im Traum meldete. Das hatte mit meinem Charakter zu tun, über den ich etwas Neues erfahren hatte. Und erstaunlich war auch, daß ich gerade jetzt C.G. Jung las.
»So etwa sieht mein Verständnis von diesen Dingen aus«, sagte ich zum Abschluß der beiden Berichte.
Roellenbleck sah nachdenklich vor sich hin und sagte dann: »Sie brauchen keinen Analytiker, das gebe ich zu. Aber das ist selten.«
»Warum soll das selten sein?«
»Ja, warum. Weil es selten ist.«
Die Gespräche an diesem Abend kamen nicht mehr recht in Fluß.
Ich hätte einen anderen Traum erzählen können, der sich grauenvoll darbot. Von diesem Traum kenne ich das genaue Datum: in der Nacht vom 28. zum 29. März 1950. Ich habe ihn nämlich aufgeschrieben, und genau in der rhythmischen Form, in der er sich abwickelte. Er hat mich tagelang beschäftigt, verstört, unglücklich gemacht, so daß ich mir schließlich sagte, ich muß ihn aufs genaueste aufschreiben, in unwiderruflicher Form – dann spuckt er vielleicht seinen Sinn oder Unsinn aus. In unwiderruflicher Form und wörtlich genau, was im Traum gesprochen wurde. Hier ist das Ergebnis der genauen Niederschrift:

»Herbei, ihr Wächter, handelt!
Er entleibt sich, er beißt auf Glas.
Seht doch, er selbst verwandelt
sein lebendes Fleisch zu Aas.«

Ich geleit' ihn hinüber.
Aufrecht sitzt er und harrt.
Bald ist es vorüber
so oder so – Glas klirrt, Galgen knarrt.

Innen bange ich:
Hat er sich schon vergiftet?
Statt Antwort empfange ich
zwei Volubeln ostrig beschriftet:

»Die senden Bewundrer vom Lech.«
Das Wort klingt nach dunkelrotem
Gewebe und goldenem Blech
und nach Opferaltar und nach Totem.

Ich sehe ihn an – – –
Und da bist es DU.
Und du siehst mich an
und lächelst, und voller Ruh:

»Nun ... leb wohl.«
Dieses wissen: für immer ...
Dieses wissen: alle Volubeln sind hohl ...
Dieses wissen: in einem gleichgültigen Zimmer ...

Du lächelst. Mein Herz erblaßt
und leert sich. Der letzte Tropfen ergibt:
»Auch wenn du gemordet hast –
ich habe dich so geliebt.«

Habe? Ist's schon vergangen? Wir harren.
Dem gehaßten Mörder Gericht
Und Hängen und schaurig Verscharren –
Geliebtem, auch wenn es mordet, nicht.

Dies wissen, daß zwischen Taufe und Grablied
Geheiligtes und Verfluchtes stiebt ...
Und ich? Ich urteile nicht. Ich nehme nur Abschied.
»Ich habe dich so geliebt.«

Ich hatte also einen Verurteilten zu bewachen. Als er sich der Hinrichtung entziehen wollte, war ich machtlos, die anderen Wächter waren abwesend. Und wer war der Verurteilte? Lange kaute ich an den »Bewundrern vom Lech«. Was habe ich mit dem Lech zu tun? Nach Tagen hatte ich's: nicht ich, sondern Hitler hat mit dem Lech zu tun, Landsberg liegt am Lech. Das Grauen stieg noch an. An die Stelle dessen, den ich am tiefsten haßte, trat im Traum plötzlich Laura, der Mensch, den ich einzig und allein liebte und für den ich die ganze Menschheit und mich selbst gegeben hätte. Lautlos trat sie als Verurteilte an seine Stelle und sagte lächelnd: »Nun ... leb wohl.«

Das erbarmungslose Tier, das tief in uns, jenseits von Gut und Böse in uns haust, griff den teuersten Menschen und stellte ihn mir als unwiderruflich verurteilt hin, um mir eindringlich klar zu machen, daß, was vor dem Gesetz gleich ist, vor dem Gesetz des Herzens niemals gleich ist. Das wußte ich sowieso. Warum also es mir in einem so grausam harten Traum noch einmal vorsetzen?

Aber – o Jubel, zuletzt ging mir ein Licht auf, und ich dankte dem Vieh in meiner Tiefe, das mir in Wirklichkeit mitteilte: Du bist mit dieser Frau so unzerreißbar eins, daß du an ihr festhieltest, auch wenn sie der Abschaum der Menschheit wäre. Das erst ist die Liebe, die ich Vieh gutheiße. Und ich – ich hieß das unbarmherzige Vieh in mir gut.

Die Lipps-Legende

»Ein Mann geht hin und hält über sich selbst Gericht.« Unter diesem Titel veröffentlichte ich im November 1979 folgende Erinnerungen an meinen Philosophie-Lehrer Hans Lipps.
In den dreißiger Jahren hörte ich in Frankfurt Philosophie bei Hans Lipps, einem Husserlschüler. Seine wenigen Bücher sind jetzt wieder bei Klostermann aufgelegt: Phänomenologie der Erkenntnis, Hermeneutische Logik, Verbindlichkeit der Sprache, Menschliche Natur, Wirklichkeit des Menschen.
Wir Studenten hielten ihn für einen Kauz – Sommer wie Winter lief er im blauen Anzug ohne Mantel und Hut durch die Stadt –, aber wir bewunderten in ihm einen ungemein scharfen Denker, und einige von uns schätzten ihn wegen seines Denkansatzes, der jedem Nazi ärgerlich sein mußte.
Seine Kauzigkeit klärte sich übrigens als grundsätzliche Regelung bürgerlicher Bedürfnisse auf. Er erzählte nämlich bei einer privaten Einladung, daß er nicht nur Philosophie, sondern auch Medizin studiert habe, und vor seiner philosophischen Habilitation sei er jahrelang als Schiffsarzt zur See gefahren, und da habe er eben noch ganze Ballen des zugeteilten Stoffes. Das ganze Zeug habe er seinem Schneider übergeben, und der Mann schickte ihm jeden Herbst einen neuen Anzug, den er das Jahr über auftrage. So war das also. Wir lachten und rauchten vergnügt seine nassen schwarzen Brasil.
Eines Tages, es war 1936 oder 37, erfuhr ich, daß der Nazi-Studentenbund beschlossen hatte, in Zivilkleidung seine Vorlesung randalierend zu stören, worauf der Mann in »Schutzhaft« genommen würde und auf Nummer Sicher verschwände. Ich suchte ihn in der Sprechstunde auf und berichtete, ich konnte

ihm den genauen Tag und die Vorlesung nennen. Er hörte unbewegt zu, schwieg eine Weile und bat mich dann, ihn allein zu lassen, er müsse nachdenken.
An dem bewußten Tag saßen in dem Vorlesungssaal außer seinen zwanzig Hörern ganz unten vor dem Podium in den ersten vier Reihen eine Schar Holzköpfe, die noch nie eine philosophische Vorlesung gehört hatten und auch jetzt keine hören wollten. Ich saß ganz oben in der hintersten Reihe und machte mir Sorgen. Würde Lipps in die Falle gehen?
Die Tür ging auf, und herein trat Lipps. Absolute Stille. Er trug eine SS-Uniform mit Äskulapstab auf dem Ärmel. Und plötzlich brach in den vier vorderen Reihen Beifallsgetrampel los. Lipps stieg rasch wie immer die zwei Stufen zum Pult hinauf und begann sofort mit seinem Vortrag. Es war ein Text, der für jeden gescheiten Nazi eine unerhörte Herausforderung, aber für jeden dummen Nazi eine unbegreifliche Zweideutigkeit war. Die vorderen Reihen hielten sich ganz einfach an die Uniform und spendeten in den fünfundvierzig Minuten immer wieder frenetischen Beifall. Es war ein phantastisches Schauspiel. Nie wieder habe ich dumme Menschen ihrer eigenen Verhöhnung solchen Beifall spenden sehen.
Ich saß da, zerschmettert. Ich genoß das Schauspiel, und mich schauderte.
Ich studierte weiter bei Lipps, aber ich blieb auf Distanz, ich konnte nicht mit ihm darüber sprechen. Später, als mir wegen Beleidigung des Studentenführers und einem verlorenen Prozeß die Exmatrikulation »nahegelegt« wurde, half Lipps mir, wie ich schon erzählt habe, mit einigen anderen Professoren, blitzschnell mein Examen zu machen.
Im Jahre 1947 war ich ein Jahr lang Redakteur in Dolf Sternbergers Heidelberger Zeitschrift »Die Wandlung«. Jaspers sei Mitherausgeber, sagte Sternberger, und es gehöre sich, daß ich bei Jaspers Besuch machte. Das tat ich. Man sprach von gemeinsamen Bekannten, und es stellte sich heraus, daß Jaspers den Kollegen Lipps, der im Krieg gefallen war, als scharfen Denker

schätzte. Ich erzählte ihm mein Erlebnis in Frankfurt. »Ich kann Ihnen die Fortsetzung erzählen«, sagte Jaspers, »ich habe sie von einem gemeinsamen Freund.«

Jaspers erzählte. Während des Vormarsches in Rußland habe Lipps ein Semester Vorlesungsurlaub erhalten. Der gemeinsame Freund habe im Gespräch mit Lipps die Kriegslage erörtert: Deutschland stehe glänzend da, Frankreich besiegt, die Sowjets auf dem Rückzug, das glückliche Kriegsende sei in Reichweite. Darauf habe Lipps einen Wutanfall bekommen, dem gemeinsamen Freund seine Mißachtung ausgedrückt und ihm erklärt, man dürfe überhaupt nichts anderes wünschen, als daß dieser Verbrecher den Krieg und seine Macht verliere.

Am Tag des Urlaubsendes habe der Freund ihn zum Bahnhof begleitet, und in dem Augenblick, als der Zug abfuhr, habe Lipps sich aus dem Fenster gelehnt und dem Freund noch einmal fest die Hand gedrückt und gesagt, er komme nicht mehr zurück.

Kurz darauf war Lipps gefallen, und der Freund erfuhr von einem Stabsoffizier der Truppe im Vertrauen, Lipps sei in den ersten Tagen nach seiner Rückkehr aufrecht und gelassen geradewegs ins russische Feuer gegangen.

Ich schüttelte zweifelnd den Kopf. Jaspers zuckte die Schultern. »So wurde mir erzählt«, sagte er. Wir schwiegen eine Weile. Dann sagte ich: »Wie ist Lipps zu diesen Leuten gekommen?« – »Ich weiß es nicht«, sagte Jaspers, »aber es kann nur ein kurzfristiger Irrtum gewesen sein. Denken Sie an Heidegger. Denken Sie an Gottfried Benn.« Ich sagte und bereute es sofort: »Wenn die Nachricht von der Front stimmt, muß da nicht etwas Schwerwiegendes auf seinem Gewissen gelastet haben?« Jaspers fuhr auf: »Sind Sie verrückt? Vielleicht gar ein Verbrechen? Ich wußte zwar nichts von dieser Uniform, aber ich kannte den Mann, und andere meiner Freunde kannten ihn auch. Nein, Lipps, dieser unerbittliche Kopf, hat den Begriff der Schuld ganz radikal gefaßt, etwas anderes ist nicht denkbar.«

»Und Heidegger?« sagte ich in dem Bewußtsein, etwas Unfaires

zu sagen. Jaspers lachte. »Heidegger?« sagte er, »lassen wir das. Übrigens, wenn alle so radikal gedacht und gefolgert hätten wie Lipps, dann hätten die Russen nicht genug Munition gehabt.«
Das alles ist lange her. Manchmal kommen mir die Tage von damals zurück, und dann weiß ich, ich habe diesen Lipps sehr geliebt. Und gleichzeitig kommen mir alle unsere Bewältigungsreden wie leeres Gewäsch vor. Dieser Mann, vor dem Gesetz schuldlos, fand sich moralisch schuldig, als er sah, daß er sich mit Verbrechern verbunden hatte. Über diese seine Schuld oder seinen Irrtum hielt er selbst Gericht.
Davon sind wir anderen allesamt weit entfernt. Je nachdem, ob einer politisch gelegen oder ungelegen kommt, wird die Mitgliedschaft hervorgekramt oder auch nicht hervorgekramt. Je nach Interessenlage scheint einmal jedes Mittel zur Diffamierung recht und dann wieder die Unterlassung der gleichen Diffamierung opportun zu sein. Das aber ist keine radikale Moral, sondern verächtlicher opportunistischer Kalkül.
Schwer wiegt eine formale Mitgliedschaft, ob aus Opportunismus oder aus notgedrungener Maskerade, wenn ein Mensch für sich selbst sie so beurteilt. Dann kann die Selbstverachtung bei einem radikal urteilenden Menschen zum Gericht über sich selbst führen.
Sollte Jaspers von dem gemeinsamen Freund einen übertrieben pointierten Bericht erhalten haben, dann kenne ich niemand, der ein so radikales Gericht über sich selbst hielt. Sollte aber der Bericht stimmen, dann habe ich in meinem Leben nur einen einzigen derartigen Menschen kennengelernt: Hans Lipps.

Dieser Zeitungsbericht wurde kurz darauf von Lipps' Schwiegersohn in einigen Termindetails und in einem entscheidenden Punkt korrigiert: Hans Lipps sei mit allen Stabsoffizieren an der Spitze eines Infanteriebataillons aus einer russischen Umzingelung ausgebrochen und dabei gefallen. Demnach hätte er also nicht den Tod gesucht. Wie er zur SS gekommen war, darüber wissen die überlebenden Familienangehörigen nichts.

Die heroische Legende mag beim Erzählen und Weitererzählen durch unwillkürlich logisches Zurechtrücken von Einzelheiten entstanden sein. So bilden sich Legenden stets.
Es bleibt dabei: ich habe diesen Mann geliebt, bewundert und betrauert.

Hitlers Krieg

»Oui, une poignée d'hommes intéressants«, sagte der Comte de Chambrun, als er mich zum Abendessen einlud, »eine Handvoll interessante Männer«. Das war im Juni 1942. Ich war für zwei Tage von Nizza nach Paris gekommen und wollte ihm eigentlich nur telefonisch Guten Tag sagen. Die Einladung gefiel mir nicht. Leute aus seiner Umgebung mußten mich unweigerlich in Verlegenheit bringen. Aber ich lehnte nicht ab, ich war trotz allem zu neugierig.

Mitte 41 hatte die Comtesse vom Deutschen Institut einen Herrn für Privatstunden gewünscht, und das Institut hatte mich für den geeigneten Deutschlehrer gehalten. Sie war die Tochter Pierre Lavals, der momentan kein Amt hatte und sogar wegen übereifriger Kollaboration mit Mussolini und Hitler vorübergehend vom Vichy-Parlament verhaftet worden war. Mehr konnten die Franzosen nicht riskieren, die Deutschen stützten Laval. Und seine Tochter wollte deutsch lernen.

Wir saßen drei Monate lang mehrmals wöchentlich meist zu dritt in ihrer Wohnung an der Place du Palais Bourbon und übten deutsche Sprache, ebenso oft aber ging es auf französisch um Deutsche und Franzosen, Aufrichtigkeit und List, politische und militärische Schwierigkeiten, also um Fakten, Imponderabilien und Prognosen. Die Chambruns entdeckten schnell, daß sie es mit einem Menschen ohne Doktrin zu tun hatten, und so redeten sie offen, gegen Ende meines Pariser Aufenthalts fast wie mit einem guten alten Bekannten.

An die Wohnung habe ich nur noch eine vage Erinnerung von dunkler Tönung und zurückhaltender Noblesse, vielleicht eine schlichte Form von Empire, vielleicht Klassizismus; ich hatte damals noch keinen sicheren Blick für historischen Möbelstil. Die Comtesse war eine schlanke schwarzhaarige Schönheit von bräunlichem Teint und mit großen, leuchtenden Augen, der Comte etwas kleiner, ein wenig untersetzt, mit ovalem, ebenmäßigem Gesicht, kühlem Ausdruck und scheinbar verschleierten Augen, die bei einer überraschenden Bemerkung oder einem Bonmot plötzlich aufblitzten.

Zur Zeit unserer ersten Sitzungen hoffte Chambrun auf die Diplomatie. Er kam gerade aus Washington zurück und seufzte: sehr schwierige Mission, verdächtig hinhaltend diese Amerikaner. Und er machte ein bedenkliches Gesicht, als Hitler im Juni gegen die Sowjets losschlug. Das Wort »Blitzkrieg« machte die Runde, und Chambrun sagte: »Dieses waghalsige Unternehmen gelingt nur, wenn es wirklich blitzartig zum vollen Erfolg führt. Viele Jahre Krieg, dazu fehlen die Ressourcen. Nach Washington brauche ich gar nicht mehr zu gehen.«

Seit Oktober 1941 war ich deutscher Lektor in Nizza, an der kleinen Côte d'Azur-Dependance der Universität Aix-en-Provence. Und der Krieg war jetzt, Mitte Juni 1942, im Grunde entschieden. Der Blitzkrieg war gescheitert. Das Pearl-Harbour-Abenteuer war soeben mit der vernichtenden Niederlage der japanischen Flotte vor Midway quittiert worden. Von nun an zählen nur noch die größeren Ressourcen, so urteilte Chambrun mit Sicherheit nach allem, was ich im Jahr vorher von ihm gehört hatte. Und daß Hitler dem Industrieriesen USA den Krieg erklärt hatte, konnte unter vier Augen nur heißen: er hat sich mutwillig den Strick selbst um den Hals gelegt. Aber nur unter vier, nicht einmal unter sechs Augen, denn für Lavals Tochter mußte das trostlos klingen, gerade jetzt, wo ihr Vater der Vichy-Regierung von den Deutschen als Ministerpräsident aufgenötigt worden war.

Ich hätte mit einer Ausrede dankend ablehnen sollen, sagte ich mir, als ich mich abends auf den Weg machte. Diese Themen kommen so oder so aufs Tapet, und vom Deutschlehrer der Comtesse erwarten die Gäste geniale optimistische Visionen.

Ich nahm mir vor, notfalls etwas Optimistisches über den Vormarsch in Südrußland zu schwafeln.
Zum Glück hat ein Bankett seine Gesetze. Die Gastgeber stellen sich auf die Gäste ein, die Gäste auf die Gastgeber, Komplimente sind unerläßlich, also kann es nicht leicht zum Seminar oder zur Volksversammlung ausarten. Genauso harmlos begann es. Die Comtesse war erschreckend schön und stellte ihren Mann in den Schatten, wo er sich sehr wohlfühlte. Sein Esprit zuckte von Zeit zu Zeit in sarkastischen Bonmots auf, im übrigen war er ein genauer Zuhörer und begriff auch alles Ungesagte. Ein Diplomat ohne Illusionen, aber mit bestimmten unausweichlichen Engagements. Hie und da traf mich, wenn einer der geladenen »interessanten« Männer allzu sicher über die Zukunft verfügte, ein rascher Blick von ihm, der genug sagte.
Die Geladenen waren nicht nur interessant, sie waren herrliche Exemplare dieses alten, bewundernswerten Volkes, geistvoll, literarisch und historisch gebildet, in den Manieren sicher und gelassen, kraftsprühend, auf der Höhe des Lebens, patriotisch, illusionslos über sich selbst, ein halbes Dutzend hinreißender Männer, die mich mit unaussprechlicher Trauer erfüllten. Denn bei all ihrer natürlichen Illusionslosigkeit steckten sie voller Illusionen über das »neue« Deutschland. Es war erschütternd, diese Todgeweihten, die ihren Alexander gefunden zu haben glaubten, so heiter an der Abschiedstafel zu erleben. Den Tod kalkulierten sie kalt ein: Offiziere der von Doriot aufgestellten französischen Legion; noch in dieser Nacht würden sie sich an die Ostfront begeben.
Die Comtesse genoß den Abend, er war ihr in diesem Augenblick eine Stütze, ein Augentrost, eine Hoffnung für ihr Land und ihren verstrickten Vater. Zwischen Historie, Literatur und Politik erhielt sie Komplimente für Laval, der die Stunde Frankreichs erkannt habe, nämlich die Notwendigkeit der Kollaboration mit den Deutschen und eines französischen Beitrags zu dem neuen Europa, um dann ein wichtiges Wort mitreden zu können. Einer bemängelte allerdings die Subalternität und das

Posenhafte der untergeordneten Chargen, er verlangte echte alte Nationalsozialisten als Kontaktpersonen, nicht Leute wie Abetz, die erst nach Hitlers Machtergreifung in die Partei eingetreten seien.
»Was sagen Sie dazu?« Damit wandte er sich an mich. Da saß ich also und mußte, wie erwartet, etwas sagen, aber auf eine Frage, die gänzlich unerwartet war. Mir fiel nichts anderes ein als: »Abetz ist Befehlsempfänger.« Damit war der Mann natürlich nicht zufrieden. »Recht gut«, sagte er ungeduldig, »aber es gäbe sicher bessere Befehlsempfänger, die als produktive Bindeglieder zwischen Frankreich und Deutschland wirken könnten. Schließlich ist das unser aller Krieg, nicht wahr?«
Jetzt konnte ich ihm antworten, und unerschrocken mit der vollen Wahrheit. Chambrun beobachtete mich gespannt. »Seien Sie zufrieden mit Herrn Abetz«, sagte ich.
»Und warum?«
»Weil ich Ihnen keinen hochmütigen Botschafter wünsche, der Ihnen barsch mitteilt, daß dieser Krieg einzig und allein Hitlers Krieg ist. Niemand wird da je mitreden.«
Plötzliche Stille. Die Ruhe vor dem Sturm, dachte ich. Chambrun griff sofort ein: »C'est une allusion au génie du Fureur.« Das hieß nicht nur, ich hätte auf Hitlers Genialität angespielt, es war gleichzeitig eine sarkastische Witzelei; Chambrun sprach das Wort »Führer« stets aus wie fureur, Raserei.
Mit diesem Miniaturbeitrag hatte er die Situation gerettet und die Stimmung völlig verändert. Alles lachte über den Fureur, die Offiziere erinnerten sich, daß sie auf sich selbst und ihren Stolz angewiesen ins Feld zogen, und der Anfall von Larmoyanz dieses einen war vorüber. Wenn hier einer genial war, so war es Chambrun. Plötzlich waren alle fröhlich.
»Ja, ihr seid komisch, ihr Deutschen«, sagte ein anderer, »eure Offiziere gehen abends ins Casino. Als ich das zum erstenmal hörte, dachte ich: was ist aus den Söhnen des Arminius geworden!«
Die Comtesse lachte: »Als wir zum erstenmal in ein Casino ein-

geladen wurden, saßen wir hier am Tisch und sahen uns eine halbe Stunde wortlos an.«

»Et puis – la Ouestapisse«, sagte Chambrun. Schallendes Gelächter. Ich sah ihn verständnislos an. »So nennen wir die Gestapo«, sagte er. Als ich immer noch unaufgeklärt dreinsah, fügte er hinzu: »Ja, ja, das gibt keinen Sinn, aber wir finden es ungeheuer komisch. Muß ich Ihnen auch unser Staunen über das Casino erläutern?« Das war nicht nötig, zweideutige oder vielmehr eindeutige Etablissements werden in Frankreich mit diesem Wort bezeichnet.

Der Anti-Abetz kam unter dem Stirnrunzeln seiner Kameraden doch noch einmal auf sein Thema zurück. »Eh bien, Abetz«, sagte er, »aber was sind Sie?«

Ohne nachzudenken, winkte ich ab: »Ich bin niemand. In einigen Wochen folge ich Ihnen an die Ostfront. Vielleicht sehen wir uns dort wieder.«

»Ah? Das ist gut. Bei welchem Truppenteil werden Sie sein?«

»Das weiß ich noch nicht. Ich werde mit einer Nummer reisen, die erst kurz hinter der Front von einer sogenannten Frontleitstelle enträtselt wird.«

Allmählich hatte das vorzügliche Mahl und der hervorragende Wein eine wohltätige Wirkung. Ernste Themen verschwanden, man erinnerte sich an die letzten Filme und Theaterpremieren, einer schwärmte von der Arletty, die ich mit den Chambruns vor einem Jahr im Maxim's kennengelernt hatte; die Schwärmerei des Mannes konnte ich verstehen.

Allmählich hatte ich das Gefühl, das Abendessen gut überstanden zu haben. Daß ich den Männern in den nächsten Wochen folgen würde, hatte seine Richtigkeit. Im August hatte ich wieder einzurücken, vorher sollte ich noch drei Wochen Urlaub machen. Dies hier war mein letzter Besuch in Paris.

Als die Offiziere verkündeten, sie wollten gegen ein Uhr nachts direkt zum Ostbahnhof fahren, atmete ich auf. Das Trübste blieb mir also erspart. Wären sie früh gegangen, hätte ich noch eine Weile bleiben müssen und hätte nicht das geringste gute

Augurium zu bieten gehabt. Ich verabschiedete mich also vor Mitternacht. Die Chambruns habe ich nie wiedergesehen, auch nicht nach dem Ende, das der Tochter eines Hingerichteten verhaßt sein mußte, mir aber wiedergewonnene Freiheit war. Was hätte ich ihr sagen können …

Heute, am 24. Juni 1984, klärt sich für mich alles Zweideutige der vorangehenden Blätter auf, die ich absichtlich nicht ändere. Ich lese gerade die Dokumentensammlung »Et ce fut un crime judiciaire – Le ›procès‹ Laval« (Der Prozeß Laval – ein Justizverbrechen), vor wenigen Wochen vom Comte de Chambrun in Paris veröffentlicht. Der Prozeß machte kurzen Prozeß, Laval durfte sich nicht verteidigen, seine Anwälte legten aus Protest ihr Amt nieder. Laval hatte zum Schein kollaboriert, um Tag für Tag das Beste für das Land aus den deutschen Unterhändlern herauszuholen. Einmal hatte er zu dem Journalisten Canavaggio gesagt: »Sie sind stärker als wir, aber wir sind durchtriebener. Wir werden sie hereinlegen.« Und nach Oradour sagte er dem deutschen Gestapochef Boemelburg: »Gestern hat in Oradour nicht das Deutschland gehandelt, das Sie rühmen, sondern Dschinghis Khan.« Der Band ist erschütternd. Laval war ein großer Patriot, der wegen der nazideutschen Ohren nie offen sagen konnte, was er in Wirklichkeit dachte und bezweckte, und auch seinen Freunden meist nur andeutete, daß er in einem gewagten Spiel sein Leben für die hilflose Bevölkerung einsetze. Einer mußte diese undankbare Aufgabe auf sich nehmen.
Selbstverständlich konnten die Chambruns mir damals derartiges nicht sagen, dazu kannten sie mich doch zu wenig. Und vielleicht wußten sie selbst nicht alles, was sie später aus Dokumenten und von Gesprächspartnern Lavals erfahren haben. Das alles ist zum großen Teil in dem genannten Buch enthalten. Wenn ich jetzt in Paris wäre, würde ich die Chambruns besuchen.

Mein Krieg

Nach dem Examen im Dezember 1938 hatte mir der Frankfurter Generalanzeiger eine Volontärstelle zugesichert; ich mußte ja irgend etwas tun, um Geld zu verdienen. Die Frankfurter Zeitung nahm keine Volontäre, aber dort hatte schon während meiner Studienzeit Erich Pfeiffer-Belli, der im Lokalteil der FZ »überwinterte«, Lokalspitzen von mir gedruckt, das sind die kleinen Feuilletons am Kopf des Lokalteils, die Stadtkolorit, Geist und Charme haben müssen. Für diese Glossen bekam man 20 Mark. Die meinen gefielen ihm so gut, und meine Gesinnung stimmte so sehr mit der seinen überein, daß ich auch während des Kriegs von Zeit zu Zeit so ein Ding schickte. Nach dem Krieg entdeckten wir uns bei einer besonderen Gelegenheit wieder.
Durch den Generalanzeiger machte mir eine Prüfungskommission der Nazis einen Strich. Ich wußte auf ihre Fragen nicht genügend befriedigende Antworten, z.B. über Städtenamen im polnischen Korridor, und so stellten sie mir die Wahl: Mainzer Anzeiger oder nichts. Der Chefredakteur aus Mainz wünschte mich, und ihm zuliebe ließen sie mich passieren. Ich sollte auf einem Wisch unterschreiben, daß ich immer bei der Parteipresse bleiben werde, ich, der eine Minute vorher noch als ungeeignet für ihren Journalismus gehalten wurde! Das war also ihre Art, Leute einzufangen. Ich las das Ding durch, es gab eine Ausnahme, die zum Weggehen berechtigte: Aufnahme eines Studiums. Innerlich lächelnd unterschrieb ich unter ihren lauernden Augen das Blatt, das nur für die Zeit einer kurzen Überbrückung diente, dessen war ich sicher.
Im April 1939 packten wir unsere Wohnungseinrichtung so ein,

daß sie jederzeit vom Spediteur abgeholt werden konnte, ich meldete mich zur Ableistung der drei Monate Militärdienst, die für meinen Jahrgang genügten, um das Recht auf ein Visum zu erwerben, und ließ mich in Mainz für die drei Monate beurlauben. Die paar Mark, die ein Volontär erhielt, wurden weitergezahlt. Laura reiste mit dem Kleinen ab, die Wohnungseinrichtung wurde bei der Spedition Täubner eingelagert, und ich rückte in Hanau bei der Infanterie ein.

Es war eine merkwürdige Kompanie. Zuerst jagte uns der Spieß wie irre auf dem Kasernenhof umher, aber schon nach kurzer Zeit las er beim Appell einen Schrieb vor, der eventuelle höhere SA-Führer unter den Rekruten festzustellen verlangte. Und da sagte er: »Ist irgend so'n Heini dabei?« Es meldeten sich alle – außer mir. Dem Spieß fielen die Augen aus dem Kopf, er schob die Mütze ins Genick und sagte: »Au Backe, vornehmer Verein.« Das war also eine Kompanie zur Schnellausbildung von SA-Führern, und die Kompanieführung hatte nichts davon gewußt. Ich als einzelner Freiwilliger war zum Auffüllen noch dazugesellt worden. Von dem Tag an war der Dienst merkwürdig harmlos, und der Spieß suchte in der Kantine gelegentlich und dann immer öfter meine Gesellschaft. »Mensch, ich dachte, die lassen mich einsperren«, sagte er. Aber es geschah nichts. Aber für mich geschah etwas: Der Unteroffizier, der meine Gruppe führte und mich häufig mit »des macht dä Doktä« zum Latrinenreinigen und anderen unangenehmen Arbeiten kommandiert hatte, wurde plötzlich manierlich, weil er mich mit dem Spieß in der Kantine sitzen sah.

Nach anderthalb Monaten bekam die Kompanie eine Woche Heimaturlaub, angeblich wegen Umgruppierungen innerhalb der Abteilung. »Quatsch«, sagte der Spieß zu mir, »das ist bloß, daß die Heinis sich nicht überanstrengen sollen. Was'n Volk!« Ich sagte ihm, ich brauchte einen Urlaubsschein nach Freiburg, da ließe ich dann meine Frau aus Italien hinkommen. »Das muß ich ganz schlau anstellen«, sagte er, und gleich darauf: »Kannst du mir 50 Mark leihen, ich muß dem Spieß drüben beim Kom-

mandeur Geld zurückgeben, das ich ganz vergessen hatte.« Das war natürlich Unsinn. Ich bezahlte eben meinen Freiburger Urlaubsschein mit 50 Mark.
In Freiburg verbrachten wir eine ganz unwirkliche Woche in Sonne und Melancholie. Vom Münster war Laura begeistert, solche reine Gotik hatte sie noch nie gesehen. Aber mir blieb eine andere, ganz einfache Szene lebenslang in Erinnerung: Wir sitzen unter einem Brunnen und essen Kirschen. Solche kleinen Dinge und Gebärden graben sich in schweren Zeiten für immer im Gedächtnis ein.
Von diesen unerwartet geschenkten acht Tagen zehrte ich für den Rest der Dienstzeit. Der Spieß erzählte mir von einem Befehl, der nichts Gutes verspreche: keine Entlassungen mehr. »Das war zu erwarten«, sagte ich. Gegen Ende der drei Monate kam er eines Abends hohnlachend in die Kantine, setzte sich und sagte leise: »Von wegen Entlassungsstop! Als einzige wird meine Kompanie nächste Woche fristgerecht entlassen. Verstehst du? Die Heinis werden zu Hause gebraucht, zum Aufpassen. Es geht also los. Aber du hast Glück gehabt, daß du zufällig bei dem Haufen gelandet bist.«
In Mainz staunten sie nicht schlecht, als ich auftauchte, während so viele andere nicht auftauchten und allerlei Leute unerwartet eingezogen wurden. Und ich fing an, knauserig zu leben. Ich zählte mein Geld. Für ein Semester konnte es reichen, an ein zweites brauchte ich nicht zu denken, bis dahin war ich mit Sicherheit Soldat unter Millionen anderer Soldaten. Doch die Nachrichten, die mir von den Universitäten zukamen, waren alarmierend: alle Anatomieplätze für das Medizinstudium waren vergeben. Und ich konnte ja nicht gut Mathematik oder Technik studieren, für die ich keinerlei Begabung besaß. Außerdem hatten nur Medizinstudenten Aussicht, während des Krieges von Zeit zu Zeit Studienurlaub zu bekommen. Vor allen Dingen aber erst einmal heraus aus diesem ekelhaften Journalismus!
Schließlich gab es in Erlangen noch freie Plätze. Ich meldete

mich sofort krank, fuhr nach Erlangen und immatrikulierte mich. Dann zurück und gekündigt. Der Verlagsdirektor machte große Augen, als er erfuhr, daß ich ein zweites Studium beginnen wollte. Er warnte mich vor dem Unsinn, »vielleicht« gebe es Krieg, und wie wollte ich dann meine Familie unterstützen? Er habe einen besseren Vorschlag. Er beurlaube mich zu dem Studium, das mich sowieso bald langweilen werde, also er beurlaube mich für ein Jahr, genannt Fortbildung, und ich hätte immer etwas Geld und außerdem eine Sicherheit im Rücken. Er schlug mir gerade das vor, was ich wieder einmal hinter mir abbrechen wollte: eine sichernde Brücke. Ich bedankte mich für seine Nettigkeit, erinnerte ihn aber daran, daß laut Vertrag die Aufnahme eines Studiums Entlassung bedeute. »Wenn es herauskommt, daß Sie mich weiter bezahlen, kriegen Sie Scherereien.« Er ließ sich das Blatt kommen, das ich unterschrieben hatte, und sagte: »Tatsächlich. Sehr anständig, daß Sie mich darauf aufmerksam gemacht haben.«

Und das Vielleicht, an das sich so viele klammerten, war zu Ende. Am 1. September 1939 erklärte Hitler seinen Krieg. Auf einem offenen Platz wurden Tische aufgestellt zur Verteilung von Bezugsscheinen für Schuhe und Textilien. Die Redaktion sollte wie verschiedene andere Betriebe einen Mann dafür abstellen. Da ich sowieso nur noch einen Monat blieb, halste man mir diese Arbeit auf. Mein Tisch war sehr umlagert, bei mir bekamen die Leute ohne jedes Gefrage, was sie wollten.

Als ich mich verabschiedete, hatte der Verlagsleiter wieder einen netten Vorschlag. Da jetzt Krieg sei, würde ich vielleicht bald eingezogen. Dann solle ich ihm in aller Stille das Entlassungspapier zurückschicken, ich sei dann Redaktionsmitglied wie bisher, kriege mein Geld und könne nach Ablauf der Volontärzeit automatisch zum Vollredakteur befördert werden. Wieder bedankte ich mich freundlich und dachte: Mich wirst du nie wiedersehen.

In Erlangen wohnte ich in einem winzigen kalten Zimmer. Laura kam ohne den Kleinen nach Rüdesheim zu meinen

Eltern; für eine Wohnung zu zweit in Erlangen hatten wir nicht genug Geld. An den Wochenenden besuchte ich sie. Doch das alles dauerte nicht lange. Eines Tages traf der Einberufungsbescheid zum 17. Dezember ein, und wie das so geht bei den bürokratischen Statistikern: zur Sanitätsersatzabteilung in Bad Kissingen.
Ich fuhr mit Laura am 13. Dezember nach München, wir nahmen ein Zimmer im »Deutschen Kaiser« und feierten mit schweren Herzen Abschied. Als sie am 16. morgens in den Zug Richtung Brenner stieg, sagte sie: »Es ist wunderbar, daß du dich entschlossen hast, mich bis München zu begleiten.« Ich umarmte sie noch einmal und sagte: »Ich werde immer Entschlüsse fassen, und ich hoffe dabei auf Wunder«, und zur gleichen Zeit schossen mir Tränen in die Augen. Eine halbe Stunde später schrieb ich ihr aus einem Café eine Postkarte nach Castello di Lecco in ihr Elternhaus: »... Aber ich habe nicht mehr geweint ... Ich bin voll guter Zuversicht ...«, und am selben Abend einen Brief aus dem Hotel Adler in Kissingen, und am Morgen des 17. noch einen aus dem Hotel, und am Abend den dritten – immer noch aus dem Hotel.
Dieser beginnt: »Ich war nun dort, aber ich soll erst morgen, am Montag kommen. Ich habe gefragt, ob ich dir meine Adresse mitteilen darf oder chiffrieren muß. Der Chef der Sanitätsabteilung sagte: Adresse darf ohne weiteres angegeben werden. Da ist sie: 3./San. Abt. 13, Bad Kissingen.«
Im Brief konnte ich wegen der Zensur nichts Genaueres erzählen. Der Spieß beim Kommandeur, wo ich mich am Sonntag gegen Mittag meldete, mußte beim Kommandeur anfragen, wie es sich mit der Adressenangabe ins Ausland verhalte. Der Kommandeur kam selbst herein, ließ sich meine Personalpapiere, die schon vorlagen, geben und sagte: »Dr. phil., so so, Medizinstudent, aha, Unteroffiziersanwärter, also Grundausbildung schon vorhanden, gut gut. Die Adresse? Die können Sie ruhig angeben.«
Darauf schickte mich der Spieß zur 3. Kompanie, quer über den

Hof. Kurz darauf war ich wieder da. »Herr Hauptfeldwebel, da bin ich wieder. Außer einem hilflosen UvD ist dort niemand.« – »Konnte ich mir schon denken. Jetzt müssen Sie bis morgen in Zivilbrocken herumlungern. Und wo kriege ich Marschverpflegung für Sie her. Die Küche ist auch geschlossen. Himmel, wer ist denn auch so blöd, eine Einberufung für sonntags auszuschreiben.« Und er versank in ärgerliches Brüten.

»Darf ich einen ganz einfachen Vorschlag machen? Ich habe im Hotel Adler übernachtet, das Zimmer ist noch frei. Ich komme morgen wieder, und alles ist geritzt.«

»Geht denn das?« sagte er zu sich selbst und dachte nach. »Aber das Hotel zahlt Ihnen die Abteilung nicht.«

»Das versteht sich von selbst, damit werde ich nicht ankommen. Das einzige Problem ist, wie ich Zivilist an der Wache vorbeikomme.«

»Na, wenn das alles ist«, sagte er und lachte. »Hier, nehmen Sie die Einberufung an sich, für morgen. Und ich bringe Sie ans Tor.«

Die erste Nacht nach meiner Einberufung schlief ich also im Hotel. So fing mein Krieg an. Und ich hatte das Gefühl, ich würde ihn genauso weiterführen.

Odyssee

Von Ilion nirgends eine Spur, ich war fünf Jahre lang immer nur auf der Fahrt nach Ithaka.

Als ich aus dem Kissinger Hotel meine ersten Briefe nach Lecco schickte, schrieb Laura den ersten Brief nach dem Wiedersehen mit unserem kleinen Giuseppe: »Ich glaube, daß er mich erkannt hat. Er hatte einen sonderbaren Ausdruck, so etwas zwischen gerührt und verschämt, und guckte von Zeit zu Zeit zu mir her. Ich gab ihm gleich den kleinen hölzernen Zug mit vier Wagen, er gefiel ihm sehr und beschäftigte ihn ganz ... Dann sagte Rosa einmal: Geh doch zu der Mamma! Und da guckte er plötzlich zu mir hin, streckte das Ärmchen und sagte: ›Mamma‹.« Darauf bekam sie von mir zu hören: »Spreu ist alles, Liebste, Spreu und Sand, was ich bisher geschrieben habe. Wie ein heißes Feuer ist dein erster Brief hineingefahren und hat alles hoch aufgewirbelt und in Brand gesetzt. Mein Gott, welch ein Glück!«

Und so war es immer. Berge von ihren und meinen Briefen liegen vor mir, die ich jetzt alle wieder gelesen habe. Sie schrieb nie ein forciertes, nie ein preziöses, nie ein sentimentales Wort. Sie schrieb immer »richtig«: sachlich, gescheit, und in gerührter Stimmung mit unbedingt sicherem Wort. Und in besserem Deutsch als Millionen geborener Deutscher.

Als unser zweiter Sohn, Simone, im Februar 1940 geboren wurde, erhielt ich einige glückstrahlende Briefe, und in einem steht plötzlich der Satz: »Ich danke dir für diese beiden Kinder.«

Vier Jahre später kam ich einige Wochen nach der Geburt des dritten Jungen auf einen kurzen Urlaub nach Lecco, im November 1944. Als ich wieder im Osten war, erhielt ich diese Zeilen von ihr: »Dieses Kind und sein kleines Leben füllen mich ganz

und befriedigen mich. Ich bin stolz und glücklich, wenn ich es sehe, und ich liebe DICH in ihm (ja, warum nicht?) mehr, viel mehr als in den anderen. Und wir wissen warum. Und dann sehe ich immer wieder, mit welcher Gebärde du dich im letzten Augenblick über die Wiege gebeugt hast, und das rührt mich sehr ... Und ich sehe dich mit den uniformgrünen Augen in deinem blassen Gesicht, so wie du warst, und liebe dich sehr ...«
Da standen die Worte: »Und wir wissen warum.« Das Herrlichste und das Schrecklichste, ich habe es oft gesagt, nimmt jeder von uns stumm mit ins Grab. Was diese Worte an Schreck und Herrlichkeit bezeichnen, werde ich stumm mit ins Grab nehmen.

Wir brachten also unsere Kinder zur Welt, ohne auf Krieg und Zukunftssorgen Rücksicht zu nehmen. Ich habe soeben die Zahl unserer Treffen in diesen Jahren zusammengerechnet: Zweiundzwanzig. Manche kamen durch günstige Umstände, manche durch Listen zustande, wie nur Odysseus sie erfinden kann. Der Krieg kam bei uns nur als Störung vor, außer beim Tod ihres einzigen Bruders. Antonio fuhr Geleitschutz, als die Versorgung Nordafrikas schon fast unmöglich war. Ein englischer Lufttorpedo riß den Zerstörer in zwei Teile, die noch eine kurze Zeit über Wasser blieben. Die meisten gingen in die Boote und konnten sich retten. Sie wollten den Offizier, dem eine Maschinengewehrgarbe den Bauch vollständig aufgerissen hatte, mitnehmen. Antonio lehnte ab, er war am Verbluten, sein Bursche sprach noch ein Gebet mit ihm und ging dann auch von Deck. Der Vater kam nie darüber hinweg. Antonio hatte schon den Urlaubsschein zum Heiraten in der Tasche gehabt, mußte aber diese Fahrt noch antreten, da die Ablösung nicht rechtzeitig eingetroffen war. Und das Schlimmste: Antonio hatte seinen Vater telefonisch beschworen, bei dem befreundeten Admiral einen anderen Ersatzmann durchzusetzen, denn – auf dieser Fahrt werde er umkommen, er sei ganz sicher. Der

Vater hatte geantwortet, er bringe diese Bitte um Vergünstigung nicht übers Herz.
Das alles hat uns tief getroffen. Vorher, bei der Niederlage in Tobruk, wo Antonio auf dem seeuntüchtigen, im Hafen festliegenden Flakkreuzer San Giorgio Dienst getan hatte, wollte er nicht in englische Kriegsgefangenschaft gehen, floh mit einigen Kameraden in einem Fischkutter und landete nach vier Tagen und vier Nächten in Italien. Wir hatten ihn damals gefeiert, und jetzt wußten wir, wir hatten zu früh gefeiert. Wäre er damals in Gefangenschaft gegangen ... Wäre ... Hätte ...
Zwei Jahre vorher hatte der Tod auf andere Weise schon einmal zugeschlagen. Eine Schwester der Laura machte mit ihrem Mann die Hochzeitsreise per Rad in Sizilien, und er stürzte in den Bergen in einer scharfen Kurve dreißig Meter tief hinunter. Ein oder zwei Jahre überlebte er mit gebrochenem Rückgrat und ließ sich in der Sänfte zu einem genialen Villenbau tragen, den er entworfen hatte und im Bau beaufsichtigte. Als ich wieder einmal einen Urlaub in Lecco verbrachte, starb dieser hoch begabte Architekt, unter Tränen. Er war der Taufpate unseres zweiten Sohnes.

Ich werde nicht die üblichen Kriegsgeschichten auftischen, die man an Stammtischen oder im Kreise von Kindern und Kindeskindern erzählt. Einiges von meinen Erlebnissen habe ich in dem 1949 gedruckten Roman »In der großen Drift« verwertet. Das Buch ist nicht autobiographisch, es zeigt den durchschnittlichen Deutschen, der weder teuflisch schlecht noch gottgefällig gut sich durch dieses scheußliche Halbjahrhundert schlägt. Bei dieser Gelegenheit will ich notieren, daß eine spätere, sehr gekürzte Taschenbuchausgabe ungültig ist. Ich habe mich seinerzeit von dem Taschenbuchverlag zu der Bemerkung »endgültige Neubearbeitung« überreden lassen und widerrufe diesen Unsinn hiermit. Gültig ist die Originalausgabe von 1949.
Ich werde nur einige zentrale Ereignisse berühren, die für mich

und uns beide wichtig waren, und so kommt denn innerhalb der Störung namens Krieg nur eine einzige Periode zu Wort, die ich mir als produktiv anrechnen darf. Davon werde ich noch sprechen.

Zuerst gelang es mir, nach dem Frankreichfeldzug, den ich als Sanitätsunteroffizier bei einer Korps-Nachrichten-Abteilung mitmachte, als Lektor für deutsche Sprache ans Deutsche Institut nach Paris berufen zu werden, wo ich von Januar bis Oktober 1941 arbeitete und meinen ersten Roman »Jacobs Jahr« zu Ende schrieb. Nachmittags erteilte ich Sprachunterricht, an den Vormittagen saß ich in der Bibliothek des Instituts, paßte die sechs Kapitel, die 1939 schon vorlagen, den neu hinzukommenden Perspektiven an und schrieb und änderte und schrieb und korrigierte, immer mit der Faust einer neuen Einberufung zum Militär im Nacken. Ich arbeitete gehetzt und konzentriert, kein schlechter Zustand. Dreierlei sollte es werden: Zeugnis über meine kompromittierte Generation, Denkmal unserer Liebesgeschichte und – das war entscheidend – ein Kunstwerk. Während der Qualen der Produktion schrieb ich einmal an Laura: »Ich will alles ganz, wenn ich etwas will, oder nichts.« Das galt immer, nicht nur für diesen Roman.

Der Roman wurde, das habe ich schon erzählt, Ende 1942 bei Goverts in Hamburg gedruckt und war eine Art Unterpfand für den jungen Mann, der Frau und zwei Kinder und keinen Beruf hatte. Als Eugen Claassen, Henry Goverts' Kompagnon, den Roman annahm, bekam ich in Nizza einen Brief von ihr aus Lecco, den 22. November 41: »O mein Rudi, ich bin glücklich. Selten hat mich eine Botschaft so glücklich gemacht, so restlos glücklich, wie diese. Ich lege dir den Brief bei, womit Dr. Claassen den Roman annimmt. Ich hatte es die ganze Zeit so gewünscht, und doch hatte ich nicht gewagt, daran zu glauben. Ich dachte: es wird ein Brief kommen, ein sehr anerkennender, aber sie werden ihn wahrscheinlich nicht annehmen. Heute morgen warf ich mich darauf, ich durchlas ihn ganz schnell, die bloße Tatsache wollte ich wissen, ob sie ihn nehmen oder nicht. Ah!

Ich triumphiere. Es ist alles so schön und richtig. Für dich diese Bestätigung in diesem Moment, in deinem Alter; was für eine Ruhe, nicht wahr, was für ein Gleichgewicht. Und die Tür geht auf.
Und für mich. Verzeih, daß ich so viel davon für mich nehmen will, du wirst sehen. Aber ich glaube, du wirst froh sein; meine Dankbarkeit und mein Glück werden dir ins Herz steigen. *O ja, endlich,* die Rechtfertigung und Wertung meines Lebens, seine Verherrlichung. Endlich die Bestätigung, daß mein Schicksal *doch nicht, doch nicht* ›das Schicksal eines kleinen Mädchens‹ (wie du einmal traurig sagtest und ich traurig zustimmte) ist, daß mein Leben *doch* nach derselben Höhe sich wieder aufrichtet, wo es angefangen hatte, daß ich nicht zu trauern habe, einige Stufen heruntergefallen zu sein, wie damals (weißt du noch? weißt du noch?) kurz nach unserer Hochzeit, in der Rüdesheimer Maulbeerallee. Und das für jeden. Daß jeder hören kann (der Ohren dazu hat, natürlich).
Hab ich richtig gesagt? Habe ich alles gesagt? Mißverstehst du mich nicht? Ich kann dir alles sagen. Gerade heute morgen dachte ich – *vor* diesem Brief von Claassen –, um es dir zu schreiben: ›Wie sind wir füreinander gemacht! Wie vielfach wir und innig ineinanderströmen!‹
O, ich bin sehr froh. Und wenn ich daran denke, was das für dich für ein Glück sein wird, was das für dich bedeutet …«
Das »kleine Mädchen«, das war gegen Ende meines Studiums ihr gefürchteter Absturz aus höchsten geistigen Ansprüchen in das Leben mit einem kleinen Provinzredakteur, in ein flaches anonymes Leben.
Und als sie im März 1943 das erste gedruckte Exemplar in Händen hatte, schrieb sie mir nach Rußland: »Seit gestern lebe ich mit dem ›Jacob‹, ganz glücklich, daß er da ist. Ja, die Freude ist nicht so kühn und brennend wie am 22. November 1941, wo die erste Antwort von Claassen kam (oh, war das ein Rausch!), aber es ist doch eine gute, reife, runde Freude, ein fester Punkt, der sich immer gleich bleibt. Nur kommt es uns heute so selbstverständ-

lich vor; man vergißt, den langen Weg zu messen, der uns dazu gebracht hat, der uns ebensogut nicht dazu hätte bringen können. Es sind fünf Jahre seit unserer Heirat: ein schöner Weg, wirklich, in jeder Beziehung. Und was für eine Bedeutung hat dieses Buch (ich habe es dir damals schon geschrieben) in meinem ›weiblichen‹ Schicksal! Wie es mich rächt und belohnt! Manche Frauen haben Bilderalben von ihrer Verlobung, von ihrer Heirat, worauf sie so viel Wert legen. Ich habe dieses Buch: das ist mein Album, das Album unserer Liebe. Laß mich so reden, mein Freund; ich weiß nicht, ob es dir lieb ist, daß ich den ›Jacob‹ so auslege. Aber ich sage es doch niemandem. Nur für mich ist der Jacob das Bilderbuch unserer Zeit, das Buch meiner Liebe. Und in diesem Sinn habe ich es seit gestern immer wieder in die Hände genommen, ›die schönsten Bilder‹, die ›süßesten‹ suchend ... Du wirst mir das gönnen, mein Freund, denn nachher werde ich das Buch ganz und richtig lesen ›mit kritischen Augen‹, übrigens zum vierten Male. Aber auch so muß ich sagen, auch aus dieser ziemlich subjektiven Lektüre komme ich mit dem Eindruck zurück, daß der ›Jacob‹ etwas wert sei.«

Ja, ihr Leben war verherrlicht in diesem ersten Roman. Und es sollte nicht der letzte sein, in dem sie sich bebend vor Glück wiederfand.

Von Oktober 1941 bis August 1942 lehrte ich in Nizza, im unbesetzten Frankreich, wo sich kein anderer hintraute, ich aber mit Freuden zugriff: Immer wieder einmal verbrachte ich mit Laura ein Wochenende in Lecco oder in den näher gelegenen Bordighera und San Remo.

Bei meiner Ankunft in Nizza teilte mir allerdings der Germanist der kleinen Universität im Auftrag der Direktion mit, sie akzeptierten keinen Deutschen, der ihnen von Paris via Vichy aufgenötigt werde.

Ich kann mir denken, daß ein anderer an meiner Stelle Himmel und Hölle in Bewegung gesetzt hätte. Ich setzte meinen Kopf und ein zustimmendes Lächeln dagegen und sagte: »Das gefällt mir. Wäre ich Franzose, ich würde genau so handeln. Und deshalb will ich keine Demütigung Ihrer Universität, ich biete meine Demütigung an. Schlagen Sie der Direktion vor: er lehrt ohne Titel, ohne Honorar und ohne Anspruch auf Prüfungsberechtigung.« – »Mon Dieu«, sagte der Mann, »und wie wollen Sie das in Paris erklären?« – »Ich werde sagen, Sie hätten kein Geld und keine freie Planstelle, aber Sie hätten das Mögliche für die ›gemeinsame Sache‹ getan.« Er lächelte vergnügt, schüttelte mir die Hände und regelte alles nach meinem Vorschlag.

Der Sous-Préfet, Verwaltungschef des Arrondissements, verweigerte mir das Dauervisum nach Italien: »Sie können ausreisen, aber nicht zurückkommen.« Mit diesem Mann, der bleich vor Zorn oder Haß wurde, war kein Arrangement zu treffen. Ich versuchte es dreimal, beim drittenmal empfing er mich nicht. Ich trug dem Sekretär auf, er möge dem Herrn ausrichten, nun müsse ich mich leider in Paris und Vichy über diese Feindseligkeit beschweren. Der dumme Mann schickte mir daraufhin ein Hin- und Rückreisevisum und bald darauf ein Dauervisum, statt sich dasselbe zu denken wie ich: Nie hätte mir die Deutsche Botschaft erlaubt, Wochenendfahrten nach Italien zu unternehmen, auch noch ohne deutsches Visum.

Mit dem italienischen Dauervisum war es noch schwieriger. Ich mußte mich bei der italienischen Waffenstillstandskommission regelrecht als beleidigter Alliierter aufspielen. Auch eine deutsche Waffenstillstandskommission gab es in Nizza. Aus guten Gründen schaltete ich sie nicht ein, sondern machte weisungsgemäß einen Höflichkeitsbesuch. Sie bestand aus einem Hauptmann und einigen Soldaten. Jahre nach dem Krieg lud mich ein Wiesbadener Studienrat zu einer Lesung in seiner Schulklasse ein. Hinterher sagte er lachend: »Wir kennen uns seit Jahren.« – »Nanu?« – »Ich bin der Hauptmann aus Nizza, bei dem Sie sich melden mußten.« – »Sieh mal einer an.« – »Und ich sehe, Sie arbeiten in Paeschkes ›Merkur‹ mit. Erinnern Sie sich an den Soldaten, der neben meinem Schreibtisch saß und Sie scharf ins Auge faßte?« – »Es ist zu lange her.« – »Nun, das war der Paeschke.« – »Die Welt ist klein.« Bei meinem nächsten Besuch in München traf ich Paeschke und Moras und erzählte von dem Gespräch in Wiesbaden. Von dem Tag an ließ Paeschke nichts mehr von sich hören. Ein paar Monate später rief ich den Studienrat an und fragte ihn, ob er sich einen Vers darauf machen könne. Er meinte, die Sache werde dem Paeschke peinlich sein, »er denkt womöglich, Sie hätten von mir auch von seiner Tätigkeit für den Abwehrdienst gehört«. Nun, ich ließ Paeschke denken, was er wollte. Die Welt ist klein, aber die Leute sind noch kleiner.

Bei der Gelegenheit erinnerte ich mich an die Journalisten, die fast alle im Abwehrdienst oder in Propagandakompanien gelandet waren; oder in der Wochenzeitung »Das Reich«, womit Goebbels dem Ausland gegenüber bürgerlich-liberale Pressefreiheit fingierte. Dem war ich durch den Austritt aus der Mainzer Zeitung entgangen. Aber es gab noch andere Dienste für den »Führer«; immer wieder mußte ich Ausreden erfinden, um den Übergang von der Sanität zu einer anderen Truppe glaubwürdig ablehnen zu können, denn damit lehnte ich auch die Ehre ab, Offizier zu werden. Die Wahrheit durfte ich nicht sagen: in Hitlers Armee wollte ich kein Offizier sein, Dienst an den Verwundeten war das einzig Vertretbare – wenn ich schon die Wahl hatte. Nun, das gelang mir bis kurz vor dem Ende. Die Tatsache, daß dieser Krieg einzig und allein Hitlers Krieg war, machte es mir auch instinktiv unmöglich, den Aufenthalt in fremden Ländern zu Besichtigungen oder sonstigen Studien zu nutzen. Als z.B. meine Kompanie 1943 in Kiew lag, gab es eine Besichtigungsfahrt zu einem nahe gelegenen Lawrakloster. Der Zugführer, der wegen etwa anrollender Verwundetenzüge mit einer Gruppe Männer in Bereitschaft bleiben mußte, sollte durch das Los bestimmt werden. Ich meldete mich freiwillig. Auch da konnte ich nicht die Wahrheit sagen: Herrn Hitler werde ich keine Welt- und Kunstkenntnisse verdanken. Ernst Jünger, der unermüdliche Beobachter, wird einen solchen Mann nicht verstehen, so wie ich Jüngers gelassenes vielseitiges Forschen während des Hitlerkrieges nicht verstehe.

Ende August 1942, nach anderthalb Jahren glücklicher und erfolgreicher Pause, rückte ich wieder in Bad Kissingen ein, jetzt als Sanitäts-Unteroffizier. Ich hatte die Taschen voller Geld und pokulierte gewaltig mit dem Spieß, der sich für die vielen Runden erkenntlich zeigen wollte und mich auf eine Verordnung über »letzte Söhne« aufmerksam machte. »Vielleicht is das was für dich«, meinte er. Ich staunte. Das konnte ich tatsächlich versuchen. »Der Doktor zu Hause muß nur noch bescheinigen, daß dein Vater an den Folgen des Ersten Weltkriegs gestorben ist.« Das war nämlich eine zusätzliche Bedingung, der Vater mußte im letzten Krieg gefallen oder an Kriegsfolgen gestorben sein. »Füll's schon mal aus, das bring ich gleich mit dem Spieß bei der Abteilung in Ordnung; das Attest reichen wir nach«, sagte der fröhliche Spieß und ließ seinen Humpen füllen. Und schon war der Antrag genehmigt, und meine Papiere bekamen das Etikett »als letzter Sohn in rückwärtigen Diensten zu verwenden«. Die Bescheinigung vom Rüdesheimer Arzt kam selbstverständlich nie, aber kein Mensch fragte danach. Einer meiner Kameraden schüttelte bedenklich den Kopf: man darf dem Schicksal nicht in den Arm fallen. Ich lachte. In meinen Briefen an Laura finde ich mehrmals den Satz: »Ich habe dem Schicksal eine Chance gegeben; seine Sache, die Chance wahrzunehmen.«

Als ich nach Rußland kam, machte die Front kaum noch einen Unterschied zwischen vorn und rückwärtig. Nach längerem Hin und Her wurde meine Kompanie, ein »Transportkommando« von 150 meist alten Männern, nach Konstantinowka im Donezbecken zum Aus- und Einladen und Transportieren von Verwundeten geschickt. Wir begannen unsere Tätigkeit am 20. November 1943; am Tag vorher hatten die Sowjets ihren erfolgreichen Großangriff auf die rumänischen Armeen begonnen und bildeten einen Kessel um Stalingrad. Massen von Verwundeten kamen in Konstantinowka an. Wir hatten fünf große Lazarette zu bedienen, und es gab kaum Lazarettzüge. Die oberste Sanitätsführung hatte einen Ersatz erfunden: behelfsmäßige Verwundetenzüge (BVZ), nämlich notdürftig hergerichtete

Viehwaggons mit Sanitätern unserer Kompanie, aber ohne Ärzte. Dafür wurden entlang der Eisenbahnstrecke ärztliche Versorgungspunkte (ÄVP) in Bahnhöfen oder Bahnhofsnähe eingerichtet, wo je zwei Ärzte jeden durchfahrenden Verwundetenzug zu betreuen hatten. Theoretisch eine gute Idee. Praktisch lagen die Züge oft allzu lang auf freier Strecke.

Das Problem war die Ausrüstung der Güterzüge. Diese Aufgabe übertrug der Stabsarzt mir und ließ mich gleichzeitig zum Sanitätsfeldwebel befördern: »So können Sie sich besser durchsetzen.« Nichts war vorhanden außer leeren Waggons, die ich bei der Bahn bestellen konnte. Wir brauchten Unmengen von Stroh, um die Wagen auslegen zu können, wir brauchten Kanonenöfchen zum Heizen, wir brauchten Einsatzbretter mit Durchlaß für Ofenrohre. Stroh lag tief verschneit im Umland, die Ortskommandantur ließ es durch die Bevölkerung laufend herbeischaffen. In einer verlassenen Fabrik fanden sich Rohrrohlinge, die man zu schmalen Öfen verarbeiten konnte. Der Betrieb wurde aufgenommen, die Arbeiter waren froh, und einer meiner Unteroffiziere leitete die Sache. Nur Holz war nirgends aufzutreiben. Ich fuhr nach Kiew zur Forstverwaltung und trug einem ukrainischen Beamten das Problem vor. Der Mann schüttelte bedauernd den Kopf. Da kam ein deutscher Forstoffizier herein, hörte sich alles ebenfalls an, und auf eine skeptische Bemerkung seines ukrainischen Kollegen gab er ihm einen Tritt in den Hintern und brüllte: »Für die Verwundeten, hast du gehört? Das erledigst du, und zwar marsch marsch!« Ich erhielt die Zusage über mehrere tausend genau passende Bretter und fuhr zurück. Und der ukrainische Beamte wird wohl bei den Partisanen gelandet sein. Dieser kleine Anschauungsunterricht in deutscher Edelrasse machte mir klar, daß die antirussische Ukraine politisch verloren war.

Die Bretter kamen an, und der behelfsmäßige Transport konnte endlich beginnen. Die spärlichen Lazarettzüge blieben nun fast ganz aus. Unsere Leute luden aus und ein, bauten täglich fünfzig Waggons aus und begleiteten die Züge bis Lemberg, mit dem Befehl, die leeren Züge wieder zurückzubringen. Häufig wurden die relativ gut ausgestatteten Züge jedoch in Lemberg beschlagnahmt und an andere Brennpunkte der Front geleitet. Besonders als wir anfingen, doppelstöckige Bettkästen einzubauen.

Ich saß Tag und Nacht an zwei Telefonen, meine Pritsche stand neben dem Schreibtisch. Die Männer arbeiteten bis zum Umfallen, Transportbegleitung galt als Erholung, besonders die trödelnde Rückkehr in den leeren Zügen.

Manchmal saßen die Ärzte in meinem Zimmer und sahen mir zu, wie ich drei oder vier Probleme gleichzeitig per Telefon bewältigte. Bald hatte ich einen solchen Überblick über die Truppenbewegungen, die anrollenden Verwundetentransporte, die Belegung und Kapazität der Lazarette, den Bedarf an neuen Wagen, Ausrüstungsmaterial, Mannschaften, Lokomotiven, daß ich scheinbar unlogische Anordnungen über alle Köpfe hinweg traf und sie auch durchsetzte. Und wenn ein Lazarettarzt protestierte, bekam er eine knappe Bestätigung zu hören mit der Bitte, die Arbeit nicht aufzuhalten. Stabsarzt Frank und Assistenzarzt Groß waren verblüfft. »Kennen Sie denn den Oberstabsarzt im Lazarett B so gut, den Sie soeben regelrecht angeschissen haben?« – »Nie gesehen, ich kenne überhaupt niemand, ich lebe mit dem Telefon.« Groß wurde nach dem Krieg Augenarzt, er gab einmal ein Lebenszeichen, ich glaube aus Gießen.

Nie vorher und nie nachher im Leben habe ich mir eine so angespannte, kompliziert kombinatorische Aktivität über Monate hinweg abgenötigt. Dies war also die schon angekündigte einzige Periode des Krieges, in der ich mir etwas Nützliches geleistet zu haben zuschreiben darf. Wenn am Bahnhof etwas überhaupt nicht klappte, ließ ich mich für eine halbe Stunde vertreten und fuhr hinunter, um an Ort und Stelle die Gründe kennenzulernen. Wenn ich zurückkam, hatte der Gefreite lediglich Notizen gesammelt. Erledigen konnte die Anrufe nur, wer völlig in den Sachen aufging.

Dieser Gefreite W. war der einzige Nazi in der Kompanie, und ein unglücklicher Intellektueller dazu. Statt die Hacken zusammenzuschlagen, trat er sich selbst auf die Füße, beim Grüßen fand er den Mützenrand nicht, und wenn er Meldung machen mußte, verhedderte er sich unfehlbar. Mir hielt er Vorträge über das Bedürfnis Rußlands nach eisfreien Häfen, »und das muß verhindert werden«. Zweimal im Jahr las er die »Wahlverwandtschaften«, und als er mein »Jacobs Jahr« gelesen hatte, nannte er es ein schlechtes Buch – es hatte zu wenig Ähnlichkeit mit den Wahlverwandtschaften. Wir hatten harte politische Diskussionen, aber er kam nie auf den Gedanken, mich zu denunzieren.

Ich gab ihm, er war Bankdirektor, Unterricht im Grüßen und Stillstehen und machte ihm klar, das sei das einzige, was man beim Militär können müsse. Tatsächlich machte er ein bißchen Fortschritte. Nach dem Krieg besuchte er mich einige Male und langweilte mich sehr mit seinen »Wahlverwandtschaften«, und ich war froh, als er es aufgab. Ein Mensch mit mehreren Webfehlern.

Von Zeit zu Zeit hatte ich einen Stabsfeldwebel zu Gast, der immer wieder Wagenkolonnen mit Kriegsmaterial in Richtung Stalingrad führte und auf dem Rückweg einen Tag Pause bei uns machte, gut aß und trank und schlief und dabei die frischesten Berichte über den Frontverlauf lieferte. Eines Tages kam er an, setzte sich schweigend in eine Ecke, aß nicht und trank nicht, und ich fragte ihn, ob er einen Doktor brauche. Er schüttelte den Kopf.

Am nächsten Tag saß er wieder da, ich sah ihn besorgt an, der Mann wäre nicht der erste, den es im Kopf erwischte. Stockend fing er an zu sprechen: Auf der Hinfahrt war er irgendwo von SS aufgehalten worden. In einiger Entfernung vor der Wagenkolonne hub eine lange Reihe Zivilisten einen Graben aus. Plötzlich fegten Maschinengewehrgarben Männer, Frauen und Kinder in den Graben. Eine zweite Gruppe wurde herangeholt und begann den Graben zuzuschaufeln. Aber kaum hatten sie

zu schaufeln begonnen, da ratterten schon wieder die Maschinengewehre, und die Zivilisten waren verschwunden.
Das alles kam langsam, mit Unterbrechungen, seine Augen schienen irgendwohin in die eigene Erinnerung zu sehen, die Stimme sprach nicht zu mir, sondern zu sich selbst. »Ich frage einen SS-Mann, was da los ist. Er sagt: Juden ... Er sagt: Sauarbeit, jetzt müssen wir selbst zuschaufeln, das ist zu viel verlangt.«
Der Stabsfeldwebel blieb drei Tage, ohne etwas zu essen. Ich ging zum Stabsarzt. Der wußte nicht, was er machen sollte. Der Mann ließ sich nicht ins Lazarett einweisen. Als der Arzt energisch wurde, gab er nach, ging »nur noch mal rasch nach meinen Leuten sehen« und verschwand mit seiner Kolonne innerhalb weniger Minuten. Ich habe ihn nicht wiedergesehen.
Später, als wir aus Konstantinowka vor den herandrängenden Russen abrückten, begleitete einer unserer Unteroffiziere, ein katholischer Pfarrer aus Saarbrücken, die jüdischen Putzfrauen, die uns die Ortskommandantur zugewiesen hatte, zurück zur Kommandantur. Er kam totenbleich zurück. Feldgendarmerie hatte die Frauen kurzerhand erschossen und die Leichen in die geöffnete Kanalisation geworfen. Jahre nach dem Krieg habe ich zu der Diskussion, ob es auch beim Heer solche Dinge gegeben habe, in einer Zeitung diese Tatsache beigetragen. Darauf wurde ich zu einer Kriminal-Sonderkommission gebeten und nach genaueren Angaben gefragt. Ich lieferte mein Tagebuch ab; dort war der genaue Tag, die Feldpostnummer meiner Einheit und der genaue Hergang notiert. Der Name des Saarbrückener Pfarrers fehlte, und er fiel mir nicht ein. Vielleicht haben die Kriminalisten mit Hilfe der Daten die Sachen und Personen ausfindig gemacht.
Im Winter 43 war die Arbeit kaum noch zu bewältigen. Die ganze Front war in Bewegung, »es schneit Verwundete«, wie Stabsarzt Frank sagte. Ich ließ Verwundetenzüge auf Vorrat ausrüsten, und mit Hilfe von Zigaretten und Sekt konnte ich stets mit mehreren Lokomotiven unter Dampf rechnen. Am

30. Januar kapitulierte Paulus, und drei Tage später der Rest der Eingeschlossenen. Schon zehn Tage lang kamen verzweifelte Anrufe aus den Lazaretten, und ich rief die Sanitätsführung bei der Heeresgruppe an, die uns nicht helfen konnte, und danach Lemberg, wo keine Lazarettzüge zur Verfügung standen.
Dann drang aus der Gegend von Artemowsk Geschützlärm herüber, bald darauf machte die Ortskommandantur Artemowsk bei uns eine kurze Pause vor dem weiteren Rückmarsch, und fast zur gleichen Zeit rief ein Hauptmann an und teilte mit, er habe die Ortsverteidigung übernommen, und unsere Kompanie sei hiermit ihm unterstellt. Ich fragte ihn, ob er Waffen habe, er fragte »wieso?«, ich klärte ihn über die hundert anwesenden alten Männer ohne Waffen und ohne Ausbildung auf. Das war ihm egal, »hundert Mann sind hundert Mann«, sagte er.
Stabsarzt Frank saß bibbernd neben mir. »Herr Stabsarzt, rufen Sie die Heeresgruppe an, die Lazarette müssen geräumt werden.« – »Ich?« sagte Frank und fiel noch mehr in sich zusammen. Dann nahm er den Hörer, bat die Vermittlung um eine Verbindung zur Heeresgruppe und legte fast sofort den Hörer wieder hin. »Nichts zu machen. Alle Leitungen auf Stunden belegt.«
Ich nahm das Telefon in die Hand, es meldete sich irgendein Deckname, Adler oder Falke oder so etwas. »Hier spricht General Müller, bitte die Heeresgruppe, Blitzgespräch.« – »Sofort, Herr General.« – Die nächste Vermittlung hörte den gleichen Satz, aber da sprach schon einer und sagte: »Wer kommt denn da in Leitung, unverschämt, ich bin Oberst Dingsda.« – »Raus aus der Leitung, hier ist General Müller!« – »O bitte, jawoll, jawoll.« – Innerhalb von zehn Minuten hatte ich die Heeresgruppe, ließ mir den Oberfeldarzt oder Oberstarzt (seinen Rang habe ich vergessen) geben und erstattete Meldung: »Hier Stabsarzt Frank, Transportkommando Konstantinowka. Melde gehorsamst: Artemowsk ist geräumt, dortige Ortskommandantur auf dem Rückmarsch soeben hier durchgekommen. Die Lazarette sind voll belegt, Lazarettzüge nicht in Aussicht. Behelfs-

mäßige Verwundetenzüge vorhanden. Transportkommando ist in der Lage, bis heute abend alle Lazarette zu räumen. Schwerste Fälle könnten die Ärzte in Sanitätskraftwagen mitnehmen. Erbitte Befehl zur Räumung und zum Abmarsch der Lazarette und der Transportkompanie.«
Frank hielt sich schwer atmend am Tisch fest, einer Ohnmacht nahe. Die Stimme am anderen Ende sagte: »Endlich eine Meldung, mit der sich etwas anfangen läßt. Vielen Dank, Stabsarzt! Notieren Sie meinen Befehl, auch zur Weitergabe an die Lazarette!« Und nun diktierte er genau das, was ich vorgeschlagen hatte. »Machen Sie's gut, Frank«, sagte er am Schluß. Und ich bedankte mich militärisch knapp.
Ich gab Frank den Zettel. »So, das wär's, Herr Stabsarzt.«
Frank fiel mir um den Hals, zitterte und lachte. Dann rief er die Lazarette an und diktierte jedesmal den Befehl der Heeresgruppe, während ich die Kompanie alarmierte. Alle packten ihre persönlichen Sachen zusammen und begaben sich an den Bahnhof. Bevor ich mit meinen Sachen zum Bahnhof fuhr, rief ich den Hauptmann an, der uns requiriert hatte, und unterrichtete ihn von dem Befehl der Heeresgruppe. Der Mann jammerte, ich wünschte ihm Glück und brach das Gespräch ab.
Unsere Leute arbeiteten vorzüglich. Ich eilte zum Bahnhof, um die Einladung schwerster Fälle zu verhindern. Gerade brachte einer einen verwundeten Leutnant mit einer Trachealkanüle. »Was soll das?« – Der Sanitäter zuckte die Achseln. »Ab, zurück, der Mann wird im Sanitätswagen in Begleitung eines Arztes mitgenommen!« Der Sanitäter nickte und sagte beim Einsteigen leise: »Sehen Sie zu, daß die nicht auch noch ihr Klavier in einen Sanka packen.« Kurz darauf war der Wagen wieder da, in Begleitung eines Arztes, der erregt heraussprang und schrie: »Wo ist der freche Feldwebel?« Frank trat dazwischen und sagte: »Herr Kollege, für einen Lazarettzug ist der Leutnant ein harmloser Fall. Aber in einem Behelfstransport ist er ein Todeskandidat.« – »Ich möchte nur ein paar Worte mit ihrem Feldwebel wechseln.« – »Können Sie haben«, sagte ich. »Lesen Sie den stren-

gen Befehl der Heeresgruppe, den ich selbst entgegengenommen habe und für dessen Ausführung die Transportkompanie verantwortlich ist. Das Kriegsgericht der Heeresgruppe versteht keinen Spaß. Ich fordere Sie auf, den Verwundeten sofort ins Lazarett zurückzubringen. Sehen Sie, er kriegt schon keine Luft mehr.« Dem Mann blieb nichts anderes übrig, als wütend, aber sofort zurückzufahren. »So ist's recht«, sagte Frank, »ich hätte das nicht gekonnt.«
Gegen Abend waren vier oder fünf Züge beladen, die ersten waren schon abgedampft. Die Kompanie war bis auf ein Dutzend Mann auf die Züge verteilt. Aber auf dem Bahnsteig hielten eine Menge Sanitätsautos mit schweren Fällen. Frank sagte: »Was machen wir jetzt? Sie können doch nicht der gesamten Ärzteschaft mit dem Kriegsgericht drohen.« – Er hatte recht. Ein Feldwebel gegen sämtliche Ärzte des Standortes muß am Ende den kürzeren ziehen. »Ich kann noch eins versuchen«, sagte ich. »In diesem letzten Zug ist ein Waggon für Schweizer Ärzte reserviert, Inspekteure des Roten Kreuzes. Vielleicht stellen sie sich zur Verfügung.« Ich erhielt eine brüske Absage. »Wir sind Angehörige eines neutralen Landes.« – »Aber Sie sind Ärzte und könnten unterwegs nach den Schwerverwundeten sehen.« – »Abgelehnt.«
In diesem Augenblick rollte ein halbleerer Lazarettzug in den Bahnhof. Die Heeresgruppe hatte ihn umgeleitet.

Ithaka

Alles Weitere, was ich in diesem Krieg erlebt habe, hat nur anekdotischen Wert. Wir wurden immer wieder in die Nähe zusammenbrechender Fronten geschoben, nach einer langweiligen Ruhepause in dem schrecklichen Winniza ein halbes Jahr lang nach Kiew, von wo wir dann türmen mußten, und darauf für eine Weile nach Odessa, wo Soldaten auf Flößen (!) zur abgeschnittenen Krim befördert wurden und Verwundete auf ich weiß nicht welchen Wegen ankamen.
In Odessa tat die Kompanie alles, um einen Urlaubswunsch ihres legendären Retters zu erfüllen. Das OKH (oder OKW, das weiß ich nicht mehr) lehnte das Urlaubsgesuch der Kompanie ab, aber Stabsarzt Frank und der Spieß ließen sich nicht entmutigen.
Gerade wurde eine Kompanie unserer Abteilung nach Italien verlegt. Ich wurde zu dieser Kompanie versetzt, der befreundete und über seine Verlegung selige Stabsarzt bekam einen fertigen Urlaubsschein für mich ohne Datum ausgehändigt, und die Kompanie zuckelte in Richtung Heimat ab. Heimat war das Ziel natürlich nur für mich. Nach meinem Urlaub sollte mich die Kompanie, der als Standort Bologna zugewiesen war, wieder nach Odessa zu meiner eigentlichen Kompanie zurückversetzen.
In Bologna bekam ich meinen Urlaubsschein, immer noch ohne Datum wegen der langwierigen Reise nach Lecco, langwierig infolge der vielen von Bomben zerstörten Brücken. Ich setzte dann das Datum großzügig selbst ein. Mitte Dezember kam ich an. Es waren wundervolle Wochen, ein kaum zu glaubendes Geschenk des Himmels. In der Nacht vor dem Abschied ent-

schlossen wir uns zu einem dritten Kind; der Krieg ging uns nichts an.
Als ich wieder in Bologna war, schrieb ich Laura einen glückstrahlenden ersten Brief, und am nächsten Tag die Nr. 2 – und den Anfang dieses Briefs will ich als Facsimile abdrucken, er ist ein gutes Dokument. Welche Ruhe, welche Gleichgültigkeit Krieg und Tod gegenüber!
In Bologna verteilte die Kompanie gerade aus irgendeinem aufgelösten Depot pro Kopf einen Sack Zucker und eine Menge Zigaretten. Ich machte ein großes Paket und ging zur italienischen Post. Nichts zu machen, von deutschen Soldaten durften sie nichts annehmen. Ich ließ mir den Marschbefehl nach Odessa aushändigen und fuhr mit meiner kostbaren Fracht – noch einmal nach Lecco zurück, für zwei Tage. Ein neuer Freudensturm! In Verona an der Frontleitstelle im Bahnhof wartete ich dann einen heftigen Andrang ab und bekam den längst überschrittenen Marschbefehl ohne eine Frage abgestempelt. Dann erst fuhr ich nach Odessa zurück. Als ich dort ankam, war es bald Zeit zu erneuter Flucht. Und dann ging es von Stadt zu Stadt in Rumänien. In Arad geriet ich am Tage nach der Kriegserklärung Rumäniens an Deutschland, am 26.8., für einige Stunden in rumänische Gefangenschaft, der wir durch die Nettigkeit eines rumänischen Sanitätsobersten wieder entkamen. Dann allmählicher Rückzug durch Ungarn und die Slowakei, und schließlich lagen wir tatenlos in Budweis.
Ende 1944 hatte das OKH den unglaublichen Einfall, zur Geburt unseres dritten Kindes einen Urlaub zu bewilligen. (Von dem Trick vor einem Jahr wußte man dort ja nichts). Diesmal war der totale Zusammenbruch mit Händen zu greifen. Im Verlauf der unbeschreiblich glücklichen Wochen bat ich meinen Schwiegervater, mir und meiner schon nicht mehr kleinen Familie einen jener Grenzgänger zu besorgen, die italienische Flüchtlinge in die Schweiz lotsten. Der alte Herr war erschüttert. Er sagte: »Ich tue, was du willst.« Und dann sagte er: »Mein einziger Sohn ist gefallen. Fürs Vaterland.« Die Italiener machten

Bologna, den 17.1.1944

Ich hab dich lieb – es ist das alte Wort,
Es lebt von Anbeginn und klingt so fort
Und ist das einzige, das in der Zeit
Nichts eingebüsst von seiner Seligkeit.
Die Alten liebten und wir lieben und
Nicht lang, so küsst auch unsrer Kinder Mund.
Was will die Fährnis und des Tags Geschrei,
Was nicht in Liebe lebt, geht bald vorbei.
Seit ich dich liebe, ist der Tag erst hell,
Was mühsam ging, entwickelt sich jetzt schnell.
Und wollte ich, du weissts, von dir hinweg,
Verlör ich Licht und Lust und Weg und Steg.
Drum alles noch so Teure, o zerbrich ...
Dich aber lieb ich, o wie lieb ich dich.

Über diese so ganz gelösten, mir in einem leichten Strom aus Herzen und Mund fliessenden Worte freue ich mich sehr. Ich habe sie gestern abend beim Essen im Faggiano auf die Serviette geschrieben. Was mir sonst nie vorkommt: es war kaum etwas daran zu verbessern. Was doch die Liebe für ein Feuer ist. Wahrhaftig, es ist so wahr wie die Welt: ohne Liebe ist kein Leben.

diesen Unterschied: jetzt geht es um das Vaterland, abgerechnet wird am Ende. Ich sah den alten Mann eine Weile an. Ich wußte, was er meinte. Dann sagte ich: »Lassen wir das. Wir gehen nicht in die Schweiz.« Er drückte mir stumm die Hand. Den Brief, den ich von Laura nach diesem Urlaub in Budweis erhielt, habe ich schon einmal zitiert: »... Und dann sehe ich dich immer wieder, mit welcher Gebärde du dich im letzten Augenblick über die Wiege gebeugt hast, und das rührt mich sehr ... Und ich sehe dich mit den uniformgrünen Augen in deinem blassen Gesicht, so wie du warst, und liebe dich sehr ...« Vom Krieg – kein Wort. Als schließlich nur noch der General Schörner Krieg führte, wurde ich in einen Infanteriefeldwebel verwandelt und mit einer Gruppe jüngerer Männer nach Steyr geschickt, von wo aus ich Wien wiedererobern sollte. Transportmittel? Auf der Landstraße vor der Stadt auf gut Glück durchfahrende Lastwagen anhalten.
Ich versorgte mich mit Verpflegung und einer Unmasse Zigaretten, stellte mir selbst auf der Schreibstube einen Marschbefehl nach Wallern aus mit dem Auftrag, nach verirrten Waggons mit Sanitätsmaterial zu forschen, steckte eine gute Generalstabskarte, meinen Wehrpaß und meinen abgelaufenen Reisepaß ein (den ich anfangs für meine Urlaube nach Italien benötigt hatte), erklärte den Soldaten, als wir auf der Landstraße standen, sie sollten sich zerstreuen, da kein Wagen uns alle auf einmal mitnehmen werde, und außerdem »muß jetzt jeder selbst wissen, was er zu tun hat«. Einen Soldaten aus dem Westerwald, Demarée, hatte ich eingeweiht, und wir beide schlugen den Weg nach Westen ein. Das nennt sich Desertion. Allerdings kam ich nie auf den abscheulichen Gedanken, meine Desertion »meinen 20. Juli« zu nennen. Diese unverzeihliche Geschmacklosigkeit und Banalisierung der Toten vom 20. Juli blieb Alfred Andersch vorbehalten. Ich war nach dem Krieg mit ihm befreundet, kündigte aber die Freundschaft auf, als mir sein »Kirschen der Freiheit« mit jener anmaßenden Stilisierung seiner Desertion in die Hände kam. Niemand sonst nahm

Anstoß daran, das poetisierende Machwerk wurde sogar in mehrere Sprachen übersetzt. Bezeichnend für die Oberflächlichkeit der Zeitgenossen.

Es gelang uns, durch die deutschen Linien zu schleichen, und im Keller eines besonders stabilen Einödhofs, in dem mehrere Familien Schutz vor den Granaten suchten, ließen wir die angreifenden Amerikaner über uns hinwegrollen – dachten wir. Plötzlich waren Amerikaner im Haus und fragten nach Soldaten. »Nein, nix«, sagte der Bauer. Sie drohten ihm mit Erschießen, falls er gelogen habe. Kurz darauf flogen zwei Zivilanzüge die Kellertreppe herunter. Demarée zog sich seelenruhig um, ich war dazu nicht fähig. Unter den Schutzsuchenden war ein Mädchen mit einem auf der Bluse aufgenähten »P«, eine polnische Verschleppte. Was sollte die Mißbrauchte anders tun als uns anzeigen? Ein Weinkrampf schüttelte mich, die amerikanischen Soldaten werden die Treppe herunterkommen und auf uns schießen, und nie wird Laura erfahren, wie und wo ihr Freund umgekommen ist. Ich lehnte den Kopf an die Wand und weinte, es war das Ende.

Und da fängt jemand an, mir die Uniform auszuziehen und die Zivilkleidung anzulegen. Ich sehe auf, und es ist das polnische Mädchen. Da weinte ich noch mehr und küßte ihr die Hände. Sie sagte: »Schnell« und verscharrte meine Uniform unter den Kohlen, ja sie war so geistesgegenwärtig, mir vorher noch den Inhalt meiner Taschen in den altertümlichen Bratenrock zu stecken, den der Bauer die Treppe heruntergeworfen hatte. Und schon mußten wir alle den Keller verlassen, die Polin, die mir fröhlich zuwinkte, durfte auf einen Jeep steigen und entschwand in die Freiheit, ich war Zivilist und zeigte meinen Reisepaß vor, und Demarée war mein Begleiter. Die nächsten Tage freundeten wir uns mit den amerikanischen Soldaten an, die ihre Konserven beim Bauer gegen frische Milch und Eier eintauschten und mit mir Karten spielten. Aber den Demarée holten sie eines Tages ab; er hatte seine Uniform achtlos im Keller liegenlassen, und sie paßte ihm, vor allem paßte das Foto in seinem Soldbuch auf ihn. Doch er hatte nichts gegen die amerikanische Gefangenschaft. Ich habe nie mehr etwas von ihm gehört.

Als Hitler Selbstmord begangen hatte, soffen sich die Amerikaner eine Nacht lang voll, und in aller Frühe ging ich über die Moldau, die nach einer solchen Nacht unbewacht blieb, und vier Wochen später war ich in Rüdesheim bei meiner Mutter und der Schwester. Unterwegs hatte ich auf dem Schreibtisch eines Dorfbürgermeisters mit Hilfe eines Standesamtsstempels, auf dem ich das »amt« unleserlich machte und mit »Frank« und »Standortarzt« unterschrieb, meinen Wehrpaß vervollkommnet: »wegen Nierentuberkulose am 15. Januar 1945 aus der Wehrmacht entlassen«. Diese Krankheit konnte niemand kontrollieren. Ich bekam einen Zivilausweis vom Rüdesheimer Bürgermeister, da ich ja Zivilist war. Der Ausweis sagte, er sei im Umkreis von fünf Kilometern um Rüdesheim gültig.

Fast sofort fand ich einen vertrauenswürdigen Mann unter den Italienern, die nach Hause wollten, und ich dokumentierte ihm, daß auch ich vertrauenswürdig sei. Wir zwei »italienischen Arbeiter« traten gemeinsam die Reise an, und nach einer aufregenden Fahrt mit vielen Unterbrechungen und Kontrollen gelangten wir nach Verona, wo sich unsere Wege trennten. Er war stets meisterhaft eingesprungen, wenn mein Italienisch Lücken zu zeigen begann. Einmal hatte er auf der Fahrt die Besatzung eines ganzen Waggons angeherrscht, als die Männer auf meine Frage: »Berto, cos' è rancio?« (Rancio ist der Militärausdruck für Mittagessen) bedrohlich näher kamen: »Indietro, stupidi – zurück, ihr Esel, das ist ein Baron aus Florenz, jahrelang KZ-Haft, was soll der unsere Muschkotenausdrücke kennen!« Hochachtungsvoll zogen sich die Männer zurück, und ich war in Zukunft etwas schweigsamer. Ich habe den großartigen Berto Voltolini, einen biederen, klugen Landarbeiter und Familienvater, jahrelang, bis zu seinem Tod, zum Freund gehabt. In späteren Jahren besuchte er uns regelmäßig in Lecco und in Wiesbaden.

Eines Morgens im August, um fünf Uhr früh, als noch alles

schlief, kam ich in Lecco an. Odysseus endlich gerettet in Ithaka!!! Welch ein Glück, ich finde keine Worte: die Geliebten alle, die Freiheit, das Ende des Albdrucks. Der Sommer jenes Jahres strahlte endlos, unser Glück überstrahlte den Sommer. Die bayrische Köchin Anna, seit Jahrzehnten im Haus, hatte bei meiner Ankunft erschrocken ausgerufen: »Ma signor Rudi, La mettono dentro subito – Sie werden sofort gefangengesetzt!« Alle zivilen Deutschen wurden verhaftet und ausgewiesen, warum sollte es mir anders ergehen.

Der Schwiegervater vermittelte über Freunde des Ortskommandanten, eines Amerikaners aus Sizilien, ein Treffen. Ich ging hin, traf einen lebenslustigen, rundlichen Captain und erzählte ihm von meiner italienischen Familie, von meiner Tätigkeit im Krieg, von meiner waghalsigen Fahrt vom Rhein zum Comosee, und zuletzt zeigte ich ihm meinen Rüdesheimer Zivilausweiszettel. »Das sind also die fünf Meilen, die ich kräftig ausgenutzt habe.«

Der Capt'n lachte und schlug sich auf die Schenkel: »Sie könnten ein Sizilianer sein! Bleiben Sie, so lange Sie wollen. Wenn sich die italienische Polizei meldet, sagen Sie einfach, Sie müßten sich zu meiner Verfügung halten. Genießen Sie das schöne Leben hier, Sie alter Sizilianer!« Und er schlug mir auf die Schulter, und um ein Haar hätte auch ich ihm auf die Schulter geschlagen.

Drei Monate wie im Märchen verlebten wir in einer Welt, die von Hungersnot nichts wußte. Der Schwiegervater bot mir einen Posten als Fremdsprachenkorrespondent in seinem Stahlbau-Unternehmen an. Davon wollte ich nichts wissen. Ich lehnte dankend ab. Auch Laura wollte nicht für immer in Lecco bleiben. Immer wieder in ihren Briefen hatte sie von einer eigenen Wohnung gesprochen, so wie wir sie in Frankfurt gehabt hatten, wenn auch unter noch so ärmlichen Verhältnissen. Sie fühlte sich in Lecco nicht zu Hause; das Leben mit einer kinderreichen Stiefmutter störte sie.

Davon konnte ich ihrem Vater nichts sagen. Dennoch war das,

was ich sagte, die volle Wahrheit: »Mein Platz ist in Deutschland.«

Für die Rückreise gab es allerdings nur die Möglichkeit, uns pro forma ausweisen zu lassen. Im November arrangierte ein Fabrikdirektor aus Bozen die Sache. Der englische Lagerkommandant war bereit, uns beide und die Kinder am Abend der Ankunft schon nach Deutschland zu schicken. Die Papiere wurden schon im voraus ausgestellt.

Ein Schwager brachte uns im Auto nach Bozen, und der Fabrikdirektor übernahm uns. Wir brauchten gar nicht ins Lager, sondern konnten im Bahnhof gleich in den Viehwagen einsteigen, in dem sich schon zehn Ausgewiesene befanden. Nur dieser eine Waggon war besetzt, die anderen waren leer. Es gefiel mir wenig, daß auf unserem Waggon mit Kreide »Brennero« angeschrieben war. Ich bat den Bozener Herrn, mir ein Stück Kreide zu besorgen. Er hatte meinen skeptischen Blick verstanden und besorgte das Gewünschte aus dem nächsten Laden. Aber ich konnte nichts machen, es waren dauernd Beamte in der Nähe.

Der Zug setzte sich in Bewegung. Die Mitreisenden, alles Hamburger, waren über diese irregulären »Ausgewiesenen« beunruhigt. Ich erklärte ihnen alles. Als sie hörten, daß ich aus Deutschland gekommen war, wollten sie wissen, wie es dort aussehe. Ich erklärte ihnen auch das. Und dann sagte ich, sie müßten in München in ein Quarantänelager.

»Sie auch«, sagte ein hochgewachsener Mann, ein Diplomingenieur, »Ihre Karteikarten sind hier mit drin.« Er wies einen versiegelten Umschlag mit der Adresse des Quarantänelagers vor. Er sei der Transportführer. Als ich sagte, sie müßten dort wochenlang auf politische Überprüfung warten, sagte er: »Sie auch.« Er fand das richtig. Er war für Ordnung.

Wir legten uns zum Schlafen nieder. Als wir wach wurden, stand unser Waggon auf dem Abstellgleis eines kleinen Bahnhofs hinter dem Brenner.

Im Bahnhöfchen sagte mir der österreichische Stationsvor-

steher, der italienische Waggon müsse nach Italien zurück, und wir sollten selbst sehen, wie wir weiter kämen. Ich holte aus meinem Rucksack eine Stange Zigaretten, hielt sie ihm hin und sagte: »Aber erst muß ich wissen, wann der Waggon, in dem auch Kinder sind, nach München weiterfährt.«
»Geben Sie her«, sagte er. »Kinder? Das kann ich verantworten. Die Italiener können mich kreuzweis.« Und eine Stunde später hingen wir an einem Güterzug und rollten ab.
Jetzt kam die Hauptarbeit. Ich sagte zu dem Hamburger: »Geben Sie mir unsere fünf Karten. Wir fahren nämlich von München gleich nach Hause weiter.« Er wehrte sich entschlossen. Wir müßten alle durch das Lager. Ohne Entlassungspapiere gäbe es in Deutschland keine Arbeit. Ich lachte und sagte: »Sie kommen auf jeden Fall ohne uns in Ihrem Scheißlager an, und dann kriegen Sie mit Sicherheit den richtigen Vermerk in Ihr Entlassungspapier. Karten abgeben ohne die zugehörigen Personen, eine Glanzleistung, nicht wahr? Wenn Sie aber jedem seine Karte in die Hand drücken, merkt dort kein Mensch was. Diesmal haben die in Bozen das eben mal so gemacht. Dieser Sonderwaggon fährt außer Ordnung, nämlich unsertwegen. Sonst sind es immer ganze Züge, das wissen Sie.«
Das stimmte. Er versank in Nachdenken. Dann öffnete er vorsichtig den versiegelten Umschlag, es war ein erschütternder Anblick: In einer Epoche des totalen Chaos konnte man hier einen deutschen Oberingenieur beobachten, dem beim Erbrechen eines amtlich versiegelten Umschlags die Hände zitterten. Er verteilte seufzend die Personalkarten.
Es wurde Abend, und alle legten sich schlafen, nur ich nicht. Ich hielt es für blödsinnig, auf dem Münchner Verschiebebahnhof mitten in der Nacht mit Frau und Kindern nach Güterzügen Ausschau zu halten, die in Richtung Frankfurt fuhren. Als wir im Münchner Güterbahnhof einfuhren, schliefen alle fest. Ich stieg aus. Von weitem hörte ich zwei Männer kommen und alternierend rufen: »Passau« – »Passau« – »Köln« – »Köln« und so fort. Ich wischte das Wort »München« von unserem Waggon

und schrieb mit der Bozener Kreide »Hamburg«, stieg ein und legte mich hin.
Am Morgen, als alles wach wurde, rollten wir. Der Ingenieur öffnete die Schiebetür und sagte verwundert: »Noch immer nicht in München.« Nach einer Weile sagte ich: »Wir verabschieden uns jetzt von Ihnen, meine Herrschaften. In Würzburg wechselt der Zug die Lok und wir fünf den Zug. Der Waggon fährt nach Hamburg, vielleicht sind Sie heute abend schon wohlbehalten zu Hause. Im Lager werden Sie nicht vermißt. Alles Gute!«
Das Geschrei, das der Ingenieur veranstaltete, ist unbeschreiblich. Er jammerte nach den ordnungsgemäßen Papieren. Kurz darauf hielt der Zug im Würzburger Hauptbahnhof, und wir stiegen aus. Als der Zug weiterfuhr, stand der Ingenieur in der offenen Tür und weinte. Hinter ihm blinzelten mir einige fröhliche Gesichter verstohlen zu.
Den Mann mit der roten Mütze, der gerade vorbeikam, fragte ich nach Zügen in Richtung Frankfurt. Dort hinten komme gerade einer, der halte aber hier nicht. Damit ging er seines Weges. Dem einfahrenden Zug hielt ich eine Stange Zigaretten entgegen, und der Lokführer, der pflichtgemäß herausschaute, bremste mit einem solchen Ruck, daß die Waggons aufeinanderprasselten wie bei einem Eisenbahnunglück. »Frankfurt?« – »Ja. Geben Sie her und machen Sie schnell.«
Als die rote Mütze aufgeregt heraneilte, waren wir schon in einem der offenen leeren Kohlenwagen verstaut, und der Zug rollte an. Und so kamen wir allmählich nach Hause. Ich hätte natürlich in München auch »Rüdesheim« schreiben können, aber dann hätte ich den wütenden Hamburger zwischen den Füßen gehabt, er wäre zur Kommandantur gerannt und hätte Schwierigkeiten verursacht.
Die zweitägige Strapaze von Würzburg bis Rüdesheim war bei weitem vorzuziehen.
Nach ein paar Wochen lud mich Schulkamerad Fritz ein, mit ihm nach Marburg in ein Lager zu fahren, wo man ordnungsge-

mäße Papiere bekomme. Die brauche man. Schon wieder ein Hamburger Ingenieur, dachte ich, und sagte sanft: »Fritz, nimm doch Zeitungen, wenn du kein richtiges Papier zur Hand hast. Aber ich habe noch ein paar Rollen, kannst eine haben.«
Er lachte ärgerlich, sagte: »So ungesichert wie du kann nicht jeder leben«, und fuhr nach Marburg. Vielleicht war es Gießen.
Und ich hatte nun so viele Landsleute in der ersten Republik, in der Nazizeit, im Krieg und in der kurzen Nachkriegszeit beobachtet, daß ich mich hinsetzte und noch vor Beginn der zweiten Republik meinen Roman »In der großen Drift« schrieb.
Und damit fand ich dann »meinen Platz in Deutschland«, wie ich am Comer See mit geschwellter Brust gesagt hatte. Es war und ist ein stets ungesicherter Platz. Und so ist es richtig.

II

Teure Freiheit

Mit glorioser Fanfare in die Freiheit, nicht wahr? »Mein Platz ist in Deutschland« und »Ich setzte mich hin und schrieb und fand meinen Platz«.

Solche Abbreviaturen sind immer nur als summarischer Rückblick richtig. Der gelebte Augenblick selbst ist stets aufdringlich konkret. Wünsche, Motive, Pläne, Hoffnungen, Bemühungen, Enttäuschungen, Sorgen, Not und Unglück sind ineinander verstrickt und ergeben erst spät eine Figur, für manche eine verwünschte Figur, für einige die erwünschte.

Der Figur des Lebens, die uns unauslöschlich vorschwebte, kamen wir oft nahe, in glücklichen Augenblicken war sie vollkommen, und dann konnten wir die Mühen, Leiden, Opfer und die schwarzen Tage vergessen.

Die Ablehnung des Korrespondentenpostens, den Lauras Vater mir anbot, stammte ebenso sehr von ihr wie von mir. Den ganzen Krieg über sehnte sie sich aus dem materiell sorgenfreien Vaterhaus zurück in unsere kleine Frankfurter Vorkriegswohnung mit all den damaligen Entbehrungen und Sorgen: endlich wieder nur wir beide und die Kinder! Und warum? Nach einem Kriegsurlaub sagte sie es selbst: »Sogar diesen Morgen möchte ich wieder haben, wo wir uns gestritten haben. Ach, Rudi, daß man sich so quälen kann, und es ist ›Nichts‹, daß man eine solche Steigerung erreichen kann, und es war anfangs ›Nichts‹. Reden wir nicht von Schuld, da du nicht willst; aber ich weiß, daß du ›gut‹ bist und großzügig und zart ...« Und ein paar Monate später, als sie an unsere erste Zeit in Frankfurt dachte: »... aber wir könnten noch schöner zusammen leben. Ich kann mich auch verbessern und manches ›Hartnäckige‹ weglassen.

Weißt du, oft war es mit uns schwierig, und es kam aus unserer Müdigkeit. Und doch, du mußt es noch wissen, wie oft hab ich dir gesagt die letzte Zeit in Frankfurt: ach wie schön dies zusammen Schlafengehen, dies Alltägliche und Vertrauliche, gerade das zusammen Einschlafen ...« Und warum immer wieder die anfängliche, sorgenvolle, ärmliche Frankfurter Zeit? Genau zwei Jahre später, im September 42, schrieb sie mir aus dem Häuschen ihres Vaters auf dem San Martino, tausend Meter über dem See, wo sie hautnah mit seiner zweiten Frau lebte, die nur etwas über zehn Jahre älter war als sie selbst und ebenfalls kleine Kinder hatte: »Mein Freund, es wird kein schöner Brief, mein Herz ist voll Bitterkeit ... Mein Gott, ich ersticke, wenn ich an dieses Gefängnis denke. Hier, immer hier. Mit meinen Gedanken, wie mit Flügeln versuche ich einen Weg zum Wegfliehen. Nirgends! Nirgends! Diese zwei Kinder sind die Kette, die mich hier festbindet, erbarmungslos. Hätte ich sie nicht, ich würde lieber in ein Bordell gehen (verzeih, laß mich) als hier Tag für Tag diese seelische Prostitution zu ertragen. Das neue Dienstmädchen geht weg, will nicht mehr bleiben. Mir ist es egal. Aber du kannst dir nicht denken, mit welcher Bosheit die zwei Alten (Köchin und Kindermädchen) sie verfolgen. Zum Erschrecken! Mein Gott, diese armen Säcke! (Verzeih mir wieder, ich möchte spucken.) Weil sie nie einem Mann einen Kuß gegeben haben, glauben sie in Gottesgnaden zu leben, und sie merken nicht, daß von Morgen bis Abend ihre Seele mit Cacca beschmutzt ist.«

Es ging um die Bigotterie, um das kirchliche Alles-in-Ordnung, um den vergifteten frommen Alltag. Noch deutlicher im nächsten Brief: »... aber ich schütze den Kleinen vor der stumpfen Bosheit der Mamma (ich glaube es so nennen zu dürfen), die neulich, siehe den vorigen Brief, wo ich übrigens darüber kein Wort geschrieben habe, die weinende kleine Franca, die sich mit dem Kleinen gezankt hatte, wegnahm, nicht ohne den Kleinen bedroht zu haben mit einem ›Ich habe dich gesehen‹, und ihr erklärte, der Kleine sei ›bös‹, und sie solle ihn ›in seiner Brühe

lassen‹. Herrliche, großartige Erziehung! Sie hatten sich doch *beide* gezankt. Ein anderesmal hatte die Marta dem Giuseppe ein Löffelchen auf die Nase geworfen. Er weinte sehr. Was tat sie? Sie schimpfte den Kleinen, er habe die Schuld, denn die Marta habe von ihm gelernt, Sachen zu werfen! Diese gewalttätige Marta hat wirklich keinen Lehrer nötig. Der Kleine sagt nie ein Wort über sie, aber ich glaube, daß er ›fühlt‹ und sie nicht leiden mag. Neulich im Bett sagte ich ihm: ›O mein Cici, was machst du, wenn ich nicht mehr da bin?‹ Mit Leichtigkeit antwortete er: ›Das macht nichts, die Piera ist da. Und die Sofia.‹ – ›Und die Nonna‹ (= Großmutter), fügte ich prüfend hinzu. ›Nein!!‹ schrie er beinah. ›Ich töte sie, die Nonna, ich nehme ein Messer und schneide sie!‹ – ›Aber warum, Cici?‹ – ›Weil ich sie nicht mag‹, war die bestimmte Antwort.
Und das ist eine ›unschuldige‹ (ja), vorurteilslose Kreatur, eine kleine, offene, liebesfähige Kreatur. Was soll ich machen, sag mir, was soll ich machen? Ich leide unter diesen Verhältnissen, schon gut, das nehmen wir mit in Kauf, aber ich möchte nicht, daß *mein Kind* in seiner seelischen Entfaltung darunter leidet … Mein Lieber, sollte ich diese Sachen nicht schreiben? Sag mir.«
Natürlich sollte sie diese Sachen schreiben. Ich hatte längst begriffen, ohne daß sie genau davon sprach, was alles dahinter steckte und was ihr Vater, der große gütige Herr, nicht sah. Was für Probleme sollte es in der Familie geben, die doch vor Gott in Ordnung war? Sie sprachen nie davon, aber er spürte es und wollte es nicht wissen. Dafür, daß es für ihn das Problem der mutterlosen Töchter und das Problem der wütenden Brutpflege der zweiten Frau nicht gab, weil es das nicht geben durfte, nannte sie ihn einmal in einem dieser Briefe den »nichts sehenden Papa«, den sie trotzdem heiß liebte und der auch seine Tochter Laura liebte, ohne Probleme, das verstand sich für ihn von selbst.
Das alles hatte sie mir nach Rußland ohne Furcht vor Mißverständnissen schreiben können. Vorausgegangen war schon etwas, das diese Briefe verständlich machte. Kurz bevor ich

nämlich an die russische Front abkommandiert wurde, suchte ich in Kissingen einen Monsignore auf und sagte ihm, die Pascalsche »Wette« (wenn du glaubst, und es ist dann nichts, hast du nichts verloren; trifft aber der Glaube zu, hast du unendlich gewonnen bei einem Einsatz von Null, verglichen mit Unendlich) habe mich betroffen gemacht. Außerdem sage Thomas, der Glaube entspringe nicht dem Gemüt, sondern dem Willensentscheid. Ich besäße keinerlei religiöses Gefühl, aber den Willen zum Glauben. Der Monsignore fragte, ob das alles sei. Nein, es gebe da noch das Handicap des Verhütungsverbots beim Geschlechtsakt. Der Monsignore empfahl die Methode Knaus-Ogino. Ich fuhr auf: »Das ist ein schändlicher Betrug durch bloße Buchstabentreue. Wer diese Methode anwendet, will ja gar keine Kinder.« Er nickte. Ich fuhr fort: »Wir haben jetzt zwei Kinder. Wir möchten drei oder vier haben. Aber die Liebe sperren wir nicht in ein Prokrustesbett.« Da sah mich der Mann an und sagte: »Sind Sie der Meinung, daß Sie damit dem Willen Gottes nicht zuwiderhandeln?« – »Absolut«, antwortete ich. Da sagte er: »Genug, kein Wort weiter. Ego te absolvo.«

Darauf fragte ich Laura in Briefen, die noch erhalten sind, ob sie mir in diesem Punkt folgen wolle. Es kam ein trockenes Nein zurück; mit dem muffigen, verheuchelten religiösen Leben ihrer Umgebung wolle sie nichts zu tun haben. Dieser Brief, der erhalten ist, liegt jetzt vor mir, und ich weiß, daß ich ihn ohne Zögern respektierte.

Übrigens verlor sich mein religiöser Impuls wieder, noch während des Rußlandfeldzuges. Auch in späteren Jahren war mein Interesse an Religiösem, auch wenn mein jüngster Sohn im Alter von etwa fünfzehn Jahren mich sonntags herrisch mit in den Gottesdienst schleppte, wesentlich intellektueller und politischer Natur. Ein langes unreligiöses Leben orientiert sich nicht leicht um. Der erstaunliche Text des Evangeliums blieb stets interessant, auch beunruhigend. Meine Kenntnisse waren gründlich und nicht einseitig, Haucks »Kirchengeschichte Deutschlands« war eine erregende Lektüre, desgleichen Hugo

Rahners »Kirche und Staat im frühen Christentum« und Eduard Meyers so ganz andere »Urgeschichte des Christentums« und vieles andere. So konnte ich später ohne Schwierigkeiten religiöse Themen behandeln, z.B. einen längeren Artikel »Nobler Gide, massiver Claudel« zum Briefwechsel der beiden Männer schreiben. Es sollte noch Jahrzehnte dauern, bis neue, ganz anders geartete Anstöße leise, zunächst kaum spürbar in unserem Leben auftauchten.

Jedenfalls erinnerte ich mich im Augenblick der Abreise ins verwüstete Deutschland sehr lebhaft an unsere Briefe von und nach Rußland.

Ich wußte also (und wie ich es wußte!), daß sie meinen Entschluß, sie und die Kinder nach Deutschland zu bringen, nicht nur billigte, sondern jubelnd aufnahm. Jetzt endlich mußte es gelingen, wir fünf allein, für uns, trotz aller Schwierigkeiten, die ich ihr schilderte, da ich ja aus diesem zerstörten Deutschland kam. Aber sie sagte, das werde sich alles finden, und machte sich entschlossen mit mir und den Kindern auf den abenteuerlichen Weg. In Deutschland hatten wir kein Wohnrecht, da wir an einem bestimmten Stichtag vor dem Kriegsausbruch nicht in Deutschland gewohnt hatten. Also brauchten wir es in Frankfurt gar nicht zu versuchen. In Rüdesheim dagegen gehörte ich von Geburt an dazu. Nur: sieben Personen in der armen Dreizimmerwohnung meiner Mutter, das war weder Lauras »eigene Wohnung«, noch war es eine Möglichkeit auf Dauer.

Ich fand schließlich eine Wohnung bei dem Weinhändler und Musikmäzen Carl Jung, dessen ältesten Sohn ich gut kannte. Der alte Herr war von den Nazis eingesperrt worden wegen Abhören feindlicher Sender, und so hatte er nun das kleine Privileg, die Mieter für die abzugebenden Wohnräume selbst auszusuchen. Wir bekamen die Hälfte des obersten Stockwerks in seiner schönen Villa, die an einen mittelalterlichen Turm angelehnt hoch über der Rheinpromenade auf den Fluß und den jenseits liegenden Rochusberg blickt, eine ideale Wohnung für das Mädchen vom Comer See. Die andere Hälfte des Stockwerks erhielt der geniale Violinist Gerhard Taschner, den politische Verhedderungen um den Weltruhm brachten; er nahm ein trauriges Ende.

Mit meiner Bibliothek, einigen wenigen Möbeln und einer herrlichen venezianischen Kugellampe für die Deckenbeleuchtung, die dem Frankfurter Brand nicht zum Opfer gefallen waren, mit Haushaltsgegenständen, die ein deutscher, meinem Schwiegervater befreundeter Industrieller besorgte, und mit einigen Sachen meiner Mutter richteten wir uns notdürftig ein und hätten nun jubeln können, wenn Laura nicht krank gewesen wäre. Kaum waren wir in Deutschland angekommen, bezahlte sie ihren Wagemut und die Strapazen mit einem schweren Herzanfall. Im Frühjahr mußte ich sie für ein halbes Jahr ins Wiesbadener Städtische Krankenhaus bringen, wo sie ihren Herzmuskelschaden kurierte. Hausgehilfinnen fand man, so viel man wollte, Geld hatten wir genug, da auf der Bank allein dreißig Monatsgehälter vom Deutschen Institut lagen, und nun führte ich monatelang den Haushalt mit den armseligen Lebensmittelmarken, besuchte Laura fast täglich in Wiesbaden und schrieb nachts mit Hilfe von Wachhaltepillen hunderte und aberhunderte von Blättern voll. Wie ich das alles fertig brachte und dabei den appetitlosen Jüngsten sogar rund und rosig fütterte, kann ich mir heute kaum noch vorstellen. Nur – als Laura schwach und selig aus dem Krankenhaus zurückkam in »ihre Wohnung«, die inzwischen frisch tapeziert war, hörte sie sich ein paar Kapitel an und schüttelte den Kopf. »Das ist nichts«, sagte sie; »ich weiß, die Kleinbürger fallen dir auf die Nerven wie mir, aber dich machen sie so rasend, daß aus deinem Roman mehr dein Zorn als ihre Physiognomie spricht. Und außerdem: was gehen sie uns an!« Nach einem ersten zornigen Widerspruch sah ich ihre Argumente ein und vernichtete das Manuskript. Ich tröstete mich mit der Idee eines mehrmals und vergeblich angefangenen Manuskriptes, das später den Titel »In der großen Drift« erhielt, und ich hoffte eines Tages den richtigen Tonfall und Stil zu finden.

Zorniger Widerspruch, sagte ich soeben. Ich war sehr nervös, nur noch Haut und Knochen, aber nervös und reizbar und übelnehmerisch blieb ich immer. Sie kannte mich längst, und sie kannte das mühsame Risiko auch des liebevollsten Zusammenlebens. »Traurig und mühsam ist meistens das Leben der Menschen, und doch möchte ich nicht, möchte ICH nicht darauf verzichten, um des seltenen Schönen willen.« Das stand in einem ihrer Briefe nach Rußland. Und einige Woche später: »Die Träume werden häufiger. Fast jede alltägliche Geste transponiere ich in die Zukunft, in unsere Zukunft ... Auch eine Art zu leben, diese, in der Zukunft leben, eine irreale, eine nicht verblühende, weil sie keine Enttäuschung zu erleiden hat. Trotzdem, mein Lieber, glaub nicht ... Nein, ich ziehe sie nicht vor. Lieber das Leben, es sei wie es wolle (ohne Zitat), das Leben mit dir.« Sie kannte meine jähe Art, sie wußte, daß ich mich selbst ebenso unglücklich machte, wenn ich ihr Schmerzen zufügte, aber im Augenblick nahm sie jedes nervöse oder zornige oder hysterische Aufbäumen wörtlich und ernst. Ich vergaß alles, sobald unsere Sonne wieder aufging, aber in ihrem Gemüt blieben alle diese Szenen und Worte sitzen. Das wußte ich längst, dazu hätte ich nicht den Brief aus dem Februar 1943 gebraucht: »Ich habe das schwarze Kleidchen an, das du kennst und das dich einmal sagen ließ: ›Sie hat doch viel Grazie.‹ Es gibt Sätze, siehst du, die einer eines Tages ausspricht und die niemals vergehen (und sie gehen nicht weg, und sie gehen nicht weg). Einmal hast du mir auch gesagt, im Ärger gesagt: ›Du bist eine Gans, Laura.‹ Sei nicht traurig, ich bin dir nicht bös – aber: es geht nicht weg.« Aber dennoch hatte ich diesen Brief furchtbar nötig, und heute im Rückblick auf ein ganzes Leben nötiger denn je, nämlich diese Fortsetzung: »Viel böser sollte ich *mir* sein für Sachen, die ich dir angetan habe. Manchmal, glaub es mir, tut mir mein Herz richtig weh, wenn ich denke, wie ich dich früher, anfangs, behandelt habe. Nun, du hast mich gewonnen, zweimal gewonnen!« Und sie hielt an der Seite dieses schwer erträglichen Mannes aus. Ja einmal schrieb sie: »Borgese hat mir damals aus

Amerika geschrieben: ›Eines Tages wird der junge Mann kommen, der deiner Seele würdig ist.‹ Der junge Mann ist gekommen.« Und wenn ich in späteren Jahren diesem wunderbar durchgeistigten und doch sinnensprühenden Wesen manchmal traurig sagte: »Du hättest einen besseren Mann finden müssen«, dann war ihre Antwort: »Hört auf damit! Ich wünsche mir kein anderes Leben als mit dir.«

Hier unterbreche ich einen Augenblick. Es könnte einer sagen: Was ist denn das für ein Schriftsteller! Statt aus seinen Briefen zu zitieren, legt er die Briefe seiner Laura vor. Schreibt er nun seine oder ihre Erinnerungen? Der Mensch verfehlt doch sichtlich das Thema. – Auf diese Einrede würde ich antworten: Dummkopf! Hier lernst du ein Menschenpaar kennen, das lebenslang gemeinsam nach dem Vollkommenen ausgriff, im Leben und in der Kunst. Ich habe schon einmal einen Satz aus meinen Briefen zitiert, während ich »Jacobs Jahr« schrieb: Ich will alles ganz, wenn ich etwas will; oder nichts! Und genau so war sie. Und das enthält auch Forderungen, die jeder der beiden an den anderen stellte. Daß ich immer wieder Niederlagen eingestehen mußte, ist leicht erklärt: Sie hatte ein gesundes Gemüt und eine signorile Haltung, an Geist war sie mir mindestens ebenbürtig, und an Begabung – davon werde ich noch zu sprechen haben. In späteren Jahren schrieb ich ein längeres Gedicht, das ich nicht ganz hierher setzen werde; ich bin kein Lyriker. Aber in der Mitte steht die Strophe:

Ich bin nicht zuerst für den Ruhm
und die Ordnung der Welt
und nicht dafür da, ein gutes Gedicht zu machen.
Zuerst bin ich dafür da, daß es ihr hier bei mir gefällt
und daß sie lacht. Dann kommen die anderen Sachen.

Und der Schluß, nach einigen weiteren Strophen, lautet:

In einer Geschichte mit Broadway-Scherzen
steht ein Satz, der mir rührend gefällt,
weil derselbe Name in meinem Herzen

den Platz für die ganze Menschheit hält:

I will be betting on you against the world, Laura.
So sagte der Broadway-Dichter.
Und so tue ich.

Good-bye.

Und das heißt: sie alle hatten es nie mit mir allein zu tun, sondern immer mit uns beiden. Das wird noch sehr genau zu sehen sein. (Der Broadway-Dichter hieß übrigens Damon Runyon.)

Natürlich ging es in den Kriegsbriefen nicht nur um ihr Unbehagen im Vaterhaus, das sie dann doch auch wieder als bestmögliche Überwinterung lobte, und es ging nicht nur um Trennungsschmerz und schon gar nicht um Süßholzgeraspel, ich finde auch diese Töne, z.B. in einem meiner Briefe: »... nur darin, in beidem, liegt das Geheimnis: offen bis in die Seele und den Muttermund, hoch aufgerichteten Geistes und Schwanzes. So ist die Liebe.« Und sie schrieb mir nach Paris, ich solle die Mädchen nicht vergessen. »Was habe ich denn den jüngeren Schwestern versprochen?« fragte ich zurück. Lachend kam die Antwort, sie meine die Pariser Mädchen, ich sei ja ein Mann. Aber: ohne mich zu verlieben! Und viel später, im Winter 1948, als die »Große Drift« beim Setzer war und Verleger, Reisevertreter und Korrektor das Wort »vögeln« aus einer Szene ausmerzen wollten, war sie gerade mit den Kindern in Italien und schrieb mir empört, daß diese Herren »von einer unerhörten Prüderie sind! Daß das Wörtchen ›vögeln‹ überhaupt verschwinden soll! Dieses leichte, fast geflügelte Wort! ... Ich kann es nicht begreifen.« Ich schickte den Herren ihren Brief. Herbert Nette, der in Vertretung von Henry Goverts den Verleger spielte, bewunderte und verehrte Laura sehr. Das leichte, geflügelte Wörtchen blieb stehen, trotz der Furcht vor angelsächsischer Zensur, die noch immer an viktorianischen Reminiszenzen litt und von Zeit zu Zeit ihren Lady-Chatterley-Komplex reaktivierte.

Ein wenig habe ich im Laufe der Jahre zu leben gelernt. Als die

Linken anfingen, mich hinterlistig zu attackieren, und ich den Ärger schweigend schluckte und häufig schlechter Laune war, sagte ich eines Tages zu Laura: »Von heute ab wirst du einen weniger reizbaren Freund haben. Von heute ab reagiere ich keinen Ärger mehr zu Hause ab. Von heute ab schlage ich drauf, daß die Fetzen fliegen. Hier, bitte.« Und ich zeigte ihr ein feuerspeiendes Manuskript. Sie küßte mich.

Das ist einer der Gründe, die mich zum wütenden Kampf gegen die »schöne« Linke veranlaßten: um meiner Geliebten ein ruhiger, verläßlicher Mann sein zu können. Natürlich gab es genug andere, zwingende Gründe. Als die Esel anfingen, von ihrem Nonkonformismus zu schwatzen, erklärte ich ihnen, Nonkonformismus sei eine Haltung, die etwas kostet, siehe die englischen Nonconformists, die nach Amerika auswanderten. Politiker aber attackiert man in Demokratien kostenlos. Als ich im November 1962, während der Spiegelaffäre, Adenauer und Strauß öffentlich zum Rücktritt aufforderte, kam ich nicht auf die Idee, meinen scharfen Artikel nonkonformistisch zu nennen. Er war die Einrede eines Staatsbürgers in einem Land mit Redefreiheit, sonst nichts. Nonkonformist kann sich nur nennen, wer sich kostspielig mit der eigenen Clique anbindet, die an der Kasse sitzt, die Kritik regiert und Tabus verhängen kann. Und eben das hatte ich einige Monate vorher getan. Der Linkskatholik Walter Dirks, Leiter der Kulturabteilung im Westdeutschen Rundfunk, fand, er sei »gezwungen, das Wort Nonkonformist wie einen Judenstern auf der Brust zu tragen«. Da kündigte ich ihm die alte Freundschaft in meiner Pamphletesammlung »Vorsicht, gute Menschen von links«. Darin stand: »Das ist das Äußerste an Schamlosigkeit, das von guten Menschen in diesem Jahrhundert geleistet wurde! Geschmacklos ist es nicht; das Wort bliebe weit hinter dem Tatbestand zurück. Es ist Respektlosigkeit vor Menschen, die Gefangenschaft, Tortur und Hinschlachtung erduldeten ... Die guten Menschen unserer Tage usurpieren das Dulder- und Heldentum, und sie wollen es kostenlos. Was kostenlos! Sie bekommen es hoch be-

zahlt. Der WDR scheut keine Kosten, um seinen hohen Funktionär Dirks vierspännig die Dulderstraße fahren zu lassen. Und nun kommt ein Höhepunkt, der nach dem ›Äußersten‹ kaum noch denkbar schien. Als die Zeitung ›Christ und Welt‹ die Usurpation des Walter Dirks scharf angriff, schrieb er zurück: ›Es ist mir völlig klar, daß man mich so verstehen konnte, wie Sie mich verstanden haben, und das tut mir leid. Ich könnte hinzufügen, daß Sie mir dergleichen eigentlich nicht hätten zutrauen dürfen ...‹ Er beansprucht einen so hohen Status an Güte, daß wir ihm nichts Übles zutrauen dürfen, auch wenn er Übles sagt. Wir müssen dann schließen: das klingt zwar übel, aber ein so guter Mensch meint es immer gut, also ist das Üble etwas Gutes. – Rede ich gut von guten Menschen? Nein, schlecht, ununterbietbar schlecht. Ich halte das zwar für meine Pflicht, aber schön ist es nicht, und ich sehe, ohne Schuld komme ich nicht durch den geistigen und politischen Kampf. So kann ich nur immer als Zöllner sagen: Gott, sei mir Sünder gnädig! Und ich wiederhole: Gott, ich danke dir, daß ich kein guter Mensch bin wie diese da.«
Und siehe da, dieser Nonkonformismus, *mein* Nonkonformismus, kostete einiges. Damals schrieb ich für Carl Linferts Nachtprogramm des Westdeutschen Rundfunks regelmäßig hochdotierte Beiträge. Von dem Tag an schrieb ich keine mehr. Dirks hatte Linfert nicht befohlen, aber anheimgestellt, solidarische Konsequenzen aus meinem Verhalten zu ziehen. Der soeben zitierte Passus kostete mich also viele tausend Mark. Aber – Laura hatte einen übermütig lachenden, strahlenden Mann, der das Bändchen »Vorsicht, gute Menschen von links« den »freischwebenden« Linken um die Ohren geschlagen hatte. Das war gar nicht teuer genug zu bezahlen.
Zwei Jahre später fragte Dirks an, ob er eine politisch-religiöse Diskussion, die wir vor Zeiten in seinen Frankfurter Heften geführt hatten, in einem Buch veröffentlichen dürfe. So, als ob nichts gewesen wäre, wollte ich die Sache nicht hingehen lassen. Ich wünschte an unser beider Gewissen zu rühren. Der Schluß meiner Antwort vom 1. Juni 1963 lautet: »... Zwar sind unsere

Standpunkte immer weniger vereinbar geworden, und meine spitze böse Feder zerrt mich immer häufiger über jede persönliche Rücksichtnahme hinweg, aber mögen die Leser immerhin verwundert feststellen, daß wir trotzdem nicht wie Spinnen voreinander lauern.« Er bedankte sich und sagte: »So wie Sie die Situation darstellen, habe ich sie auch empfunden.« So zogen wir einen persönlichen Strich unter die Sache, ohne unsere Gegensätze, auch in anderen Punkten, zu vertuschen. Von einer Wiederaufnahme meiner Radio-Mitarbeit sprachen wir beide nicht, das wäre geschmacklos gewesen.

Teure Freiheit, im doppelten Sinn des Wortes. So ist es, und so wird es immer sein.

»Die Wandlung« und Max Horkheimer

Anfang 1947 warf ich den zweiten oder dritten Versuch des Romans weg, in dem ich zeigen wollte, wie der durchschnittliche Deutsche meiner Generation die erste Hälfte unseres Jahrhunderts gemeistert und verfehlt hat – beides zugleich, gemeistert und verfehlt. Ich fand und fand den richtigen Ton nicht. Im Juni 1947 druckte Dolf Sternberger in der »Wandlung« meinen Artikel »Terror der Anständigen?« – davon habe ich schon gesprochen. Der Artikel war ihm von einer Agentur angeboten worden, und er wollte den Autor persönlich sehen, den er schon während der Vorkriegszeit im Hause des Germanisten Franz Schultz, genauer: bei einer Abendgesellschaft der Frau Schultz hätte kennenlernen sollen. Wally Schultz hatte ihm enthusiastische Lobgesänge auf diesen Rudi und seine Freundin Laura vorgetragen. Aber aus irgendeinem Grund konnte er damals nicht erscheinen, und so lernten wir uns also jetzt erst kennen. Dabei schlug er zwei Fliegen mit einer Klappe. Bei unserem Hausherrn, den er seltsamerweise kannte, holte er flüssiges Gold, lies: Wein, und dann klopfte er im obersten Stock an und streckte sichernd erst einmal den Kopf durch den Türspalt. Es wurde ein lebhafter Nachmittag, seine Frau unterhielt sich mit Laura, und zwischendurch kam der Gedanke auf, ich könnte in der Redaktion mitarbeiten. Geno Hartlaub, die das bisher gemacht hatte, ging weg, um sich an ihre eigenen Arbeiten zu machen, und er meinte in mir den Richtigen gefunden zu haben.

Wir wurden einig: die Woche über in Heidelberg, die Wochenenden bei meiner Familie in Rüdesheim. Mit dem Beginn meiner Tätigkeit als »freier Mitarbeiter« sollte ich aber noch

nicht im Büro sitzen, sondern in Frankfurt Fallstudien treiben. Thema: Zustand einer Großstadtbevölkerung am Beispiel Frankfurts. Unter eben diesem Titel erschien meine dreißig Druckseiten starke Arbeit dann im Dezemberheft der »Wandlung«. Sie war das Ergebnis einer monatelangen Schwerarbeit. Ich gliederte sie in zwei Teile: erstens die »Statistik«, in der die Erkundigungen bei Behörden, Betrieben usw. enthalten waren (Stichworte: Überalterung, Frauenüberschuß, Erwerbsunfähigkeit, Ernährung, Lebenshaltungsindex, Spartätigkeit, Finanzierung einer zehnprozentigen Aufbesserung der zugeteilten Nahrungsmittel, Mehrverbrauchsstatistik, Gesundheitszustand, Sterblichkeit, Todesursachen, Hygiene, Krankenhäuser, Wohnung, Hausbrand, Kleidung), zweitens die »Anschauung« (Stichworte: die Macker, tatkräftige Jugend, der Rendeler Bunker, die ›dos corpore quaesita‹, markenfreies Essen, Realeinkommen, das bürokratische Privileg, Korruption, ›Überstehen‹, Werksküche, ausländische Geschäftsfreunde und Care-Pakete, Arbeitsmoral, ein Flüchtlingsbunker, eine Frankfurter Schule, die Volksküche). Am Schluß steht ein knappes Fazit:
»Erstens: Wo man landläufig Katastrophen sieht, da zeigt sich ein verhältnismäßig normaler Zustand, so zum Beispiel im Verhältnis der Zahl Arbeitsfähiger zur Zahl der Mitzuversorgenden. An Arbeit wird es sowieso für die nächsten zwanzig bis dreißig Jahre nicht fehlen.
Zweitens: Wo man landläufig relativ Normales sieht, etwa in der Annahme, daß trotz eigener schlechter Ernährung die Mehrzahl der ›anderen‹ sich immer noch irgendwie zu helfen wisse, zeigt sich eine wahrhaft katastrophale Lage. Trotz des finanziellen, physischen und moralischen Substanzverzehrs, trotz aller erdenklicher ›Hilfen‹ gelingt nur eine durchschnittliche Verbesserung der unterminimalen Ernährung um zehn Prozent der kläglichen Rationssätze.
Irreparabel wäre die Lage nur dann, wenn die zuerst genannten Komplexe katastrophal stünden. Nur wo keine Arbeitsfähigen sind, kann nicht gearbeitet werden.

Reparabel sind die an zweiter Stelle genannten Zustände, obwohl sie augenblicklich in der Tat katastrophal sind. Unter äußerster deutscher Anstrengung und durch einen einmaligen großen Stock an importierten Nahrungsmitteln (dies im großen und groben gesagt) ist der ganze Wagen ins Rollen zu bringen.«
Den größten Teil der Untersuchung hat der Nürnberger Kulturdezernent Hermann Glaser 1978 in »Bundesrepublikanisches Lesebuch« erneut abgedruckt, 1980 auch als Taschenbuch.
Und nun kam zu den naturgemäß eintreffenden zahlreichen Briefen, z.B. von amerikanischen Soziologieprofessoren, die den Bericht für ihre Seminarien benutzen wollten, etwas Unerwartetes hinzu: Max Horkheimer bat mich nach Frankfurt. Er hatte gelesen und war glücklich, einen so guten und so jungen Soziologen gefunden zu haben. Ich machte große Augen. »Soziologe? Ich?« Mit einer ungeduldigen Handbewegung sagte er: »Das ist eine mustergültige Arbeit. Lassen Sie das Understatement weg!« Er glaubte mir einfach nicht, daß ich nie im Leben eine soziologische Vorlesung gehört hätte. »Und woher haben Sie die Methode?« Darauf konnte ich antworten: »Die Sache hat mich fasziniert. Natürlich dachte ich erst einmal gründlich darüber nach, wen ich was fragen muß, welche Behörden, Institutionen und neuartigen Initiativen, wieviel Einzelpersonen verschiedener sozialer Schichten. Sternberger gab mir eine Menge Empfehlungsschreiben mit. Das ist alles. Nein, noch etwas gehört dazu: Man muß übersichtlich, klar und – gut schreiben können. Man muß ein richtiger Schriftsteller sein. Auch für solche Arbeiten.«
Richtig, auch das gefalle ihm: die Form. Er möchte, daß ich in sein wieder entstehendes Institut eintrete und zunächst einmal für ein Projekt die Federführung übernehme, nämlich: Welche Professoren wurden nach dem Zusammenbruch entfernt, welche sind geblieben, und welche wurden neu eingestellt? »Was heißt ›welche‹?« sagte ich. Und da kam es: Die Untersuchung werde ergeben, daß politisch unbelastete, aber mäßig begabte Geister aus Konkurrenzneid gescheite Gelehrte verjagt

hätten, die keine Verbrechen begangen hätten, sondern höchstens sogenannte Mitläufer gewesen seien, aus Angst vor dem Terror, um sich und die Familie abzusichern.
Ich starrte ihn an. »Und was bezwecken Sie damit?« Er antwortete: »Jetzt gehen wir erst einmal essen. Leider muß ich Sie hier im Carlton zu Tisch bitten.« Das war ihm unangenehm, er wollte sich nicht mit dem amerikanischen Off limits identifizieren. Ich dagegen freute mich: endlich wieder eine normale, vielleicht sogar raffinierte Mahlzeit.
Ich durfte bestellen, was ich wollte. Und ich bestellte. Er selbst aß nur Gemüse. Ich sah ihn groß an. Ja, meinte er, das sei die Folge einer langen Nacht im Auto vor einer geschlossenen Bahnschranke in der Nähe von Chicago. Ein Viehtransport blockierte wegen Lokdefekt stundenlang die Straße, und man hörte ununterbrochen das jämmerliche Geschrei der verdurstenden und verhungernden armen Kreaturen. Ein Transportbegleiter habe erklärt, da sei nichts zu machen, ein gewisser Prozentsatz der Tiere verende jedesmal unterwegs. Seit jener Nacht aß Horkheimer kein Fleisch mehr. Hans Habe, den ich einige Jahre vor seinem Tod in Ascona kennenlernte, lachte, als ich ihm das Mittagessen im Off-limits-Carlton schilderte. »Also bei mir pflegt Horkheimer mit größtem Appetit größte Steaks zu verzehren.« Und zufällig hat Hans Mayer in »Ein Deutscher auf Widerruf« genau die gleiche Erinnerung, nämlich ein Essen mit Horkheimer im Carlton, und dann: »Als wir Jahre später in der Stadt Locarno zu Mittag aßen, wurde nicht mehr an dergleichen gedacht. Sie lag ihm nicht, die Rolle dessen, der ›aus Mitleid wissend‹ wurde. Er war kein poverello.« Mayer gegenüber scheint er seine Enthaltsamkeit nicht mit verhungerndem Rindvieh, sondern mit einem hungernden Droschkengaul am Frankfurter Bahnhof erklärt zu haben. Mayer begleitete ihn zu dem Gaul, den er mit Zucker aus dem Carlton zu beglücken pflegte. Das war aber kein Grund zu eigener Enthaltsamkeit. Mayers Erinnerung muß hier lückenhaft sein.
Etwas später notiert Hans Mayer aus dem Frühjahr 1948 von

einer religiösen Disputation in seiner Frankfurter Wohnung: »Mit Horkheimer kam der Schriftsteller Rudolf Krämer-Badoni ... Horkheimer hörte zu, das konnte er mit Meisterschaft: ihm entging nichts, wie ich am andern Tag erfahren sollte. Auch Krämer-Badoni blieb in der Rolle des Beobachters. Er hat den Abend, oder Momente, die er gebrauchen konnte, in seinen Roman ›In der Großen Drift‹ übernommen, der ein Jahr später (1949) herauskam.«

Ja, Horkheimer nahm mich einfach mit, das bedurfte keiner großen Überredungskunst, wir alle waren damals ungeheuer neugierig. Daß ich an dem Roman »In der großen Drift« arbeitete, wußte Horkheimer schon; ich hatte ihm gesagt, ich wolle die Redakteurtätigkeit in allernächster Zeit wieder aufgeben. »Ich kann nicht anders, ich muß dieses Buch schreiben, und das erfordert ununterbrochene Konzentration, mit bloßen freien Wochenenden ist das nicht zu machen.« Ich machte gerade noch eine Reportage über das Flüchtlingsproblem, und damit hatte mir die Zeitschrift genug Nutzen und Zeitverlust eingetragen.

Horkheimer hörte sich das alles schweigend an. Er war ein liebenswürdiger, tief ernster und – was damals kaum jemand geglaubt hätte – undoktrinärer Mann. Wir trafen uns noch einmal, und er begann sofort mit der unbeantworteten Frage, die ich bei unserer ersten Zusammenkunft gestellt hatte. »Ich will Ihnen sagen, was ich mit der Untersuchung, die Sie leiten werden, bezwecke«, sagte er, während ich Platz nahm. »Wir sind emigriert aus Angst um unser Leben, zu Recht, wie sich dann gezeigt hat. Aber draußen setzte sich in uns der Gedanke fest, wir seien emigriert, weil wir intellektuell und moralisch superior waren. Und jetzt sind wir in Versuchung, als Richter der hiergebliebenen Feiglinge zurückzukommen. Da stimmt doch einiges nicht. Jedenfalls – meine Sache ist das nicht.«

Wir redeten lange hin und her. Ich fand die Gebärde der verzeihenden Großmut ebenfalls zu erhaben. Er schüttelte den Kopf. Von ihm könne ich absehen, sagte er, denn federführend

würde ja ich sein, der Verfasser des »Terror der Anständigen?« mit dem ominösen Fragezeichen. Es handle sich auch nicht um Verzeihen, sondern um etwas viel Wichtigeres, nämlich »diese ›cum grano salis anständigen Menschen‹ – ich zitiere aus Ihrem Fragezeichen – nicht nachträglich den Nazis oder anderen bereitstehenden destruktiven Kräften in die Arme zu treiben«. Argumente also hatte Horkheimer; ein Horkheimer ohne Argumente wäre auch zu komisch gewesen. »Also jetzt überlegen Sie sich meinen Vorschlag«, sagte er, »ich fliege nächstens in die USA zurück, da muß ich allerlei liquidieren, und wenn ich zurückkomme, sagen Sie mir, was Sie beschlossen haben. Einverstanden?«
»Einverstanden.«
Ende September schrieb ich ihm einen langen Brief nach Amerika: »Als wir vor vierzehn Tagen wieder einmal nichts zu essen hatten und ich zum CARE-Büro ging, um zu hören, ob die Pakete von meinem Schwiegervater angekommen seien, und sie nicht angekommen waren, sagte man mir: Aber von einem anderen Herrn ist etwas für Sie da. Und da rührte mich fast der Schlag – vor Freude und auch vor schlechtem Gewissen. Daß ich Ihnen sehr dankbar bin, brauche ich nicht zu sagen, das wissen Sie. Aber ich sage es doch, damit Sie sehen, daß ich es auch weiß. Aber was das schlechte Gewissen betrifft: Sie sollten es nicht tun, d.h. nicht getan haben. Wenn ich an die vielen Menschen denke, die Sie hier kennen und haben und von denen Sie einigen sicherlich von Zeit zu Zeit etwas schicken wollen, dann muß ich sagen: schicken Sie mir nichts ... Ich weiß seit Jahren, daß Sie ein gutes Herz haben; ein zu gutes, habe ich immer gesagt, wenn die Wally (Schultz) mir von manchen faulpelzigen Mitarbeitern Ihres Instituts erzählte. Und nun sehe ich Ihr gutes Herz an mir selbst exemplifiziert. Ich bin ja auch ein Faulpelz ...«
Dann folgt eine Erörterung seines jüngsten Artikels »Neue Kunst und Massenkultur«, eine Bitte um Zusendung oder Titelnennung früherer Arbeiten, und zum Schluß, in Erinnerung an

den Abend bei Hans Mayer: »Er hat neulich im Radio mit Kogon und der Langgässer über moderne Kunst diskutiert ... Aber von Mayer würde ich oder vielmehr hätte ich früher etwas anderes erwartet. Gott, wenn der da sein Linientreues herunterbetet, und dann noch etwa sagt: Der Roman ist ein Ausdruck der bürgerlichen Gesellschaft, seine Problematik nährt sich aus dem Klaffen zwischen Illusion und Realität (das wäre alles noch ganz gut), und wenn er dann fortfährt und sagt: die neurussischen Romane seien keine Romane im bürgerlichen Sinn und erschienen uns darum so langweilig, denn da klaffe nichts mehr zwischen Freiheitspostulat und Freiheit, da sei die Freiheit da und darum brauche man das Postulat und den Begriff der Freiheit nicht mehr, und darum seien diese Romane keine klaffend problematischen sondern naiv-optimistische, also daß einer ein Erntedankfest beschreibt und damit den Ausdruck der neuen freiheitlichen Gesellschaft gefunden hat. – Nun, da sage ich mir, wozu einen akademischen Grad und soviel Arbeit und Habilitation und Denken, wenn nichts dabei herauskommt als die gute alte Linie ...«
Wenn Mayer das liest, wird er sagen: Ja, ja, damals, ich kann seinen Ärger verstehen. Mayer weiß, daß wir nicht einig waren. Als Thomas Mann seinen triumphalen Zug durch Ost- und Westdeutschland machte, kam Mayer von »drüben« nach Frankfurt und ließ ein Nachtprogramm im Hessischen Rundfunk platzen, wo wir beide über den »Doktor Faustus« diskutieren sollten. Als Mayer hörte, daß ich den Faustus als ein politisch und ästhetisch mißlungenes Werk behandeln wollte, sagte er: Dann also nichts, denn so etwas hat Thomas Mann nun wirklich nicht nötig. Ich war baff. Hatte er sich vorgestellt, wir beide würden uns in Lobhudelei überbieten und das eine Diskussion nennen? Die Sendung fiel also aus, wir saßen noch eine Weile beisammen, und er berichtete von seiner Fahrt von drüben nach hier. Drüben, sagte er, hätten auf den Feldern ausgemergelte, aber fröhliche Bauern gearbeitet, sie hungerten jetzt, aber es gehöre nun alles ihnen. Kaum im Westen, habe er auf

den Äckern fette, mürrische Bauern gesehen, fettgefressen vom Schwarzhandel, aber mürrisch, weil sie die Sklaven der Grundbesitzer seien. Andersch, der Leiter des geplatzten Abendstudios, lachte, und ich sagte: »Nicht Ihr Ernst, Herr Mayer?« und Mayer: »Wer weiß.«

Als er aus Leipzig, wo er bei den Kommunisten eine Professur hatte, in die Bundesrepublik übersiedelte, war ich gerade Generalsekretär des PEN-Clubs und veranlaßte seinen und Ernst Blochs reibungslosen Übertritt vom Ost- in den West-PEN. Er bedankte sich und sagte, er werde allerdings kaum Gebrauch von der Mitgliedschaft machen.

Später diskutierte ich einmal mit ihm am Rundfunk in Hannover; um welche Meinungsverschiedenheit es dabei ging, weiß ich nicht mehr, aber hinterher begleitete er mich geradezu freundschaftlich bis zu meinem Hotel. Mayer ist ein Mann, der nicht hassen kann. Einer meiner Söhne benutzte für sein Abitur ein Buch, das ich ihm in die Hand gedrückt hatte: »Georg Büchner und seine Zeit« von Hans Mayer. Ein ganz und gar sachliches und gescheites Buch. Mayer hatte es in der Emigration geschrieben. Und gerade, weil ich dieses Werk so hervorragend fand, nahm ich ihm das linientreue Geschwafel über die sowjetische Literatur übel. Nun, die Zeiten haben sich mehrmals geändert.

Zwei Monate nach meinem langen Brief an Horkheimer erhielt Laura, die gerade zur Erholung in ihrem Elternhaus in Lecco war, einen Brief von mir, datiert vom 21. November 1948. Darin heißt es: »Gestern war ich also in Frankfurt und habe den Dr. Emhardt, den ›Heiner‹, kennengelernt. Er ist sehr sympathisch ... Ich habe nun nicht Nein gesagt zu dem allen, erstens weil ich Horkheimer mein Wort gegeben habe, dann weil er offen davon sprach, daß ich den ganzen Komplex hauptamtlich machen sollte, d.h. eine feste, regelmäßige Bezahlung bekäme, dann auch, weil in dem Ergebnis der ganzen Studien keine Namen von Professoren genannt werden sollen (alles soll in % ausgedrückt werden) ... Kurz und gut, für den Fall, daß im Frühjahr

meine Muse schweigt, hätte ich dann eine Finanzquelle... Aber über das alles wollen wir noch reden.«
Also nur, wenn »die Muse schweigt«. In dem Augenblick erwartete ich die Korrekturbogen der »Großen Drift«, von der schon im voraus mehrere tausend Exemplare verkauft waren.
An die letzte, mündliche Verhandlung mit Horkheimer erinnere ich mich sonderbarerweise nicht, aber ich weiß noch, daß vom Carlton-Hotel keine Rede mehr war, da er mich am Ende in seinem Auto zum Bahnhof brachte. Nur dieser Augenblick des Abschieds ist mir in Erinnerung. Als ich ausstieg, sagte er, die freie Literatenexistenz sei hoffentlich kein Irrtum. Ob ich meiner Sache sicher sei. Ich beugte mich zum Schlag hinab und sagte: »Lieber Herr Horkheimer, wenn ich nicht sicher wäre, wenn ich also aus Unsicherheit zu Ihnen käme, dann würde ich auch Ihnen nichts nützen.«
»Das ist nur ein Bonmot. Leben Sie wohl.« Und er winkte mit leicht erhobener Hand zum Abschied, mit einem aus Enttäuschung, Ärger und Wohlwollen gemischten Ausdruck.
Im Januar 1951 fragte ich bei der Magnifizenz Horkheimer in Frankfurt an, ob er mir einen undotierten befristeten Auftrag für Ästhetikvorlesungen verschaffen könne. Ich wollte mich zur historischen Aufarbeitung des Stoffes von Plato bis heute durch Terminzwänge nötigen, da ich ahnte, daß diese Arbeit ohne äußeren Zwang viele Jahre dauern werde. Horkheimer schrieb sehr freundlich zurück, das stehe nicht in seiner Macht, ich möge mich doch an den derzeitigen Germanisten wenden. Mit diesem Brief in der Hand hätte ich mich vermutlich mit Erfolg um die Sache bemühen können. Aber dann kamen mir Zweifel an der ganzen Idee der Zwangsarbeit, und ich dankte Horkheimer und sagte, ich wolle die ganze Sache lieber bleiben lassen. Ich wollte keine »Ästhetik« schreiben – die ästhetischen Kenntnisse sollten nur als Fußnoten Verwendung finden in einer anthropologischen Untersuchung: Was bedeutet das menschliche Kunstbedürfnis, das doch zum Überleben überhaupt nicht notwendig ist. Nun, es dauerte tatsächlich zehn Jah-

re, bis »Über Grund und Wesen der Kunst« erschien. Die ästhetischen Fußnoten wurden ein zweiter Teil nach dem eigentlichen Essay.
Im März 1960 beschwerte sich Horkheimer telefonisch bei der Zeitschrift »Der Monat«, weil seinem großen Aufsatz »Philosophie als Kulturkritik« ein Aufsatz von mir vorangestellt war: »Der Topos von der Zeitkritik« (den ich später in die Sammlung »Vorsicht, gute Menschen von links« aufnahm). Die beiden Aufsätze waren ein rein zufälliges Zusammentreffen, das einen Redakteur glücklich macht; das sah nach Disputation aus und zog den Leser unmerklich in der Lektüre weiter. Aber natürlich galt Horkheimers Ärger auch mir, eben wegen der mit vielen Belegen vorgetragenen Behauptung, Zeitkritik bestehe von alters her aus rhetorischen Topoi. Mit dem Unterschied, daß die Alten den Topos »schlechte heutige Zeit« bewußt einsetzten und mehr an den Topos als an die besondere Schlechtigkeit ihrer Zeit glaubten, während der heutige Topos »vollkommene Zukunft« nicht als Topos, sondern als konkrete Utopie vorgetragen wird. Die Alten »lernten« im Rhetorikunterricht die Topoi und wußten, was sie taten, unsere Zeitgenossen aber sind unbewußte Opfer des Topos.
Nun gut, dachte ich, jetzt hat er sich geärgert, er wird nichts mehr von mir wissen wollen. Schade. Ihm den Ärger ausreden zu wollen wäre sinnlos gewesen. Lieber schrieb ich ihm einige Monate später einen bewundernden Brief zu einer Leserzuschrift, mit der er in der FAZ eine zweideutige Eisenhower-Karikatur leidenschaftlich zurückgewiesen hatte. Er bedankte sich »aufrichtig für Ihren guten Brief. Er bedeutet wahrlich eine Ermutigung. Wie gerne unterschreibe ich Ihren Satz über die Primitivität.«
Und mehr als ein Jahrzehnt später geschah eines Tages etwas völlig Unerwartetes. Ich erhielt einen Brief seines Sekretärs oder designierten Nachlaßverwalters: Horkheimer wünschte mich als Autor seiner Biographie, alles an öffentlichen und privaten Dokumenten stehe zu meiner Verfügung.

Ich saß da mit heißem Kopf. Ich konnte nicht erwarten, daß mir alles in meine Wohnung gesandt würde, ich müßte mich immer wieder von meiner Familie trennen. Wir erinnerten uns daran, daß ich das Geschenk der Unesco von einem Jahr Auslandsaufenthalt nach meiner Wahl kühl abgelehnt hatte, ebenso Lesungen in New Delhi und anderen weit entfernten Orten, desgleichen das Angebot der »Welt«, die wichtigsten Theaterpremieren in ganz Europa zu übernehmen, und das alles nicht nur aus Hochmut (auch aus Hochmut), sondern vor allem, weil ich Laura nicht hätte mitnehmen können. Bei dem Angebot aus Montagnola kam noch hinzu, daß ich auf jeden Fall die Frankfurter Schule mit all ihren Ramifikationen jahrelang aufarbeiten müßte. Ich war ganz durcheinander.
Dieser letzte Briefwechsel befindet sich nicht unter meinen Papieren, da ich in den letzten zwanzig Jahren nur noch juristisch Wichtiges, z.B. Verträge, und solche Briefe aufhob, die noch Folgen haben könnten. Ich hatte weder Platz für die wachsende Zahl von Ordnern, noch Geld für eine Bürohilfe. Aber ich habe mir sagen lassen, daß Horkheimers sorgfältig archivierter Briefverkehr in Frankfurt deponiert ist, und eines Tages werde ich versuchen, die beiden Briefe kopieren zu dürfen.
Es fiel mir nicht leicht, das Angebot auszuschlagen. Und es fällt mir noch heute nicht leicht, an die Absage zurückzudenken.

Dankbarkeit und Befreiung

»Der Ruhm entschädigt für vieles«, sagte er einmal, als die Hoffnung immer geringer wurde, vom Dozentenschemel auf einen Professorenthron erhoben zu werden. Seit seiner Habilitation um 1930 war der Dr. phil. habil. Max Kommerell Dozent an der Frankfurter Universität, und dabei schien es zu bleiben. Er kam aus dem Georgekreis, das war damals politisch zweideutig. Er hatte mit George gebrochen, aber das war politisch nicht eindeutig. Er hatte Schüler, die keine Nazis waren, und das war eindeutig.

Ferner machte er, obwohl als Interpret von Kunst bestellt, selbst Kunst, schrieb Gedichte und später auch Dramen und einen Roman und ließ das alles drucken. Für die beamteten Professoren war er also »mehr ein Dichter«. Seine Aufsätze standen nicht in philologischen, sondern in literarischen Zeitschriften. Streng Wissenschaftliches, also strohern Philologisches, hatte er nicht vorzuweisen, und über sein Jean-Paul-Buch blickten die Professoren, die über »Epochen der Literaturgeschichte seit dem Ausgang des Mittelaltern« lasen, achselzuckend hinweg. Und überhaupt diese geheimnisvolle, streckenweis hermetische Sprache – das war nichts für beamtete Philologen.

Schließlich aber lud ihn die Kölner Universität zu einem Vortrag ein mit der erklärten Absicht, ihn anschließend zu berufen. Da wollte er endlich beweisen, was er konnte, und er hielt einen streng wissenschaftlichen Vortrag, der die germanistische, romanistische und klassische Philologie einbezog, nämlich eine Vorarbeit zu seinem herrlichen »Lessing und Aristoteles«. Die Kölner, die einen Super-Bertram erwartet hatten, waren verblüfft. Diesmal wäre Kommerell so, wie ihm die Fama vorausging, akzeptiert worden. Aber er schien sich sehr verändert zu haben, und – Philologen hatten sie schon. Er wurde nicht berufen. Wieder einmal hatte er alles falsch gemacht. Und da also war es, daß er mit resigniertem Lächeln zu mir sagte: »Der Ruhm entschädigt für vieles.«

Obwohl das Naziregime herrschte, war der Unterschied zwischen den vielen Studenten, die sich auf den Lehrerberuf vorbereiteten, und den wenigen, die »nur« ihren Horizont erweitern und das Sensorium für Sprache und literarische Kunstwerke schärfen wollten, nicht ursprünglich politisch bedingt. Anti- und Nichtnazis und Unpolitische gab es sowohl unter den einen wie unter den anderen. Der primäre Unterschied bestand im geistigen Anspruch, den die beiden Gruppen an die Professoren stellten. Die Vielen begnügten sich mit der synkretistischen Häufung von leicht abrufbaren Informationen, die sie vom Ordinarius Franz Schultz erhielten, die Wenigen suchten bei Max Kommerell den adäquaten Zugang zu den Texten, die eindringliche Analyse bis zur Andeutung des Unsagbaren. Sein kleiner Aufsatz über »Die kürzesten Oden Hölderlins« endet: »Dies alles sind große Gedanken und schwere Rätsel ... Sie sind nicht eigentlich gesagt, sondern bloß mit vorhanden in Bild und Stimmung. Kann aber Kunst Vollkommeneres sein, als wenn sie, wie hier, fühlbar verschweigt?« Seine Vorlesung über Kleist erfüllte mich mit rasendem Entzücken; etwas davon kann man nachfühlen in seinem Kleist-Aufsatz »Die Sprache und das Unaussprechliche«.
Es ist selbstverständlich, daß Studenten, die den Zweck verfolgen, mit dem Diplom einen Berechtigungszettel zu erwerben, anders organisiert sind als jene, die sich der Kunst aus zweckfreiem Zweck nähern. Das ist entgegen allem Anschein heute nicht anders als damals. Zu einem solchen zweckfreien Vordringen bedarf es auf jeden Fall eines Mindestmaßes an ideologiefreier Haltung (damals wie heute). Darum fanden bornierte Nazis bei Kommerell kein Wasser für ihre Mühle.

Es kam noch hinzu, daß Kommerell eng mit dem Altphilologen Karl Reinhardt befreundet war, der 1933 öffentlich vom Podium aus gegen die Vertreibung der jüdischen Professoren protestiert und seinen Lehrstuhl zur Verfügung gestellt hatte. Es klingt unglaubwürdig, daß die Nazis den international angesehenen Reinhardt danach nicht behelligten, aber so war es, ja der Nazi-Kultusminister bat ihn zu bleiben und erreichte es schließlich. Kommerells Schüler wurden häufig zusammen mit Reinhardts eigenen Schülern zu geistvollen Abenden bei Reinhardt geladen, und es gab keinen, der aus Angst vor den Nazis eine solche ehrenvolle Ladung abgeschlagen hätte. Insofern versteht man die Reserve der Nazis gegenüber Kommerell recht gut.

Das alles wußte ich nicht, als ich nach Frankfurt kam. Heute noch macht mich die Erinnerung an meinen ersten Besuch bei Kommerell verlegen. Ich hatte mich, kaum daß ich in Frankfurt angekommen war, bei ihm angemeldet und traf zur verabredeten Zeit in seiner Wohnung in der Feldbergstraße einen älteren Herrn, der ebenfalls zu Besuch war und den ich für einen Freund Kommerells hielt. Bei der Begrüßung sagte ich zu Kommerell, ich sei ganz allein seinetwegen an die Frankfurter Universität gekommen, und als er darauf fragte, ob ich kein Staatsexamen machen wolle, sagte ich verächtlich: »In diesem Staat?« Und schon waren wir bei der Politik, ich legte kurz und entschieden meine Gesinnung dar. Der andere ging nach einer Weile, und als wir allein waren, fuhr Kommerell mich ungnädig an: »Wie können Sie so unvorsichtig sein! Sie wissen doch gar nicht, wie dieser Besucher denkt, und ich selbst weiß es auch nicht. Wenn Sie schon meinetwegen nach Frankfurt kommen, müßten Sie eigentlich wissen, wie gefährdet ich bin. Statt dessen verwechseln Sie meine Wohnung mit der Insel der Seligen. So naiv darf man nicht sein.«

Er hat den Schock dieser ersten Begegnung nie vergessen. Nur so kann ich mir erklären, daß er zwei Jahre später ganz unvermittelt zu mir sagte:

»Sie sind dazu geboren, Hitler zu ermorden.« Ich sah ihn lange an und sagte dann: »Und Sie?« Er wechselte das Thema.
Um Kommerells politisches Handicap zu beseitigen, drängte ihn ein Sportstudent, ein Mensch mit fröhlich-geistlosem Gesicht, in die angeblich »vornehme« Reiter-SA einzutreten. Manchmal sah ich in den Tagen Kommerell auf dem Soziussitz eines Motorrades, das der Student fuhr, durch die Stadt brausen; es war ein herzzerreißender Anblick. Sollte er nun wieder alles falsch machen, diesmal auf andere Weise? Um den eifrigen Studenten halbwegs zu beruhigen, nahm er erst einmal ein paar Reitstunden. Dabei fiel er vom Pferd und verstauchte sich die Leber. Ächzend saß er mir in seiner Wohnung gegenüber und sagte: »Es war ein Wink des Himmels.«
Alles, was er drucken ließ, kaufte ich sofort, Bücher, Aufsätze, Gedichte in der Neuen Rundschau (im Märzheft 1937). Das meiste steht heute noch in meiner Bibliothek. Im Jahre 37 wartete ich ungeduldig auf die Schweizer Zeitschrift Corona, worin der große Aufsatz »Faust Zweiter Teil – Zum Verständnis der Form« erscheinen sollte. Kommerell hatte mir kopfschüttelnd erzählt, einer der beiden Herausgeber, Herbert Steiner, sitze nun schon seit acht Tagen in dem sündhaft teuren Frankfurter Hof und gehe mit ihm jeden Tag eine Stunde lang das Manuskript durch. Es solle auf zwei Nummern verteilt werden, aber auch dazu müsse es noch auf die Hälfte verkürzt werden. Der Mann habe dieses Limit gesetzt, aber dann kämpfe er komischerweise um jeden Satz. Er wolle nicht einsehen, daß man dann eben auf ganze Komplexe verzichten müsse. »Es ist zum Lachen«, sagte Kommerell, »ich muß den Herausgeber trösten – statt umgekehrt.«
Was schließlich alles im Druck weggefallen war, konnte ich leicht nachprüfen. Kommerell hatte gerade seine gleichnamige Vorlesung beendet, und ich brauchte nur die stichwortartigen Notizen in meinem Kollegheft (das ich ebenfalls noch besitze) mit dem Aufsatz zu vergleichen.
Im Jahre 1940 erschien der Aufsatz in dem Essay-Band »Geist

und Buchstabe der Dichtung«. Ich kaufte das Buch im August 1941 in Paris und stürzte mich sogleich auf den Faust-Aufsatz. Die ursprüngliche Form interessierte mich natürlich. Aber – es war Wort für Wort der Corona-Aufsatz, mit drei kleinen Unterschieden: die irrige Erwähnung des »geistreichen Forschers Hertz« war korrigiert in den »Forscher V. Valentin«, das Wort »selber« war einmal in »selbst« geändert, und als auffälligste Neuerung eine Anzahl Druckfehler. Weder um alte Sorgen noch um Korrekturenlesen kümmerte er sich; zwei sympathische Großzügigkeiten.

Als ich 1935 nach Frankfurt kam, wurde viel davon geredet, daß Kommerell an dem Bruch mit George, der erst fünf Jahre zurücklag, schwer trage. Ich glaubte es nicht, und es interessierte mich nicht. Nie habe ich bei Besuchen oder wenn wir zusammen aßen (meist im Café Hauptwache) die Rede auf George gebracht. Mich interessierte immer nur der gegenwärtige Augenblick. Vergangene Beziehungen sind für mich Schlangenhäute, abendrote Pietät ist mir unbekannt. Gewiß, in seinen dichterischen Produkten tauchte manchmal der Schatten Georges auf, aber das war transponiertes Material, dem ich kein gegenwärtiges Gewicht gab.
Jahre später fühlte ich mich bestätigt, als ich in Boehringers George-Buch den Absagebrief Kommerells an den George-Kreis las, den er an einen Freund schrieb mit dem Bemerken, er könne ihn ruhig weitergeben. Darin heißt es, es liege außerhalb seiner Möglichkeit, Freunde »als Kultmitten zu umwandeln«. Er weigerte sich, »Haltung mit geistigem Format zu verwechseln«. Er spottete über »das Banale in der Sprechweise höchster Salbung«. Und schließlich sagte er, daß er das Getue um George »nicht mehr aushielt und folglich wegblieb«. Der Mann, der im Jahre 1930 als 28jähriger die Verhältnisse so klar durchschaute und das alles gelassen aussprach, litt daran nicht jahrelang, vor allem auch deshalb nicht, weil er, wie man deutlich sieht, sich nie völlig seiner selbst entäußert hatte.

Manchmal kam er morgens unvorbereitet in die Vorlesung. Er neigte sich leicht über das Pult, sah mit schräg geneigtem Kopf zum Fenster hin, begann stockend zu sprechen, nahm einen alten Faden auf, ließ ihn fallen, suchte einen neuen, prüfend, vorläufig ... Aber dann geschah es, daß er plötzlich einen seiner Hörer voll ansah, ein Lächeln zuckte ihm übers Gesicht, und man spürte geradezu, wie ihn in diesem Augenblick ein Einfall elektrisierte. Plötzlich war er mitten in der Sache, die Texte öffneten sich wie von selbst, und es war bei einer solchen Gelegenheit, daß in Kleists »Prinz von Homburg« der Kurfürst zur Hauptperson wurde. Was daraus später geworden ist, kann man im Kleist-Aufsatz nachlesen. Und man wird dabei ermessen, wie hoch der Intellekt und Kunstverstand dieses jungen Dozenten über den Allgemeinplätzen der herkömmlichen Philologie stand.

Sein Privatleben, ich sagte es schon, interessierte mich nicht. Er bereitete eine zweite Heirat vor. Als er bei einer Tasse Tee von den Schwierigkeiten sprach, die sich ihm dabei in den Weg stellten, bemerkte er rasch meinen völligen Mangel an Neugier und ließ das Thema fallen. Manch einer hätte sich geehrt gefühlt, »ins Vertrauen gezogen zu werden«. Mein Vertrauen galt seinem Genie.
Einmal holte ich morgens Laura, die in der Gegend des Palmengartens wohnte, zu einem Spaziergang ab, und wir begegneten ihm kurz vor seiner Wohnungstür. Er sah verfallen aus, zerknittert, todmüde. Er sagte, er komme von einem Fest, das bis in den Morgen gedauert habe. »Kommt doch mit hinauf, wir frühstücken zusammen, ich möchte jetzt nicht allein sein.« Er ließ uns im Wohnzimmer Platz nehmen und entschuldigte sich für einen Augenblick. Nach zehn Minuten trat er mit glänzenden Augen, gestrafftem Gesicht und jugendlichem Elan aus dem Schlafzimmer. Ich erschrak tief und brachte während des ausgiebigen Frühstücks kaum ein Wort heraus. Es war auch nicht nötig; er redete fast allein, über die schmerzhafte Schönheit des

Lebens in finsterer Zeit. Über Hölderlins ähnliche Lage und seine doch ganz andere Antwort, unerreichbar für uns Heutige – dies letzte mit einem kurzen Seitenblick auf mich. Darauf sagte ich dann doch etwas: »Seine Zeit forderte keine Literatur, sondern ein Opfer, so ähnlich sagt er im Aufsatz über Empedokles. Er machte aber trotzdem Literatur und opferte Empedokles an seiner Statt.« Mit blitzenden Augen sagte Kommerell: »Eine sehr späte Antwort, mein Lieber.« Und ich: »Die konnte ich erst geben, nachdem ich lange genug bei Ihnen studiert hatte.«
Als ich an meiner Dissertation über »Rilke und Bachofen« arbeitete, benötigte ich eingehende Kenntnisse über Alfred Schuler, aber es war wenig von ihm und über ihn veröffentlicht worden. Ludwig Klages konnte mir vermutlich weiterhelfen. Ich fragte Kommerell, ob er seine Adresse kenne. Kommerell lachte: »Hier ist sie. Aber er antwortet Ihnen nicht.«
Ich schrieb und bekam umgehend eine freundliche, sachhaltige Antwort. Ich zeigte den Brief Kommerell, der mich hoch erstaunt ansah und sagte: »Das verdanken Sie einzig Ihrer Handschrift.« (Klages hat viel für die wissenschaftliche Entwicklung der Graphologie getan. Auf seinen Briefen lautete der Kopf: Seminar für Ausdruckskunde – Kilchberg bei Zürich.) Tatsächlich konnte sein freundliches Eingehen auf meine handschriftlichen Briefe nicht aus der Sache selbst stammen, denn sein erster Brief endete damit, daß er »zum Schluß die Frage nicht unterdrücke: Glauben Sie ernstlich, einen Dichterling wie Rilke mit einem Quellgeist wie Bachofen zusammen nennen zu können?« Später äußerte er sich ausführlich zu meinem ganzen Manuskript. Von meinen eigenen Briefen habe ich leider keine Abschriften genommen. Klages' Briefe besitze ich noch.
Im Winter 1940 verbrachte ich zehn Tage in Florenz, um möglichst viele der wichtigsten Kunstwerke zu sehen. Kommerell war zur gleichen Zeit in Florenz. Ich konnte nur einen Nachmittag freimachen. Er wünschte im Museo Archeologico den Idolino zu sehen, dann tranken wir Tee bei Faber du Faur in seiner schönen Villa auf einem der Hügel, und am Abend aßen wir

zusammen in einem eleganten Kellerrestaurant. An die Gespräche erinnere ich mich nicht mehr, es war die letzte Begegnung mit ihm.
Es gab dann nur noch ein Satyrspiel. Anfang 1943 erhielt ich die Belegexemplare meines ersten Romans »Jacobs Jahr«. Ich schickte Kommerell, der in Marburg nun doch noch eine Professur erhalten hatte, ein Exemplar und ein zweites an Reinhardt. Eine Studentin, die ich von Frankfurt her kannte, schrieb mir aus Marburg und bat um ein Exemplar mit der Versicherung, sie wolle »nicht darüber lästern wie Kommerell«. Von ihm selbst hörte ich nichts. Reinhardt dagegen, der jetzt in Leipzig lehrte, schrieb mir einen auf den ersten Blick komischen Brief: »Sie haben mich mit einem ungewöhnlichen Roman überrascht, den ich mit Aufmerksamkeit gelesen habe. Autobiographisches und Zeitgeschichtliches, dazu allerhand verhalten Lyrisches scheint mir darin in guter Abwechslung durcheinandergeschlungen. Bei der Schürzung des Knotens waren Sie aus begreiflichen Gründen wohl etwas gehandicapt, so daß der Konflikt etwas ins Imaginäre gerät, was aber wiederum bei einer gewissen, in Kauf zu nehmenden Unwahrscheinlichkeit den Vorteil bietet, daß er etwas (wie soll ich sagen?) ›surrealistisch‹ wirkt. Gefreut habe ich mich besonders an der Zeichnung der beiden einander ablösenden konsequent kontrastierten Geliebten. Bei ein paar Äußerlichkeiten konnte ich, was wohl mit persönlichen Erinnerungen zusammenhängt, nicht ganz mit. Doch davon vielleicht ein andermal, ist auch nicht wichtig. Das etwas Bohrende des Helden selbst haben Sie hübsch auch wieder relativiert. – Empfehlen Sie mich bitte ganz besonders Ihrer lieben Frau, der Sie Ihr Werk gewidmet haben.« Und er schloß mit »herzlichem Dank und Anteilnahme«.
Ich sage: auf den ersten Blick komisch. Anscheinend teilt er mir nur mit, was ich gemacht habe. Aber auf den zweiten Blick, besonders wenn man an das allüberall wachsame Auge der Nazis denkt, wollte er mir mitteilen, daß er verstanden habe, warum das »Zeitgeschichtliche« etwas surrealistisch ausfallen mußte, da

ich »aus begreiflichen Gründen wohl etwas gehandicapt« arbeiten mußte. Am Ende allerdings unterliegt er einem verständlichen Irrtum. Er erkannte Personen aus dem Frankfurter Freundeskreis wieder, und da konnte er »nicht ganz mit«. Doch war er sich offenbar nicht ganz sicher, ob dieser Kreis verhöhnt werden sollte, das konnte man »ein andermal« klären. Aber hinsichtlich des eigentlichen Themas wäre ihm sogar das Schlimmste, die Verhöhnung, als »nicht wichtig« erschienen.

Wenn auch verständlich, so ist das, was ihn störte, doch ein Irrtum. Es ging mir selbstverständlich nicht darum, George oder Kommerell zu porträtieren oder die Studenten, von denen ich einige Züge benutzt hatte, mit Spott zu begießen. Die beiden Gegner, Dichter und Chef, waren zwei namenlose Figuren, die zwei unvereinbare Welten symbolisierten. Und die Gesellschaft, die sich um den Dichter scharte, durfte nicht ideal sein, sie mußte teils angenehm, teils komisch, teils widerwärtig sein. Eine freie Gesellschaft als ideale Menschheit darzustellen, wäre ein arger Unsinn. Eine freie Gesellschaft ist nicht ideal, sondern frei. Darauf kam es mir an. Das hätte ich ihm erklären können, aber ich tat nichts dergleichen, es genügte mir, daß er das Buch erhalten hatte. Und dann noch: die wirkliche Wirklichkeit meiner Generation war nicht in der Gesellschaft um den Dichter herum dargestellt, sondern in »Jacob«, der auf zwei Schultern trug, bis er sich endlich opferte, so wie Empedokles sich opferte, stellvertretend, symbolisch, und in beiden Fällen wollte und will der Autor sagen: eigentlich müßte ich mich opfern. Eine solche Entschlüsselung hätte ich keinem Brief anvertrauen können.

Kommerell aber, das dämmerte mir nach dem Brief Reinhardts, scheint alles direkt genommen zu haben. Womöglich hat er sich sogar in dem bösen Paladin des Dichters mißhandelt gesehen, einer völlig frei erfundenen Figur, die zur Lösung des Knotens unbedingt erforderlich war. Aber was immer er an bekannten Gesichtern zu erkennen glaubte, im Ganzen irrte er sich total. Er »lästerte«. Das war mir gleichgültig.

Gleichgültig? Kommerell, dem ich so viel verdanke? Kommerells dichterische Arbeiten ließen mich von jeher mehr oder weniger kühl. Was mir für immer gegenwärtig blieb, ist seine literarhistorische Hermeneutik. Aber selbst da gilt nichts Unbedingtes. Auf den ersten Seiten seines Grillparzer-Aufsatzes stehen eine ganze Anzahl von Sätzen, hinter die ich Nein schreibe.

Und genau das muß sich zwischen Schüler und Lehrer ereignen. Eines Tages muß der Jüngere seine eigenen Wege gehen und die Geschenke, die er empfangen hat, gelassen prüfen, einige sich anverwandeln, andere von sich wegschieben. Dann erst ist die Lehrzeit gelungen. Aber das läßt sich nur sagen in dem höchst seltenen Fall, daß ein Schüler auf einen Phil. habil. trifft, der in dem normalen Literarprofessorenvolk im Verhältnis eins zu tausend oder zu zehntausend vorkommt. Und noch dazu muß der Schüler so gemacht sein, daß er nicht auf Systeme oder Schulen oder lexikalisches Wissen aus ist, sondern auf das eine, das not tut: Literatur als Kunst, die nur entstehen kann, wenn der Künstler von einem verrückten politischen Programm wie Dante oder von einer lächerlichen Philosophie des Gefühls wie Kleist oder von sonst einer dringenden Botschaft getrieben wird und unterm Machen seiner Sache weit hinausschwimmt ins offene Meer des Absoluten.

Max Kommerell starb jung, mit 42 Jahren, im Juli 1944.

In der großen Drift

Vor jeder neuen Arbeit saß ich da, als hätte ich nie im Leben etwas geschrieben. Und bei Arbeiten, die ich mit leisem Unbehagen beendete, konnte ich sicher sein, daß Laura mit einigen glasklaren Argumenten mein Unbehagen zuerst in Zorn und danach in Einsicht verwandelte. In späteren Jahren schrieb ich einmal einen Roman »Freundschaft mit dem Feind«, über den Laura nach der Lektüre den Kopf schüttelte. Sie zerpflückte das Manuskript so überzeugend, daß ich schließlich zugeben mußte, die ganze Anlage sei verfehlt. Nach einem sehr schweren Tag warf ich das Ding in die Mülltonne und sagte: »Erledigt.« Sie war der kompetenteste Kritiker, den ich je kennengelernt habe, und sie schonte mich so wenig wie andere. Im Jahre 1977 mußte sie allerdings schallend lachen, als sie in der FAZ einen germanistischen »Professor« über meinen Roman »Gleichung mit einer Unbekannten« perorieren sah, mit meiner sehr direkten Behandlung des Sexuellen werde meine »Prüderie kompensiert«, und der linksradikale Sohn eines reichen Mannes stelle ein »Klischee« dar. Sie lachte: »Du rauchst also Zigaretten und kompensierst damit das Nichtrauchen. Und weil so viele Söhne reicher Väter links werden, ist das kein Faktum mehr, sondern ein Klischee. Sind das eure Germanisten? Wenn ich meinen antifaschistischen Lehrer und Freund Borgese und seine Ästhetik-Vorlesungen mit diesen postnazistischen deutschen Witzblattgermanisten vergleiche, dann schäme ich mich, mit einem deutschen Paß reisen zu müssen.« Sie wünschte etwas zu sehen, was der Mann »im Ernst« geschrieben habe. Ich entlieh etwas aus einer öffentlichen Bibliothek, sie las ein paar Sätze über Brechts und Frischs Parabeln, klappte das Buch zu und sagte:

»Stroh.« Ich trug es zurück. »Du solltest es längst wissen«, sagte ich; »Kommerell war einer unter tausend.«
Als ich »In der großen Drift« schrieb, hatten wir noch keine Gelegenheit gehabt, uns über solche hübschen Kritiken zu amüsieren. Kein Kritiker hatte bisher ein Buch von mir zu sehen bekommen. Wie wichtig oder unwichtig ich Kritiken zu nehmen habe, das zu lernen stand mir noch bevor. Jetzt ging es nicht um die Schwierigkeiten der Kritiker, sondern um meine eigenen Schwierigkeiten. Es sollte kein Kriegsroman werden, sondern die Geschichte des unpolitischen Deutschen meiner Generation im ersten Halbjahrhundert dieses schmählichsten aller Jahrhunderte. Meine eigene Geschichte war dazu ungeeignet, sie ist nicht typisch für den Durchschnitt. Lange Zeit kam ich nicht los von einem distanziert generalisierenden Ton, der den Erzähler in die Rolle eines kühlen Zuschauers zwang. Kühle Zuschauer aber gab es nicht mehr, als es ernst wurde. Wenn aber die perspektivische Anlage nicht stimmt, kannst du schreiben und erfinden und komponieren, soviel du willst, du schreibst für den Papierkorb.
Einige Wochen vor der Währungsreform verließ ich von einem Tag auf den andern die Redaktion der »Wandlung«. Ich wußte plötzlich, wie die Geschichte erzählt werden mußte. Ein fiktives Ich muß seine Geschichte erzählen, dem kann ich alles Nötige aufpacken, hie und da auch einiges von meinen eigenen Erlebnissen. Er muß ein Mann sein, der weder für noch gegen die Nazis »kämpft«, der überhaupt nicht kämpft, sondern sich über die Kämpfer lustig macht und spät, sehr spät – begreift. Er soll sich ferner in Orten und Gegenden bewegen, die ich kenne: Laß ihn in Demmin beginnen, wo einer meiner Onkel als Güterdirektor lebt; dort habe ich einmal die Sommerferien verbracht. Das Lokalkolorit für meine Figur kann ich von einem meiner Sanitätssoldaten beziehen, der aus der Demminer Gegend stammte, zu Hause Schweinezuchtmeister war und mir während der trübsinnigen russischen Abende viel vom Leben der einfachen Leute auf Rittergütern erzählte. Das alles wird so ge-

nau stimmen, als sei ich selbst dort aufgewachsen, als Sohn eines Schweinezuchtmeisters.
Und eben das wurde der zündende Funke. »In der großen Drift« schrieb ich in zwei oder drei Monaten nieder. Herbert Nette, der wie gesagt für den Hamburger Goverts-Verlag in Darmstadt die Dependance der amerikanischen Besatzungszone leitete, war hingerissen und sicherte sich sofort die Rechte, Claassen selbst war verblüfft, weil dieses Buch ganz anders als »Jacobs Jahr« geschrieben war, und hatte seine Bedenken. Ich hätte sagen können: kein Wunder, jetzt braucht man nichts mehr zu verschlüsseln, aber ich sagte gar nichts. Und als Claassen den Vorabdruck in einer Zeitung sah, waren seine Bedenken plötzlich zerstreut. Jetzt hätte ich wieder etwas sagen können, aber ich sagte auch jetzt nichts, sondern fand, daß ich einiges gelernt hatte.
Im Sommer gab es in Frankfurt einen sinnlosen gesamtdeutschen Schriftstellerkongreß, auf dem ich Hans Mayer wiedersah und Kasimir Edschmid und eine Menge junge künftige Genies kennenlernte, die zu erwähnen unnötig ist. Ende Oktober fand komischerweise in Rüdesheim, in meinem Wohnort, eine Tagung für junge Buchhändler statt. Etwa hundert junge Leute, großenteils Lehrlinge, fanden sich unter der Obhut einer Anzahl älterer Fachleute auf der Jugendherberge ein. Man hatte den remigrierten Werner Milch, der seit einem Jahr in Marburg lehrte, für einen einführenden Vortrag gewonnen, und Emil Barth und ich sollten lesen. Wie sie auf mich gekommen waren, weiß ich nicht; vielleicht wußte ich es damals. Das Manuskript lag noch in der Setzerei, und von Vorabdruck war noch nicht die Rede.
Ich brauche mein Gedächtnis nicht anzustrengen, denn es gibt eine brühwarme Schilderung in einem Brief an Laura, die mit den Kindern in Lecco war und noch einige Woche warten mußte, bis auch ich ein Visum hatte. (Männer, die nicht aus Geschäftsgründen ins Ausland fahren mußten, bekamen nur sehr schwer ein Visum. Ein Verleger hat es dann für mich geschafft

mit dem Auftrag, italienische Kurzgeschichten zu sammeln.) Der Brief vom 2. November 1948 ist übrigens ein erstaunliches Dokument über die wirkliche oder vorgebliche Einstellung junger Leute zur Erotik; es ist, als lägen zwischen heute und damals mehrere Jahrhunderte.

»... und – so sagte Milch – er freue sich sagen zu können, daß die beiden Dichter, die heute hier unter uns weilten, moderne Dichter im vollen Wortsinn seien. Er hatte die Nacht vorher meinen ›Jacob‹ gelesen und mir nun ›gedankt für die schlaflose Nacht‹. – Nun war mir klar, was ich lesen würde: die zwei ersten Kapitel. Das zweite stellt die potenten Vögel vor und endet mit Elfriedes schamlosem Brief und der zarten Bordellszene. Wenn dann Neigung bestand, konnte ich ›Morx' Kuhle‹ anschließen und ›Ivgenia‹. Ich las das erste Kapitel. Dann sagte ich, daß ich Schluß machen möchte, falls sie nichts weiter zu hören verlangten. Sie wollten mehr hören. Ich sagte nun ein paar Worte zu dem ganzen Roman und las weiter. Als das erstemal ›vögeln‹ auftauchte, ging jemand hinaus. Als die Bordellszene kam, gab es einen Tumult und mehrere gingen hinaus, laut und rücksichtslos lärmend. Ich ließ mich nicht stören und las zu Ende. Der Rest von etwa 60–70 Menschen spendete einen schönen Beifall. Milch war leider schon am Ende des Nachmittags abgereist. – Später im Hotel Aumüller hatte ich ziemlich blöde und spießerische Angriffe fast aller Prominenten zu erfahren. Nur ein Herr vom Verlag Knaur trat für den Roman ziemlich sicher ein, Dr. Hartmann kritisierte, daß ›Vorlesen‹ nicht richtig sei, da man diese jungen Mädchen damit zwinge, solche Dinge in der Öffentlichkeit anzuhören. Ein imposanter polnischer Rechtsanwalt, Kunstsammler und Weltmann, fuhr sie alle mit hochnäsiger Rede an und war uneingeschränkt für mich. Er sammelt Nolde, Pechstein, Kandinsky usw. Ich selbst, einen Moment tief niedergeschlagen, rappelte mich auf und griff dieses ganze dürre Gespinst prächtig an und sagte ihnen, was ich noch hätte lesen wollen. ›So lesen Sie es jetzt vor uns Fünfzehn vor!‹ Ich las. Ich las Morx' Kuhle und Ivgenia. Da stand Emil Barth auf, nannte sich einen Banausen und sagte, das sei das herrlichste Werk, das er in der Moderne kennengelernt habe, und hob feierlich sein Glas auf mich. – Zwischendurch ein Kommen und Gehen, Skandale in der Luft, Drohungen vorbereitet, der Herr vom Verlag Knaur wurde in den Felsenkeller gebeten, wo unter einer größeren Gruppe junger Leute ein Tumult ausgebrochen sei. Er ging und redete für den Roman. Im Drosselhof sei eine andere, größere aufgeregte Gruppe. Als es zwölf Uhr wurde und Aumüller schloß, zogen wir in den Drosselhof, wo ich, als ich in der Tür erschien, mit fanatischem Beifallsgeschrei empfangen wurde. ›Hierher!‹ – ›Nein, hierher, an unseren Tisch!‹ Ein Mädchen, die erste, die gegangen war, stürzte auf mich zu und stammelte Entschuldigungen und sagte, sie liebe mich ja, es sei alles Blödsinn, was sie gemacht habe, und sie sei furchtbar besoffen. Dann war auch hier Schluß, und der unheimliche Triumphzug begab sich in den Felsenkeller. Neue Ovationen. Aber die ›Opposition‹, die katholische Opposition, war nicht da. – Am nächsten Morgen fegten die jungen Leute den angekündigten Vortrag beiseite und verlangten Diskussion. Ich habe ein paar prächtige Sekundanten gefunden. Ich habe den Opponenten, vor allem einem satten, dummen katholischen Großhändler von etwa 45 Jahren, herrliche Paraden geliefert. Ich mußte den Gang des ganzen Romans erzählen, ich mußte gegen Mittag Morx und Ivgenia lesen …«

Der Brief geht noch weiter und spricht von Geschäftlichem, z.B. von dem tüchtigen Verlagsvertreter, der den Buchhändlern, die mit Prokura anwesend waren, sofort 250 Exemplare verkaufte und sich anheischig machte, bis Weihnachten die ganze, noch gar nicht gedruckte Auflage zu verkaufen. »Sie haben meine Kragenweite! Aus diesem Buch mache ich den neuen Remarque«, sagte er siegessicher zu mir.

Das Buch erschien im Frühjahr 1949. Bei der Masse der Rezensenten, die erstaunt, ergriffen, teils hingerissen waren, tauchte immer wieder die Frage auf, ob es sich um Literatur oder nur um leidenschaftliche Rechenschaft handle. Ich schüttelte den Kopf.

Nicht nur die kleinen Buchhändlermädchen schrien Igittigitt und fielen mir dann beschwipst um den Hals, auch manche Kritiker hatten eine komische Vorstellung von Literatur. Sie schienen in den letzten Jahren zu viel Carossa und andere feine Leute gelesen zu haben.
Werner Milch schrieb mir nach Erscheinen des Buchs aus Marburg einen Brief, worin er ausrief: »Herr Gott noch einmal – Sie können aber schreiben. Es ist schon etwas um ›das Atmosphärische‹ – das, was die Engländer den vernacular style nennen und das Pathos der Wurschtigkeit. Ich finde einfach, daß Sie ein großartiges Stück Prosa fertig gebracht haben.« Und Pfeiffer-Belli, aus der Überwinterung aufgetaucht, schrieb im Tagesspiegel: »... Das Buch scheint nicht mit der Feder niedergeschrieben, vielmehr gelegentlich wie mit einem enggeflochtenen Ziemer hingepeitscht ... Es ist mit Dynamit verschiedener Stärken geladen, und gute Bürger seien auf die gelbe Flagge aufmerksam gemacht, die es alarmierend, aber vielleicht nicht jedem sichtbar führt ...« Der New Yorker Verlag Simon & Schuster erwarb die englischsprachigen Rechte, aber als er die Übersetzung sah, schickte er tausend Dollar Abstandshonorar. Dort wünschten sie Mea-culpa-Literatur, und die bekamen sie, aber nicht von mir. Ich hatte ein Buch für Deutsche geschrieben, und nur Deutsche konnten es verstehen und entweder nachdenklich sagen: Ja, mehr war mit uns nicht los, oder wütende Leserbriefe schreiben: Wir anständigen Soldaten lassen uns von einem Rotzlöffel nicht verarschen. Solchen Leuten habe ich nie geantwortet. Greuel kommen in der »Drift« nur wenige vor, und zwar nur solche, die ich persönlich bezeugen konnte. Und neben vielen angenehmen Personen gibt es ein paar Schweinehunde, und warum auch nicht? Einige Schweinehunde muß es ja überall im Volk gegeben haben, Hitler konnte nicht gut alles alleine machen. Aber für Ausländer mit fertigen Urteilen und einfachen Erwartungen war die »Drift« ein Buch mit sieben Siegeln. Die Japaner haben es gedruckt, vielleicht gab es dort eine ähnliche Verständnisebene.

Milch hat mich nach Marburg eingeladen, ich sollte mit seinen Studenten sprechen. Ich mußte den Besuch mehrmals verschieben, und genau ein Jahr nach dem soeben zitierten Brief starb der kränkliche Mann in Baden-Baden, im Alter von 47 Jahren. Wir hätten Freunde werden können, wirkliche Freunde, nicht das, was man gemeinhin »die Freunde« nennt und womit man ein unverbindliches geselliges Nichts bezeichnet.
Im Oktober 1950 veranstaltete der Chefarzt des Kurhauses Bühlerhöhe ein feierliches Wochenende. Die gedruckte Einladung verkündete: »Es erfüllt uns, einen durch viele Aufenthalte auf Bühlerhöhe bis zu seinem frühen Tode uns nah verbundenen Geist zu ehren und zur lebendigen Wirkung zu bringen. Mit der Fülle seiner Einfälle und der Gewalt seines Wissens wäre *Max Kommerell* dem, was wir meinen, zur Seite gestanden.« Ich las das, schmunzelte und fragte mich, was er wohl meine mit dem »was wir meinen«, und war sicher, daß er nicht wußte, was Kommerell meinte, sonst hätte er nicht diesen Salat von sich gegeben, der ihn »erfüllte«. Ferner wußte der Herr Chefarzt, Kommerell habe »die Wissenschaft und die Jugend bezaubert«. Und seine »dichterische Sendung« sei erst durch die Aufführung der ›Gefangenen‹ »aufgestrahlt«. Und es werde »zu unserer großen Freude Professor Martin Heidegger seine Verbundenheit zu Max Kommerell ausdrücken«, und zwar mit dem Thema: »Die Sprache«. Der Sonntag-Vormittag »wird um ein Thema von Professor Gadamer gruppiert«. Und es werden auch Dichtungen Kommerells gesprochen.
Ein Briefchen des Chefarztes schlug mir vor, ich möge das Kapitel aus der »Großen Drift« lesen, in dem ein Dozent namens Maxwell vorkommt. »Auf anliegender Karte« sagte ich: Nein. Ganz abgesehen von der schauerlich komischen Einladung, was sollte ich unter den zusammenströmenden Schülern Kommerells, von denen jeder als Lieblingsjünger »aufstrahlen« würde? Für kollektive Farcen bin ich nicht zu haben. Ich besuche keine Jahrgangstreffen, ich unterhalte keine erinnernden Beziehungen zu Mitschülern, Studiengenossen und Kriegs-

kameraden, ich habe nach einem einzigen Besuch der Gruppe 47 dem immer wieder bittenden Moderator Hans W. Richter alles Gute gewünscht und ihm zu verstehen gegeben, daß ich Schriftsteller im Kollektiv als Nonsens betrachte. Das hätte ich auch jeder konservativen Gruppe gesagt, wenn es eine gäbe. Es kann sie nicht geben, weil jeder gescheite Konservative alle anderen Konservativen für Esel hält, und vermutlich hat er recht. Die zwei Gruppen, PEN und Rotary, in die ich in einem nachgiebigen Augenblick geraten bin, habe ich in einem unnachgiebigen Augenblick wieder verlassen, und aus der Gruppe, in die ich hineingeboren bin, der katholischen Amtskirche, bin ich ausgetreten. Warum? Weil sie erstens das Schlachtopfer (hostia), das Christus darbringt, in ein Kaffeekränzchen verlegt, wo es ein Gemeindekollektiv als fröhliche Mahlzeit verzehrt, und weil sie zweitens den Dienst an der »Menschheit« erfunden hat und das Evangelium so liest, als habe Jesus gesagt: »Gehet hin in alle Welt und dialogisiert mit allen und forscht zusammen mit ihnen nach der Wahrheit.« Wenn schon Katholik, dann ein katholischer und nicht ein liberal-protestantischer Katholik. Doch darauf komme ich später noch zu sprechen.

Im Rückblick auf mein Leben finde ich es gut, daß eine der ersten meiner Verweigerungen in der Absage an einen Gruppenauftritt der Schüler Kommerells bestand. Das war meine Art Verehrung des unvergeßlichen Mannes.

Daß der Roman »In der großen Drift« keine Autobiographie ist und doch im wesentlichen authentisches Material verarbeitet, dafür am Schluß ein makabres Beispiel. Die Hauptfigur Lohaus erhält im Führerhauptquartier zusammen mit anderen Offizieren das Deutsche Kreuz in Gold; für eine Heldentat, von der nur er weiß, was es damit für eine Bewandtnis hat. Er ist körperlich etwas behindert, daher steht für ihn in der Reihe der Offiziere ein bequemer Sessel. Ich zitiere eine gekürzte Passage aus dieser Szene:

»Ich blickte vor mich hin, da stand er ja, der Führer, ein mittelmäßig gewachsener Mann mit einem Rock, der mir zu groß schien, etwas vornübergeneigter Haltung, und hielt den Arm ausgestreckt und blickte den SS-Offizier an, als ob er ihn noch nie gesehen hätte. Hat auch ein Schnurrbärtchen, dachte ich, der Jodlbauer. Man hätte jetzt den größten Unsinn machen können, er hätte es nicht bemerkt, so heftig starrte er den SS-Offizier an und wartete die endlose Meldung ab. Vielleicht ruht er sich auf diese Weise aus, dachte ich. Ich schielte zu den zwanzig Goldkreuzanwärtern hinauf, die um mich herumstanden. Gleich kommt's ihnen, dachte ich. Dann war die Meldung zu Ende, und ich wollte aufstehen. Aber er drehte sich um und sagte auf wienerisch: ›Bleiben Sie sitzen. Wer in meinem Dienste verwundet wird, für den werde ich doch noch einen Lehnstuhl haben.‹ Ganz recht, dachte ich, Sessel kann er nicht sagen, in Österreich ist Sessel ein Stuhl. Und dabei bin ich doch bloß vom Auto gefallen. Ich blieb sitzen. Und dann hielt er eine Ansprache, die mit Kameraden anfing. Ich kannte sie schon, oder doch die einzelnen Teile. So hörte ich nicht genau zu. Ich war auch ziemlich schläfrig. Er selbst schien auch nicht so recht bei der Sache zu sein. Aber als ich einmal in die Höhe blinzelte, sah ich, daß die anderen wie die Mäuse dastanden, Mäuse vor der Katze.

Die Rede war zu lang. Ich hatte immerhin eine ziemliche Menge Bier getrunken, und es war heiß, und ich saß in einem gemütlichen Sessel, oder sagen wir Lehnstuhl –, und so schlummerte ich etwas ein. Einer der jungen Kameraden stieß mir gegen den Hals, ich schreckte zusammen und folgte ein wenig der Rede. Es war gerade von Siegen oder Fallen die Rede. Ist beides nicht unser Fall, dachte ich und blickte ihn an. Mir kam der Gedanke, zu versuchen, ob ich ihn nicht hypnotisieren könnte. Solche Scherze sind immer gut, wenn man unter keinen Umständen einschlafen will. Bei Frauen kommt dabei manchmal etwas heraus. Hier half das nichts. Lebensraum war jetzt dran und nackte Exzellenz, nein, er hatte wohl Existenz gesagt …

Es war eine langweilige Sitzung, ich kann mir nicht helfen. Ich gab mir Mühe, etwas von der Dämonie zu spüren, von der

Elfriede gesprochen hatte, ich versuchte sogar, ihn zu hypnotisieren, es war alles umsonst ...
Jetzt sagte er, daß wir den Krieg schon gewonnen hätten, daß die Russen schon vollständig vernichtet seien und nur noch durch amerikanische Lieferungen auf schwachen Beinen gehalten würden. Ich äugte wieder im Kreis herum – die Knaben glühten. Tolle Sache, dachte ich, die wissen das doch besser, und jetzt wissen sie gar nichts mehr ...«
Der Leser weiß schon, daß ich im Krieg Sanitäter war und sicherlich keinen solchen Orden bekommen habe und nicht im Führerhauptquartier war. Aber für diese Szene gibt es eine selbsterlebte Quelle. Während meiner Studienjahre hielt Hitler einmal in Heidelberg eine Rede vor Studenten. Mir wurde eine Eintrittskarte zugeteilt, und ich fuhr mit einer Gruppe aus Frankfurt nach Heidelberg. Da wir nur knapp zurecht kamen, wurden wir vorn in die erste Reihe bugsiert, in der noch einige Plätze frei waren. Hitler stand dann dreiviertel Stunden lang direkt vor mir auf dem Podium. Er hielt eine langweilige Rede voller Gemeinplätze. Das fiel ihm nicht schwer. Ich suchte in dem banalen Gesicht nach der angeblichen Dämonie, aber da war keine Spur von irgendwelchem Charisma. Nach zehn Minuten nickte ich ein, wurde aber von einem alten versoffenen Corpsstudenten, der mit mir gekommen war, mit einem warnenden Rippenstoß geweckt. Ich riß mit Gewalt die Augen auf, es war immer noch die gleiche Leier. Vergeblich fragte ich mich, was die Masse der jungen Zuhörer mit ihrem fanatischen Gebrüll zu bejubeln fand. Den Beifall forderte er selbst durch kleine Pausen ungeniert heraus. Wie konnten diese Studenten Platitüden und Flegeleien für Geist nehmen? Aber ich kannte die Masse dieser Studenten nur allzu gut. Es blieb keine andere Erklärung als die traurige Tatsache, daß dieser hochgeschwemmte kleine Mann der maßgerechte Exponent des deutschen Kleinbürgertums war, eines Kleinbürgertums, das in den nivellierenden Katastrophen des Jahrhunderts überhandgenommen hatte und den kleinen Rest intakter Staatsgesinnung und Kultur unter Führung

dieses barbarischen Emporkömmlings hinwegspülte. Was? Dämon? Ein wildgewordener Underling machte die große Masse der Kleinbürger wild und zerstörte die deutsche Kultur und Geschichte.

Dieses Erlebnis und die verächtlichen Schlußfolgerungen standen also Pate für die Hauptquartierszene im Roman.

Literatur in Gruppen

Kaum war die »Große Drift« bekannt geworden, erhielt ich einen Brief von Hans W. Richter, der ein Kriegsbuch veröffentlicht hatte und seit 1947 von Zeit zu Zeit junge Schriftsteller um sich versammelte. Sie nannten sich in Erinnerung an ihre erste Zusammenkunft Gruppe 47. Die Gruppe war keine literarische Schule, sondern ein loser Freundeskreis politisch interessierter Autoren. Sie lasen ihre neuesten Manuskripte vor, luden Kritiker und Verleger dazu, und bald schon stifteten die Verleger einen Preis. Mit der Zeit kamen immer mehr junge, neu auftauchende Schriftsteller hinzu, aber es blieb bei dem losen Zusammenhang; nur wer von Richter eingeladen wurde, konnte sich dazurechnen, und nur so lange, als er eingeladen wurde.
Da es sich nicht um eine literarische Schule handelte, war eine Definition des Gruppengeistes schwierig. Aus späteren gemeinsamen Manifesten läßt sich wenigstens ungefähr sagen, was sie ablehnten: »Restauration« des Kapitalismus, »reaktionäre« Machtblockpolitik, »konformistische« Parteienwirtschaft, »klerikalen« Einfluß, das ausbeuterische »Alibi« einer bloß formalen Demokratie, die »Spaltung« Deutschlands durch Adenauers Alliiertenpolitik, die »Bewaffnung« Deutscher gegen Deutsche, »Atomwaffen« in gefährlichen deutschen Händen, »autoritäre« Kanzlerdemokratie, »stalinistischen« Verrat am Sozialismus, aber auch grundsätzlichen »dummen Antikommunismus«, Kolonialismus, Nationalismus, selbstverständlich Nationalsozialismus, Neonazismus.
Die Liste ist nicht vollständig, aber sie bezeichnet in etwa das aufgeklärte, pazifistische, humanitäre, puristische, schön linke, utopische Klima der Gruppe. Vieles davon war selbstverständ-

lich, anderes nicht. Vor allem aber war die Gruppe im konkreten politischen Raum nicht festzumachen. Der einzige, der sich von Anfang an zur SPD bekannte, war Richter selbst. Alle anderen schwebten hoch darüber in einer blauäugig schönen linken Luft. Sie verweigerten sich nicht nur der konkreten Politik, sie verhöhnten sie. Noch als sie 1961 für die SPD warben, schmähten sie dies »geringere Übel«. Sie waren keine Revolutionäre, sie waren von Anfang an das getreue Spiegelbild des Bürgertums, das am Ende der Nazizeit von allem, was nach konkretem politischem Engagement oder nach Partei aussah, voller Entsetzen die gebrannten Finger ließ. Und eben in dieser ungefähren Entsprechung bestand die große Chance der Gruppe, aber auch die Berechenbarkeit des Augenblicks, an dem sie sich überlebt haben mußte; nämlich sobald sich das Bürgertum in der Parteienwirtschaft einrichtete und sobald wirkliche Radikale auftauchten.

Hier möchte ich erst einmal die Dokumentation meiner Beziehung zu Hans W. Richter einfügen.

Erster Akt: Am 18. April 1949 lädt mich Richter nach Marktbreit zu einer Tagung der Gruppe 47 ein. Am 25. April meine höfliche Absage – keine Zeit und kein Geld.

Zweiter Akt: Am 9. September 1949 lädt mich Richter nach Utting zu einer Tagung der Gruppe 47 ein und stellt mir einen Reisekostenzuschuß, von Verlegern gestiftet, in Aussicht. Am 18.9. meine höflich umschriebene Absage: Ich reise nicht gern mit dem Geld von Verlegern.

Dritter Akt: Am 7. Oktober wiederholt Richter seine Einladung. Am 13. Oktober teile ich ihm bedauernd mit, daß ich nicht kommen konnte.

Vierter Akt: Im Mai 1950 nehme ich die unermüdlichen Einladungen Richters endlich einmal an, da ich mir ein Urteil nach eigenem Augenschein bilden will. Ich lese also in Inzigkofen aus meinem Romanmanuskript »Der arme Reinhold«. Die Hauptfigur in dem Buch huldigt einem christlichen Anarchismus. Das meinte ich damals sehr ernst; ich machte keinen großen Unterschied zwischen Anarchie und Anarchismus. Richter gefällt das Thema nicht, er hatte gehofft, ich legte in einer Fortsetzung der »Großen Drift« Zeugnis über das Nachkriegsdeutschland ab. »Statt dessen diese christliche Idylle!«

In einem Brief vom 22. 5. 1950 drücke ich Richter mein Vergnügen über unsere persönliche Bekanntschaft aus, bezweifle das kritische Vermögen einer Versammlung von Erzählern und sage ferner: »Ich habe den Verdacht, daß diese dort versammelte Generation sich als Träger einer Aufgabe nimmt, daß sie sich als konstruktives Element einer irgendwie idealen Gesellschaft empfindet.« Dagegen setze ich meine Auffassung, die Literatur sei nicht dazu da, von wem auch immer »gemünzt« zu werden.

Fünfter Akt: Im April 1951 ruft mich Heinz Friedrich, damals im Hessischen Rundfunk, auf Wunsch Richters an und fordert mich auf, zur Tagung nach Dürkheim zu kommen; Richter lasse mir sagen, ich käme für den diesjährigen Preis in Frage. Ich lehne die Einladung ab.

Sechster Akt: Richter besucht mich kurz darauf und wiederholt die telefonische Einladung. Es sei sehr möglich, daß ich den diesjährigen Preis bekomme. Ich erwidere, daß ich keinen Gruppengeist besitze und keinen entwickeln will. Ich sei nicht für Syndikalisierung der Literatur. Die Gruppe brauche mich sicherlich nicht, und ich möchte die Gruppe nicht nötig haben. Wir trennen uns freundlich, aber entschieden entgegengesetzter Meinung.

Siebter Akt: Im Oktober 1951 schreibt mir Richter: »Ich kann es nun einmal nicht lassen, obwohl ich mir wahrscheinlich wieder einen Korb hole. Die Gruppe 47 kommt zu einer mehr internen Herbsttagung in der Laufenmühle bei Welzheim-Stuttgart zusammen ...«

Auf diesem Brief steht mein Vermerk: »Absage handschriftlich am 9. 10. 51.« Jetzt beim Blättern finde ich übrigens die Kopie meines Briefes vom 9. 10. 51: »Lieber Herr Richter, ich sage nur ungern nein, weil ich Angst habe, Sie persönlich zu kränken. Nehmen Sie's so, wie ich schon einmal sagte: Vereinigungen

und Versammlungen stören mich, und nun gar solche von Dichtern. (Ich gehöre nicht einmal einem harmlosen ›Berufs‹-Verband an.) Streichen Sie mich von der imaginären Liste der Gruppe – deswegen brauchen Sie mich nicht aus Ihrem Gedächtnis zu streichen. Ich tue das auch nicht. Herzlich Ihr ...«
Damit endet der Briefwechsel mit Hans W. Richter. Man sieht, das ging alles in sehr zivilen Formen vor sich: Nach viermaligem Gedrängel des Hans W. Richter sehe ich mir den gutgehenden Konzern einmal an und teile dann freundlich mit, das sei nichts für mich. Danach lehne ich noch dreimal ab, eingeschlossen den Wink mit dem eventuellen Preis, und am Ende steht meine Absage für die Ewigkeit, aber doch in Form eines sehr liebenswürdigen Briefchens.

Zehn Jahre später schien es mir allmählich an der Zeit, diese Dokumentation zu veröffentlichen. Die großen Zeitungen allerdings weigerten sich; der Mann, der in Hamburg das Feuilleton der *Welt* leitete, gab mir den grotesken Rat, Hans W. Richter zur Veröffentlichung der Fakten zu ersuchen, damit grabe Richter seinen Freunden ein für allemal das Wasser ab. Das fließende Wasser der Freunde behauptete nämlich, ich sei der Gruppe gram, weil ich vergeblich mich hineinzudrängen versucht hätte. Ich lachte den Hamburger aus und sagte ihm, seine Angst vor dem Abdruck der »Sieben Akte« sei der schönste Beweis für die Macht des Konzerns namens Gruppe 47. Ich ließ dann die Sache im Juni 1963 im Studentenblatt des Frankfurter RCDS drucken, was natürlich kein Ersatz für den Abdruck in einer großen Zeitung war.

Was war in den zehn Jahren geschehen? Ich nenne nur einige Ereignisse: den Bruch der Freundschaft mit Alfred Andersch, ein deutsch-französisches Schriftstellertreffen in Paris, den Bau der Berliner Mauer, die Spiegelaffäre, einige Rezensionen, die ich über Bücher von Freunden Richters schrieb, eine Diskussion in der Berliner Technischen Hochschule – dies alles und einiges andere nötigte mich, meine höfliche Distanz aufzugeben.

Die erste unangenehme Erfahrung, die die Gruppe mit mir

machte, war der Bruch mit Andersch, davon habe ich früher schon gesprochen. Ich konnte nicht anders handeln. Das Rezensionsexemplar der »Kirschen der Freiheit« (1952) gab ich zurück, das war das mindeste, was ich ihm als Reaktion zumuten mußte. Seine Desertion als seinen »privaten 20. Juli« zu bezeichnen, das war der Abstieg. Da alle Welt das Ding bejubelte, kann ich aller Welt nur ein miserables Führungszeugnis ausstellen. Kurz vorher noch hatte er mir auf seiner Burg in der Eifel vorgeschlagen, mit ihm zusammen eine Sezession zu gründen, gegen die Gruppe 47. Ich wußte nicht, was das sollte; er offenbar auch nicht, denn er begründete den Vorschlag nicht. Vielleicht hielt er uns beide für kräftigere Kaliber. Er hatte jedenfalls begriffen, daß mein »Armer Reinhold« anarchistisch war, zwar christlich anarchistisch, aber immerhin, man konnte ja ein paar Schritte weitergehen, gemeinsam, zu Proudhon, zu Bakunin. Wenn es das war, hat er mich so sehr falsch nicht eingeschätzt. Zwanzig Jahre später erschien von mir eine sorgfältige Untersuchung »Anarchismus – Geschichte und Gegenwart einer Utopie«, wo ich der ruhelosen großen Seele Bakunins mit tiefer Sympathie Gerechtigkeit widerfahren ließ. Jetzt aber hatte ich mich zu entscheiden. Diesen geschmacklosen Prahlhans konnte ich nicht zum Freund haben.
Als ich dann im Jahr darauf in Paris auf einem deutsch-französischen Schriftstellertreffen einen Vortrag hielt und die anwesenden Schönen Linken »Jacobiner« nannte, gab es unter den Deutschen einen Tumult, und der alte Hermann Kesten, der überall dabei sein mußte, glotzte völlig perplex. Aber ich erklärte den Spitznamen: zur Zeit der französischen Revolution wäre ich wahrscheinlich auch ein Jacobiner gewesen. Es galt die Befreiung des Bürgertums aus den feudalen Fesseln. Die bürgerlichen »Pfeffersäcke« zahlten sämtliche Zechen, Adel und Klerus waren von Steuern befreit, Grund genug zum Aufräumen. Wer aber heute, da wir uns selbst regieren, fortfährt, die verfaßte Ordnung zu schmähen, weil sie »unvollkommen« sei, der gehört ins 18. Jahrhundert, der ist ein jacobinisches Fossil. Die Demo-

kratie muß unvollkommen sein. Sobald sie »vollkommen« wird und also keine Revision der Gesetze mehr zuläßt, handelt es sich nicht mehr um Demokratie. Wärt ihr Kommunisten, dann träfe euch mein Spott nicht, dann würdet ihr die politische Freiheit als schlaues Alibi für ökonomische Unfreiheit erklären und die bürgerliche politische Freiheit abschaffen. Kommunist will aber keiner von euch sein, ihr setzt vielmehr die westliche Demokratie und den östlichen Kommunismus gemeinsam auf die Anklagebank mit identischen Anklagen. Ihr schwatzt also nur. Dagegen in Frankreich gibt es eine schöne Anzahl kommunistischer Schriftsteller, allerdings auch eine Anzahl rechter. In meinem Land, Messieurs, gibt es beides nicht mehr, es gibt die Schöne Linke, und es gibt keine Rechten, aus Angst der Betreffenden, Nazis genannt zu werden, außer einem Schweizer namens Mohler, der leistet sich das, als Schweizer.
Da sah ich Andersch zum letztenmal. Wir begegneten uns auf der Treppe nach der Veranstaltung, und er sagte: »Mit dem, was Sie heute hier gesagt haben, verschließen Sie sich für immer den französischen Markt.« Ich antwortete lächelnd: »Ich schnuppere nicht nach dem Wind, der auf dem Markt weht. Den Wind mache ich selbst.«
Im Jahr 1962 veröffentlichte ich den Roman »Bewegliche Ziele«, der mir heute noch gefällt wie am ersten Tag. Zwei Jahre später erschien er in Paris bei Julliard unter dem Titel »Les Réalités mouvantes«, in einer hinreißenden Übersetzung von Jean-Marie Flecher. Soviel zum französischen Markt. Flecher schrieb mir damals einen glückstrahlenden Brief: endlich habe er einen deutschen Text vor sich, der ein Kunstwerk sei; er habe so etwas schon nicht mehr erwartet ... Aber die deutsche Kritik scheint im Jahr 62 von Prälaten und Kastraten gewimmelt zu haben. Sie schrieb in einem norddeutschen Wochenblatt: »Gewiß nicht ohne Not in Mistpfützen gebadet«, in einer süddeutschen Zeitung: »Terminologie, die der Volkswartbund vermutlich als jugendgefährdend beanstanden wird ... Ist dieser ehrenwerte Mann dem Sex-Geld-Calcul verfallen?« und in einem rheini-

schen Wochenblatt: »Es ließe sich darüber streiten, ob das notwendig war.« God save the Queen oder Die Kunst als Kinderbewahranstalt!

Aber jetzt springe ich von der Treppe in Paris, also aus dem Jahr 1953 ins Jahr 1960. In den Jahren dazwischen, wichtigen Jahren, von denen ich im nächsten Kapitel sprechen werde, habe ich die Gruppe 47 nicht bemerkt. Interessiert hat sie mich, wie man jetzt weiß, sowieso nie. Im August 60 schickte mir die FAZ das zweite Gedichtbändchen eines Mannes, der sich mit geschickter Nachahmung der amerikanischen Beatniks bekannt gemacht hatte: »Landessprache« von Hans Magnus Enzensberger. In meiner Rezension vom 27. 8. 60 achtete und ächtete ich das Opusculum. Noblesse und Ablehnung also. Man wird sehen. Der Titel meiner Rezension lautete:

Der Mensch, den es noch nicht gibt

hans magnus enzensberger: »landessprache«. (suhrkamp verlag, frankfurt, 1960. 104 S., 7,20 DM.)

Es sind Gedichte, »gebrauchsgegenstände« laut Beilage. »politisch interessierte leute tun gut daran, vorne anzufangen und hinten aufzuhören.« Der politisch interessierte Rezensent hat sich bemüht, gut daran zu tun.

Enzensberger rechnet mit den Leuten überhaupt und mit uns hier im besonderen ab. Nur vorläufig räumt er ein: »ja, wären's leute wie andere leute« – er räumt das später wieder aus, die anderen Leute sind auch keine Leute, sind »nicht ganz«, sind überall dieselben: »heute sind im ural und in arizona nobelpreisträger in rudeln dabei, den wirkungsgrad zu verbessern.« Der Dichter tobt gegen den »verbrauchten verbraucher«, ihm wird übel in diesem Land, im »neuen deutschland« drüben, und im FAZ-Deutschland (»und das ist das kleinere übel«), »musterland, mördergrube«. – »das stirbt, ununterbrochen, aber nicht ganz, das faselt geschmeichelt von apokalypse, das frißt am nullpunkt noch kaviar und spritzt sein eiweiß gegen

die zuchthauswand ... das krault durch ströme von gin und chanel, und riecht nach schaum und kloake!«
Mitten im Schaum solcher Wutschreie steht dann plötzlich überraschend der Satz: »ich bin keiner von uns!« Er nimmt sich nicht aus, er weiß, daß er denselben Schaum wie die Couponabschneider schlägt. »ihr wißt so gut wie ich, daß es uns noch nicht gibt, daß wir hier keine heilige sache haben.« Er spricht im Namen des Mannes, den es noch nicht gibt.
Keine heilige Sache also. Frohe Botschaft? Die macht ihn lachen. Da steht, daß der »enzensberger ... umsonst getauft« ist. Da steht »gott, der am werktag frißt und am sonntag gefressen wird«. Eine Wucht, so ein Wort, bei Gott! Keine heilige Sache also. Zum Beispiel Demokratie: »das delirium, qualmend und geifernd in den fraktionsvorständen, das wüste zappeln im historischen honig.« Tableau! Es gibt uns eben noch nicht. Oder vielleicht Liebe? »warum dieses gebären alberner fünflinge aus bloßem zeitungspapier?« Summa: was für törichte Illusionen halten wir heilig, wir »unaufhörlich fressenden leichen«. Der Mensch, den es noch nicht gibt, wird dagegen so aussehen: »der hat keine angst, ißt bratäpfel gern, befördert die sache der schiffschaukeln, der spatzen und, meinetwegen, des sozialismus, hilft, hadert, sagt ja und nein ..., verändert das elend, salbt nicht die totschläger, tränkt alle tiere« – meiner Treu, wie hab' ich die Augen aufgesperrt, denn außer der Sache mit dem Sozialismus (»meinetwegen«) trifft das alles haargenau auf mich zu, und da wär' ich denn also schon, den es noch nicht gibt? Aber vielleicht sage ich an anderer Stelle nein, denn ich nehme an, meine Art »hadern« gegen kommunistische Gewalttat hat der Dichter, der in Leipzig Sympossen reißt, nicht im Programm für den neuen Menschen.
Aber ich muß auch sagen: ein Mann mit bewundernswerten Gehirnpartien und mit klirrender, manchmal scheppernder, manchmal treffender Stimme. Großartige Stücke stehen da, zum Beispiel die »botschaft des tauchers« vom Meeresgrund: »CQ CQ an alle! an alle! ich bin auf dem grund allein, wo niemand recht hat von uns und von euch, vernäht in mein ende: die stumme muschel hat recht und der herrliche hummer allein, recht hat der sinnreiche seestern.« Oder: »ich bin ein einstiger mann. einst ist mir niemand erschienen,

einst wird er wiederkommen. ich harre … wie eine auster aus rauch.« Oder wo er das Firmament lobt, »den zahllosen himmel, aus dem die zahlen entspringen … unfarben, der farbe bedingung … der nicht schweigt, geschweige denn spricht oder lacht, ohne den ist kein lachen … der nicht ich sagt, der am himmel ist und sonst nichts …« Das sind große Gebärden, in denen der Rationalismus barock wird, antithetische Bohrungen, ratgebende Dialektik der Ratlosigkeit, Nihilismus mit archimedischer Gestik. Das ist keine Kleinigkeit, sagen wir's unumwunden.

Was also ist diesem Mann vorzuhalten? Daß er kein anderer ist? Nein, daß er so oft weniger ist, als er ist. So wenn er halbseidene kultur- und gesellschaftskritische Muster webt. Die bonmotgefüllte Sturzflut, die auf die moderne Zivilisation niederprasselt (»worauf wartet ihr noch? auf die hochbahn, auf die niewiedergutmachung, auf die steuerbegünstigte sintflut? das jüngste gericht ist bestochen«), reißt mit und amüsiert gleichzeitig, ein unverkennbares Kind des Journalismus. Lyrische Tradition ist auch da, vornehmlich als Parodie. Rilkes Tonfall parodistisch, das bietet sich sehr leicht an. Das Volkslied als Parodie ist ein Einfall: »wo wir uns finden wohl unter (b)linden«. Die Parodie des Gebetes hat uns der junge Hemingway im »Nada unser« schon beigebracht. Gongora dagegen als ernstgemeinten Vater zu adoptieren, diesen artistischen Concettisten und Hermetiker, das ist ein unfreiwilliger Witz. Dies alles und das Eigene in einen einzigen glaubwürdigen Ernst einzuschmelzen bedürfte es denn doch einer anderen Kraft. Glaubwürdig ist Enzensberger, wie gesagt, nur in der nihilistischen Gebärde, die ja in der neueren Literatur lange genug eingeübt ist. Wo er sich via verbrauchte Verbraucher engagiert, liefert er flotte Mache, gemixt aus Georges Zeitgedichtpathos und Buschs Bilderbogenwitz, »mündelsichere gefühle … rostfreie psalme … glühende telefone … abgeschabte genies … warum kein mokka? warum kein koma? warum kein amok? … gesichter aus mayonnaise und kitt … verchromtes gebell … eiternde dividenden … blumenkohlohren von schlagern verprügelt« usw. ad libitum, das läßt sich serienmäßig herstellen, zungenfertiger Zorn auf Bestellung, von Dichtung hat das nur die Zeilenlängen, und was die Kritik betrifft, machen's die gelernten Kulturglossatoren noch etwas besser.

Und wo es der »politisch interessierte leser« von Dichtung nicht mit Dichtung zu tun hat, bleiben nur die Sachen. Und da möchte ich Hans heißen, wenn der Hans Magnus nicht »so gut wie ich« wüßte, daß die moderne Massengesellschaft nun einmal die Erscheinungsform der Demokratie ist. Wem die eine für krankhaft gilt, gilt auch die andere für krank. Auf den Osten treffen, weil er nicht demokratisch ist, ganz andere Massensymptome zu. Wenn man sich nicht klarmacht, daß die massendemokratischen Symptome neutral und humanisierbar sind und daß es drüben überhaupt keine neutralen Symptome gibt, dann tauchen vor lauter verniedlichender Gleichschaltung nur die paar humorvollen Stichworte Traktoristin, Agitprop, Aktivist und »kommunistische zimmerlinde« auf. Dann gerät das Ganze als eine Breitseite in die Fresse des Westens mit ein paar schelmischen Seitenhiebchen nach Osten als Mindestsoll.
Ich will's nicht zu ernst machen, sondern als jetziger Mann nur noch rasch anmerken, daß ich die Sachen vorziehe, die es gibt. Also Demokratie, und nicht die perfekte, denn die wär' keine mehr. Und Massendasein unter neuen, ehedem unauslebbaren Horizonten. Und Freiheit (die auf 104 Seiten ein einziges Mal erscheint, als Hohn: »hungerödeme der freien welt«), aber nicht die totale, die sich selbst erwürgt. Auch das Christentum, dem ich nicht so recht gewachsen bin, möchte ich unangetastet wissen, denn es hilft so manchem, dem der Mann mit den Bratäpfeln niemals hilft. Das sind so ein paar von den farbechten Sachen, die es gibt und die ich will, und die ich ungereinigt haben möchte, ungereinigt, das bitt' ich mir aus. Und ich »harre« auf den jetzigen Dichter, der sich dafür engagiert. Der keine Angst hat, sich neben sämtlichen Suhrkampschen Hauspostillonen lächerlich zu machen und bei den lesenden Bürgern dazu, denn die konsumieren am Abend gern etwas Kitzliges. Nehmt sie also hin, ihr Bürger, die kitzelnde Feder dieses Poeten, denn er ist nicht niemand, bei Gott nicht. Lacht den lächerlichen Rezensenten aus, der euch zähneknirschend den polierten Hammer preist, konsumiert die Charta vom Magnus, denn die Magna Charta der demokratischen Massengesellschaft bleibt wahrscheinlich ungedichtet.

Rudolf Krämer-Badoni

Im August 1961 wurde durch den Bau der Mauer quer durch Berlin und entlang der Zonengrenze der gewaltig anschwellende Flüchtlingsstrom aus dem kommunistisch beherrschten Teil Deutschlands unterbunden. Unter den Schriftstellern der Bundesrepublik entstand eine leidenschaftliche Diskussion. Ich schrieb nur eine kurze Stellungnahme, nannte die regimehörigen Schreiber der DDR »Chrustschows Stallburschen« und sprach vom »kurzfristigen betretenen Schweigen derer (in der Bundesrepublik), die in Leipzig Sympossen reißen«.
Die getroffenen Hunde bellten zurück: Mein Vokabular stamme von drüben und von damals.

Ende Oktober 1962 wurde die Bundesrepublik von der sog. Spiegelaffäre erschüttert. Das Magazin »Der Spiegel« sollte ein militärisches Geheimnis öffentlich gemacht haben, ein Mitarbeiter wurde in Spanien verhaftet, aber die Sache endete mit dem Rücktritt des Verteidigungsministers Franz Josef Strauß. Ich war damals Generalsekretär des bundesdeutschen PEN und richtete im Auftrag des Präsidiums sofort ein scharf warnendes Telegramm an den Innenminister. Die Gruppe 47 dagegen hielt es für angemessen, ein Manifest zu veröffentlichen, das ich mit einem Artikel »Narren der Nation« quittierte. Sie erläuterten daraufhin eine Vokabel ihres Manifestes, aber das alles kann man meinem zweiten Artikel entnehmen, der den Titel führte:

Sogenannter Mut

Sie geben nicht nach. Indem sie ziemlich nachgeben. Aber da ich ihnen schon auf die Finger gesehen habe, tue ich es gleich noch einmal. »In einer Zeit, die den Krieg als politisches Mittel unbrauchbar gemacht hat, halten wir die Unterrichtung der Öffentlichkeit über sogenannte militärische Geheimnisse für eine sittliche Pflicht, die wir jederzeit erfüllen würden.« So stand es in dem kuriosen Mani-

fest der Gruppe 47, das der Solidarität mit dem »Spiegel« dienen sollte.
Sie wollten Lärm haben. Sie haben ihn bekommen. Aber dann wurde es ihnen unheimlich. Sie wollten nur Lärm haben, aber keine Konsequenzen ziehen, ganz so, wie ich es vorausgesagt habe. Hinterher erklärten sie, sie hätten nur »sogenannte« Geheimnisse gemeint. Sie hätten einfach nur der Furcht Ausdruck gegeben, daß man den Begriff des militärischen Geheimnisses »mißbrauchen« könnte.
Sehen wir zu. Der Satz muß dann wie folgt gelesen werden: »In einer Zeit, die den Krieg als Mittel der Politik unbrauchbar gemacht hat, halten wir die Unterrichtung der Öffentlichkeit über militärische Geheimnisse, die keine sind, für eine sittliche Pflicht.«
Echte militärische Geheimnisse wollen jetzt auch sie als Geheimnisse behandelt sehen. Wer echte Geheimnisse mitteilt, soll jetzt auch nach ihnen unter die Gesetze des Landesverrates fallen. Sie wollen, daß nur Scheingeheimnisse mitgeteilt werden. Das ist nach ihnen sogar eine sittliche Pflicht. Ja und was haben wir davon?
Aber gut. Einer teilt uns also ein Scheingeheimnis mit. Dafür soll er nicht eingesperrt werden. Einverstanden. Niemand soll für ein Verbrechen eingesperrt werden, das gar keines ist. Aber was hat das mit »der Zeit, die den Krieg unbrauchbar gemacht hat« zu tun? Drehen wir nämlich den neuen Satz um, so lautet er: »In einer Zeit, die den Krieg als Mittel der Politik noch brauchen konnte, war die Unterrichtung der Öffentlichkeit über militärische Geheimnisse, die keine waren, keine sittliche Pflicht.« Sondern mehr ein Privatvergnügen. Nun gut, aber was hatte man davon?
Nein, so wie der Satz im 47er Manifest stand, bedeutete er nichts anderes als: In einer Zeit, die den Krieg als Mittel der Politik unbrauchbar gemacht hat, hat es logischerweise auch das nicht mehr zu geben, was ihr militärische Geheimnisse nennt.
Ein Manifest wird bekanntlich nicht für den Philologenverband aufgesetzt mit der Bitte um Beifügung seitenlanger Anmerkungen. Ein Manifest drückt klar und deutlich aus, was jedermann klar und deutlich verstehen soll. Einigen wir uns also darauf, daß das Manifest der 47er, seit es einen Nachtrag bekommen hat, kein Manifest mehr ist.

Aber wir wollen mal nett zueinander sein. Raffen wir also alles zusammen, was zuerst wild, dann maßvoll zurücktretend gesagt wurde, und auch das, was die unbeholfenen Sprachkünstler nun mal nicht richtig herausgebracht haben, obwohl sie's drinnen vielleicht spürten, und setzen wir ihnen das neue Manifest auf, das nicht mehr an den Philologenverband geschickt zu werden braucht. Es lautet dann so:

Wenn man Sachverhalte, die keine militärischen Geheimnisse sind, zu militärischen Geheimnissen erklärt, kann man leicht jedwede Information unterbinden. In einer Zeit, die den Krieg als Mittel der Politik unbrauchbar gemacht hat, ist solche ungerechtfertigte Unterbindung auch noch menschheitsgefährdend, weil sie die Öffentlichkeit einlullen müßte. Wir fürchten, daß all dies im Falle des Spiegels zutreffen könnte.

Das ist in logischer Folge und Form, was sie hinterher vorher gemeint zu haben, erklärten. Ja und warum haben sie's nicht so gesagt? Weil das keinen Wind gemacht hätte. So wie das Telegramm keinen Wind gemacht hat, das ich als Generalsekretär des PEN-Clubs an den Innenminister geschickt habe, und das lautete: »Der PEN-Club ist besorgt über die möglichen Folgen der Polizeiaktion gegen den Spiegel. Die Pressefreiheit ist ein so eminent wichtiges Grundrecht, daß der Artikel 5 Absatz 2 des Grundgesetzes nicht ohne dringende Not angewendet werden sollte. Liegt aber eine solche Not vor, so sollten die notwendigen Schritte mit einem Höchstmaß an Öffentlichkeitsbewußtsein unternommen werden. Sollte es sich nämlich hinterher herausstellen, daß der Fall verhältnismäßig harmlos war, so muß dieser spektakuläre Schritt dem Ansehen der Bundesrepublik als eines freiheitlichen Staates einen lang nachwirkenden Schaden zufügen.«

Am 29. Oktober abgeschickt, klar und deutlich das Äußerste enthaltend, das ein vernünftiger und freiheitlich gesinnter Mensch damals sagen konnte. Aber das hat, wie gesagt, keinen Wind gemacht, es war nicht zu Reklamezwecken verwendbar.

Aber wer Wind sät, meine Herren Manifestanten, muß bereit sein, Sturm zu ernten, oder er muß seinen eigenen Wind wieder einschlucken. Ihr habt ihn wieder eingeschluckt.

Ja, ja, in einer Zeit, die den Mut als Mittel der Publizität unbrauchbar gemacht hat, ist die Versorgung der Öffentlichkeit mit Scheinmut eine publicity-Pflicht.

Das närrische Manifest der Gruppe 47 trug zur Sache selbstverständlich nichts bei. Das Spektakel im Bundestag ging jedoch weiter, und am 13. November sandte das Präsidium des PEN-Clubs folgendes Telegramm an Adenauer.

PEN-Zentrum der Bundesrepublik
Telegramm — Wiesbaden, den 13.11.1962

Herrn Bundeskanzler
Dr. Konrad Adenauer
Bonn

Sehr geehrter Herr Bundeskanzler,
die Aktion gegen die Wochenzeitung »Der Spiegel« wegen Verdachts des Landesverrates hat zu aufsehenerregenden Polizeimaßnahmen, Verhaftungen, wochenlanger Beschlagnahme von Redaktionsräumen, Einschaltung von Interpol gegen einen im Ausland im Urlaub weilenden Journalisten und heftigen Debatten im Bundestag geführt. Diese Aktionen sind auch im demokratischen Ausland, wo Maßnahmen dieser Art unbekannt sind, lebhafter Kritik unterzogen worden. In weiten Kreisen des deutschen Volkes aber und vor allem unter den Schriftstellern ist durch die Art der Behandlung dieser Angelegenheit große Unruhe darüber aufgetreten, ob in der Bundesrepublik die Äußerungsfreiheit des einzelnen und die Freiheit der Presse gefährdet sind. In einem Telegramm an den Herrn Innenminister vom 29.10. hat das PEN-Zentrum der Bundesrepublik seinen Besorgnissen bereits Ausdruck verliehen. Fehlende, zu spät erfolgte und zumindest unzureichende Informierung der Öffentlichkeit über Maßnahmen, die nicht der Geheimhaltung bedürfen, unklare Äußerungen der Verantwortlichen und nicht zuletzt, Herr Bundeskanzler, Ihre eigenen Worte im Bundestag haben die Beunruhigung nach fast drei Wochen nicht vermindert, sondern wachsen lassen.
Die im PEN-Zentrum der Bundesrepublik vereinigten Schriftsteller

des internationalen PEN halten es für ihre Pflicht, Sie, sehr geehrter Herr Bundeskanzler, zu bitten, eine Erklärung abzugeben, die die vielen noch im Zwielicht liegenden Hintergründe völlig klarstellt, die ankündigt, daß Personen, die ihre Kompetenzen überschritten haben, zur Rechenschaft gezogen werden, und die gleichzeitig ein Bekenntnis zu der im Grundgesetz verankerten Äußerungsfreiheit und Pressefreiheit ablegt.

für das Präsidium des PEN-Zentrums BR
Bruno E. Werner
Kasimir Edschmid
Rudolf Krämer-Badoni
Werner E. Stichnote

Ich selbst gab dazu eine persönliche Erklärung ab. Die Süddeutsche Zeitung zitierte meine Erklärung in ihrem folgenden Kommentar.

Rudolf Krämer-Badoni, der mitunterzeichnet hat, ging in einer persönlichen Erklärung, die er im Zusammenhang mit der PEN-Verlautbarung in der Tageszeit *Die Welt* veröffentlichte, noch einen entscheidenden Schritt weiter:

»Über das neue Telegramm des PEN-Clubs an Adenauer hinausgehend, möchte ich als Bürger der Bundesrepublik eine persönliche Äußerung anfügen. Die Zirkuslaune im Bundestag – anders kann ich die dreitägige Sitzung nicht nennen – hat gezeigt: kein beteiligter Minister wußte, was der andere unternommen hatte, keiner wußte, wo die Grenze zwischen Recht und Unrecht verlief, keiner war bereit, seine Handlungen mitzuteilen, außer er wurde in die Enge getrieben, und der Bundeskanzler selbst glaubte, die Dinge mit ein paar Witzen und der vorausgreifenden Anschuldigung des vollzogenen Landesverrates abtun zu können.

Die Regierung bot nicht den Anblick einer Verschwörergruppe gegen den Spiegel. Wäre es so! Dann säßen in Bonn wenigstens Dämonen. Nein, es war so banal und armselig wie nur möglich. Es trat eine Gruppe planlos wurstelnder, des Ernstes der Sache völlig unbewußter Dilettanten auf, die nicht einmal ahnten, daß sie in einem Porzellanladen umhertaumelten. Und zwar im vornehmsten Porzellanladen der Demokratie, wo die besten Freiheitsrechte figurieren.

Diese Herren haben angesichts der ernsten verfassungsrechtlichen Schwierigkeit erster Ordnung, die die Bundesrepublik erlebt hat, insgesamt versagt, weil sie diese Schwierigkeit erster Ordnung nicht einmal sahen. Sie haben nicht begriffen, daß sie vom ersten Augenblick an alles an Tatsachen und Wahrheiten zusammenraffen und der Öffentlichkeit mitteilen mußten, sie haben bis zur letzten Stunde Behauptungen aufgestellt und widerrufen, dummes Zeug geredet, selbst da, wo sie sich mit gescheiteren Gedanken hätten salvieren können. Nein, dieses Bild ist eine Katastrophe.
Der Bundeskanzler, der Innenminister und der Verteidigungsminister sollten die Konsequenzen aus diesem erbarmungswürdigen Spektakel ziehen und ins Privatleben zurückkehren. Nur so geben sie dem deutschen Volk das Bewußtsein, daß die Dinge von höchstem Ernst mit höchstem Ernst behandelt werden.
Von allem nehme ich kein Wort zurück. Ich füge nur mit tiefer Trauer hinzu, daß diese Worte von einem Mann ausgesprochen werden, der jahrelang auf die Politik der Bundesregierung größte Stücke hielt und nach wie vor dieselbe Politik fortgesetzt zu sehen wünscht, aber ohne die Männer, die sich in dieser gefährlichen Weise als unfähig erwiesen haben.«
Wer den allzeit kampfbereiten Publizisten Rudolf Krämer-Badoni kennt, weiß, wieviel ihn dieser aufsehenerregende publizistische Schritt gekostet haben dürfte. Krämer-Badoni galt auf der ziemlich unsinnigen Landkarte westdeutscher Publizistik als »Rechter«. Er hat sich gegen diese Bezeichnung kaum gesträubt, hat sich mit Schriftstellern, die man als »Linke« beargwöhnt, in heftige Debatten eingelassen, war stets bereit, nicht nur die Sache des Westens, sondern auch die Interessen der Bundesregierung erbittert ebenso zu verteidigen, wie die Argumente der Kritiker (Kulturkritiker, Wohlstandskritiker, heimatloser Linker) nach besten Kräften zu zerstören. Sein Aufruf beweist, daß es auch hierzulande Schriftsteller gibt, die sich nicht von den Interessen einmal gewählter Gruppen lenken lassen, die Charakter genug haben, sich, wenn es sein muß, zwischen sämtliche Stühle zu setzen. Solche Courage (die möglicherweise zu einer »heimatlosen Rechten« führt), sollte auch denjenigen Respekt abnötigen, die Krämer-Badonis Zorn nicht teilen. *(SZ)*

Meine Aktennotiz dazu: Heimatloser Rechter ist gut. Aber sonst – bitte sehr.

Zum Schluß ein Satyrstückchen. Es handelt sich um eine Diskussion in der Berliner Technischen Hochschule am 7. Mai 1965. Den Vorgang habe ich in »Mein beneidenswertes Leben« Adenauer in den Mund gelegt.

»Ich verstehe nich, warum de Menschen so dumm sind. Da sagt doch der Herr Kuby in 'ner Diskussion in Berlin zu den Studenten, wenn se Intellektuelle werden wollten, dann dürften se nie die Adenauer-Formel von de Wiedervereinigung in Frieden und Freiheit benützen. Denn wenn in Frieden, dann ginge das nur per Arrangement mit den Russen, und das wolle der Adenauer nich; wenn aber in Freiheit, dann ginge das nur durch Kriech, und den wolle der Adenauer. Un de Studenten sollen jetobt haben mit Beifall. Dat is doch höherer Blödsinn, wat? Aber einen Menschen gibt et, der mich versteht, dat is de Krämer-Badoni. Der hat sofort jekontert: Meine Herren, wenn Se Intellektuelle werden wollen, können Se de Formel ruhig benützen, nur müssen Se se negativ lesen, nämlich wenn nich in Frieden und gleichzeitig in Freiheit, dann dürfen wir de Wiedervereinigung überhaupt nich wollen. Meine Herren, Se sehen, damit hat uns de Adenauer eine moralisch einwandfreie Formel für den Verzicht auf Wiedervereinigung und für de Staatsgründung jeliefert, also genau das, wat wir alle brauchten. Es is et genaue Jejenteil von de Franzosen. Die haben nach 71 nie davon jeredet un immer daran jedacht, un se haben de Revanche jekricht. De Adenauer hat aber immer davon jeredet un nie daran jedacht, un damit hat er sogar en Frieden jerettet. Un de Studenten sollen noch mehr jetobt haben, noch mehr Beifall. Sehn Se, der Krämer-Badoni hat dat zwar nich aus Sympathie für mich vorjetragen, sonst hätt er dat mit dem Verzicht un de Franzosen wechjelassen, aber er hat doch wenstens ne Sache mit Hand un Fuß vorjetragen. Na un nu noch ne kleine Schlenker, wie jewöhnlich. Dat warn de Schlußworte, jeder hatte sein Schlußwort. Un nu hätt et zu Ende sein müssen. Aber de Schlußbeifall für den Verkehrten, dat paßte dem Diskussionsleiter nich. Er sagt, ob et Ihne jefällt oder nich, Herr Krämer-Badoni, jetzt jeb ich noch mal et Wort an Herrn Kuby. Schofel, wie? Dem Herrn Kuby soll allerdings nichts Jescheites mehr injefallen sin. Aber schofel is schofel. Der Schofel heißt

v. Friedeburg. Ich han sein Alten jekannt. Admiral. Hat sich am Schluß dem Hitler zulieb umjebracht. Na lassen wir dat, ich möcht sein Sohn nich sin.«

Verzeihung, da finde ich noch ein Satyrstückchen, es ist zu schön. Da hat es also den Hans W. Richter selbst erwischt. Im Jahr 65 hielt die versammelte Mannschaft in einem rororo-Bändchen ein »Plädoyer für eine neue Regierung«. Im Oktober 65 schrieb ich im »Forum« Friedrich Torbergs:

Heuer haben die Leute um Hans Werner Richter in einem neuen obligaten Bändchen wieder zur politischen Feder gegriffen. Hans Werner Richter offeriert uns dieses:
»Wäre die CDU gut beraten und läge ihr an der Erhaltung der parlamentarischen Demokratie, so müßte sie geradezu auf Baisse spielen und sich in die Opposition hineinwählen lassen, um sich regenerieren zu können.«
Man stelle sich die Wahlreden Adenauers und Erhards vor: Laßt mal die andern ran, uns fällt bekanntlich nichts mehr Gescheites ein, wir wollen politische Ferien machen und uns geistig regenerieren. So stellt sich Hans Werner die Parteienstrategie vor: Laßt jetzt mal das Brüderchen ran! Sehr witzig das. Aber es geht ja noch weiter:
»Wäre die SPD gut beraten – und ich hoffe, sie ist es –, so müßte sie mit allen Mitteln versuchen, mit einer absoluten Mehrheit in die Regierung zu kommen, nicht nur, um das Odium ewiger Opposition loszuwerden, sondern ...«
Mein Lieber, *so* gut beraten, daß sie das »versucht«, ist die SPD schon seit ihrer Geburt. Aber wir befinden uns offenbar noch immer im taktischen Vorfeld der Richterschen Strategie: die Leute sollen durch Lachen bei der Lektüre gehalten werden. Denn es geht immer noch weiter, es fehlt noch das »sondern«, und man erwartet: »... sondern um endlich etwas anderes in Werk zu setzen«. Es endet jedoch, o du mein Sokrates, folgendermaßen:
»... sondern ebenfalls, um sich regenerieren zu können.«
Ich blättere zurück, vielleicht steht vorne als Untertitel »Heiteres aus der Politik« oder etwas dergleichen. Doch nein, es heißt: »Plädoyer für eine neue Regierung«. Im Ernst.

Jedermann weiß und sieht ein und sagt, daß eine Partei, die lange regiert hat, Regenerationssorgen hat. Und wenn es ihr nicht mehr gelingt, das Mandat der Wähler zu erringen, werden sich die Jungens in der Karenz-Zeit eines Besseren besinnen müssen. Parteien regenerieren sich, wenn überhaupt, sobald sie den Leuten nicht mehr passen. Aber freiwillig abtreten und in Klausur gehen? So weit hat Hans Werner Richter leider nicht gedacht. Auch die Opposition scheint sich in der Opposition verbraucht zu haben. Und nichts liegt näher, als daß sie sich regeneriert. Wie? Indem sie zu regieren anfängt.

Bitte um Verzeihung, ich hab's nicht erfunden. *Hätte* ich's erfunden und hätte ich dazu bemerkt, daß ich mir Hans Werner Richters politische Intelligenz so vorstelle – er würde es wie Seebohm machen und würde den Prozeß gewinnen: Schädigung des Ansehens.

Schön sehen wir aus, wenn das alles ist, was unsere oppositionellen Intellektuellen zu bieten haben. Arme Opposition! Arme oppositionelle Elite! Warum lassen die sich nicht ein bißchen helfen? Sie wissen es, ich habe ihnen schon einmal ein verkorkstes Manifest hinterher verbessert. Sie wissen, wo sie sich Rat holen könnten.

Damit mag es nun wirklich genug sein mit der kuriosen Gruppe 47. Heute gehen die trauernden Hinterbliebenen der Gruppe umher und sagen, auf meinen Namen angesprochen, ich sei ein sehr dubiöser Mensch. Kein Wunder nach allem, was ich ihnen zu schlucken gab.

Dazu war ich auf der Welt

Sehr von oben herab, dieser Herr! So sagt vielleicht der oder jener. Ganz richtig. Wer Kunst macht, muß ganz oben anfangen. Wer es zaghaft von unten nach oben versucht, mag es gleich bleiben lassen. Ich zielte und war gespannt: Zwölf! »Jacobs Jahr«. Es war die Tür, die wie im Märchen aufsprang. Aber das blieb verborgen. Eine Zwölf war es für Laura und mich allein. Ich habe schon gezeigt, wie rasend glücklich sie war und wie sehr sie sich ihres Anteils bewußt war. Ich zielte wieder und war gespannt: Zwölf! Diesmal in voller Öffentlichkeit: »In der großen Drift.« Laura wußte längst, sie wußte von Anfang an, wo die Quelle des produktiven Stroms entsprang: unser hochgespanntes Leben, ein Fleisch, ein Geist, trieb uns um und voran. Ich wollte unsere vollkommene Einheit, sie wollte unsere vollkommene Einheit. Ich wollte das vollkommene Kunstwerk, sie verlangte Vollkommenes und legte den Finger auf jede matte Stelle. Selbst zu einem Brief an Heidegger heißt es in ihrem Tagebuch: »mit meiner Zensur«.

Und in einem draußen und im Herzen kalten Januar, nach tagelangem Zerwürfnis wegen meiner Härte gegen einen der Söhne (»Rudi ist in Köln. Er kann mir nicht weh tun. Er kann niemandem weh tun«), kann sie endlich notieren: »Abends. Ich bin glücklich. Ruhig, still, ausgeruht. Liebestag. Meine zerquetschten Flügel sind ausgeheilt und fliegen mit Tschaikowsky und wärmen sich am Kamin und ergötzen sich bei Tiffany. Heute morgen letzter stechender Schmerz, höchste Spannung. Und dann beglückende Entspannung, mit viel Tränen ineinanderfließende Seligkeit. Rudi: ›Ich brauche das Wort Liebe nicht. Du bist mein Leben und mein Tod.‹ Ruhe breitet sich aus. Später

schwärmen die Stare und füllen die Luft mit Glücksgeschrei.«
Ein andermal notiert sie, was ich ihr an dem Tag gesagt habe: »Ich bin einfach dazu auf der Welt gewesen, um dafür zu sorgen, daß es dir materiell so gut wie möglich geht, daß es dir im Gemüt behaglich ist, daß du dich als Herrin fühlst in der Welt, in der wir zwei leben, und daß du sagen kannst: nirgends auf dieser Welt wäre ich besser placiert gewesen.«
Ich muß ihre Tagebücher zitieren; von mir gibt es fast keine. Nein, ich darf ihre Tagebücher zitieren, und mit grenzenloser Bewunderung. In wenigen genauen Zeilen hält sie einen gewaltigen Tag fest, und als strahlendes Ende »schwärmen die Stare und füllen die Luft mit Glücksgeschrei«. Zeigt mir den Deutschen, der eine Kraft der Sprache und das heißt der Seele hat, wie diese Italienerin! Doch nicht die heutigen Lyriker, die unsere dünne Luft mit Papiergeschrei beflattern? Niemand kann kraftvoll, genau oder leuchtend sprechen, es sei denn, seine Seele sei kraftvoll, genau, leuchtend; andernfalls hört man den Krampf und die Lüge sofort heraus. Dein Sprechen kannst du nicht zurechtmachen, du bist dein Sprechen. Während des Krieges schickte ich ihre Briefe bündelweise zurück und schlug ihr vor, sie sorgfältig aufzuheben; eines Tages würde ich sie drucken lassen. Nun, hier ist der Tag.
Als ich 1962 zum Generalsekretär des deutschen PEN-Clubs gewählt wurde, notierte sie am 26. Mai: »Später macht er mich mit der Nachricht, daß er für die PEN-Club-Arbeit eine Sekretärin engagieren und ins Haus nehmen muß, todunglücklich. Ich sage: In diesem Haus ist kein Platz für eine Sekretärin, und auch für die Masse Papier nicht.« Und am 27. Mai: »Um acht Uhr mit Franca gefrühstückt, dann Rudi und Thomi das Frühstück ans Bett gebracht. Sage zu Rudi: ›Herr Idiot, wollen Sie frühstücken?‹ Im Bad sagt er mir später: ›Ich habe gedacht, daß ich für diese Arbeit keine Sekretärin brauche. Ich lasse die Briefe anderswo vervielfältigen.‹ Bin glücklich, nicht weiter kämpfen zu müssen.«
Das ungewohnte Frühstück, am Bett serviert, und der »Herr

Idiot« hatten mir den Kopf zurechtgesetzt. Der kurzfristig geschwollene Generalsekretär war wieder der gewohnte und gewünschte Rudi. Die zwei spöttischen Worte enthielten und bewirkten mehr als eine lange argumentierende Rede.
Sonst brachte sie mir das Essen ans Bett nur, wenn ich krank war. Laura frühstückte im Bett, von mir bedient, unser ganzes Leben lang. Als ich das einmal in Gesellschaft erwähnte, zischte die Freundin des Malers Meistermann vor Empörung. Sie scheint ihren Meistermann bedient zu haben. Mir gefiel es, meine Laura zu bedienen.
In den fünfziger Jahren arbeitete ich hart. Ich schrieb Rezensionen und Kurzgeschichten in allen großen Zeitungen, machte Nachtprogramme im Kölner Rundfunk, schrieb für Oertel ein Filmscript über das Frankfurter Goethehaus, veröffentlichte wöchentlich eine Glosse im Wiesbadener Kurier, hielt Vorträge vor Berufsvereinigungen, in Universitäten, vor Studentenclubs, hielt Lesungen da und dort, aber nie gerne und immer seltener, gehörte zur Equipe, die im Frankfurter Rundfunk sonntags abends über den »Geist der Zeit« faselte, machte regelmäßig eine internationale Zeitschriftenschau für den Süddeutschen Rundfunk, schrieb große Essays in Jaesrichs »Monat« und im »Forum« meines Freundes Torberg, schrieb den Roman »Die Insel hinter dem Vorhang« (1955) und machte erste Notizen für »Bewegliche Ziele« (erst 1962 veröffentlicht), besuchte mit Laura Kunstausstellungen und Theater, war oft mit ihr zu Geselligkeiten unterwegs und amüsierte sie mit Gesellschaften bei uns zu Hause. Wir reisten regelmäßig nach Italien, im Juli 1958 z.B. nach Venedig zur Biennale, damals noch ohne finanzierten Auftrag. Sie führte mich am ersten Abend spät zum Markusplatz. Als wir in der Dunkelheit unter den Bögen von Westen her plötzlich in die unerwartete Szene traten, schien die mild angestrahlte Basilika San Marco am anderen Ende des Platzes zu schweben, ein leise flimmernder Prospekt zu einem orientalischen Stück vor dem urbansten Parkett der Welt. Der Himmel war nur zu ahnen, man konnte tatsächlich glauben, einen prächtigen, säulenge-

rahmten Saal zu betreten. Sie zeigte mir in den nächsten Tagen, was sie selbst längst kannte, in San Marco den Glanz der vollständig mit Mosaiken auf Goldgrund bedeckten Wände und der Masse verschiedenfarbiger und verschieden alter Säulen, das diffuse Licht, in dem alles zu einer hohen Einheit wird, sie führte mich durch die Säle des Palazzo Ducale, in die Kirche der Frari zu Tizian und Donatello, in die Scuola di San Rocco zu den grandiosen Werken des Tintoretto, auf den Platz, wo der Colleoni des Verrocchio steil und stolz aufgereckt zu Pferde sitzt, nach Torcello, Murano und Burano, und eines Abends wünschte sie mit ihrem Freund eine lange, liebliche und sehr kostspielige Gondelfahrt zu erleben. Die Biennale jenes Jahres war nicht viel wert, sie wurde allgemein Biennale des Übergangs genannt; aber der Bildhauer Francesco Somaini, ein Cousin Lauras, stellte dort zum erstenmal aus. Und dann ging es zu Schiff nach Ravenna, das wurde ein Rausch. Auch für Laura war Ravenna neu. Aber ich beschreibe das nicht, sondern sage nur: das dümmste Gedicht Hermann Hesses heißt »Ravenna«.
Und während dieser zum Zerreißen angespannten Jahre bauten wir uns ein Haus in Wiesbaden. Wie ich das alles – und dazu die Förderung der vielen Interessen, Schulprobleme und Hobbies der Kinder – fertigbrachte, ist mir heute ein Rätsel. Nach der Übersiedlung ins Wiesbadener Haus im Jahre 1957 steht in Lauras Tagebuch häufig: »Wir haben kein Geld.« Einmal heißt es: »Rudi nach Frankfurt zur Bandaufnahme. In der Tasche nicht einmal genug Geld für hin und zurück. Er wechselt dann einen Dollar.« Aber das störte uns nicht, es war selbstverständlich. Gleichzeitig bestellten wir Rosenstöcke bei Kordes für den Garten, den Laura meisterhaft entwarf. Geld? Es wird schon wieder Geld eingehen. Die Kinder nahmen Reitstunden, der Jüngste spielte sehr gut Oboe und betrieb Amateurfunk (CQ CQ!), wir richteten die Wohnung mit strengen modernen Möbeln ein, wir lebten aus dem vollen und hatten nichts in der Tasche und Schulden bei den Banken.
Daß meine vielen rücksichtslosen, auf künstlerischen Postula-

ten beruhenden Kritiken mir keine Freunde verschafften, daß die Gruppe 47 hämisch flüsterte und dann schrie, ich hätte mich vergeblich um Zulassung bemüht, das beachtete ich überhaupt nicht. Ich hatte keine Zeit dazu, ich hatte Besseres zu tun. Aber allmählich nahmen die Attacken eine politische Färbung an, denn wieso hält sich der Mann fern von allen gesellschaftskritischen Manifesten und Pamphleten? Der Kerl ist rechts, dem gefällt die Adenauerregierung, ist denn so etwas möglich? Und ebenso allmählich, wie die Manifesteverfasser aggressiv wurden, ebenso allmählich verlor ich die Geduld. Ich zeigte ihnen die Zähne, ich biß scharf zu, einige Proben habe ich vorgelegt. In diesen Jahren saß ich – trotz der Unmenge vielfältiger Arbeit einschließlich des Schreibens zweier Romane – jahrelang studierend, nachdenkend, formulierend über der Frage: Woher eigentlich das menschliche Bedürfnis nach Kunst, die doch zum Überleben gar nichts beiträgt? Und dabei kam ganz von selbst auch der Unterschied zwischen künstlerischem Impuls und politischem Handeln aufs Tapet. Gewiß nur nebenbei, aber dieses Nebenbei genügte mir. Als erstes notierte ich mir zu dem Problem etwas, was jedermann einsieht: »Was bezweckt z.B. das tragische Werk? Nachahmung? Besserung? Abschreckung? Wir erhalten eine sehr einfache, vorläufige Antwort, wenn wir uns vorstellen, unsere linke Wohnungsnachbarin heiße Antigone und gehe stumm und eigensinnig der Verurteilung entgegen, rechts von uns tobe Othello, im Stockwerk über uns hantiere Werther mit geliehenen Pistolen, und eine Treppe unter uns brüte Hamlet über seinem Auftrag zum Mord. Lassen wir eine Ecke weiter die Brüder Karamasoff hausen, die Frau unseres Hausarztes sei Madame Bovary, und der Bürgermeister unserer Stadt heiße Ödipus. Wollten wir, ja könnten wir auch nur kurze Zeit dort wohnen? Rhetorische Frage. Wir sehen nun schon, was der Tragiker und mit ihm jeder echte Künstler nicht bezweckt: Nachahmung, Besserung oder Abschreckung. Diese Kunstfiguren sind unbedingte Figuren. Größe kostet das Leben, Leben kostet die Größe. Schreibt über den Eingang der Theater:

Laßt uns für diesen Abend groß sein! und über den Ausgang: Nun geht getrost ins zweideutige Leben zurück; solange Antigone an unser Statt stirbt, dürfen wir leben.«
Daraus ergab sich etwas, was jeder halbwegs Vernünftige einsehen wird: »Der Dichter mißt die Welt und den Menschen mit absoluten Maßstäben, mit anderen, als sie in der auf Kompromiß angewiesenen politischen Welt herrschen müssen. Absolute Maßstäbe münden im politischen Leben in baren Unsinn. Der Dichter hat keine politischen Kategorien zur Hand, die er etwa notwendig als Dichter haben müßte. Dante brauchte nicht recht zu behalten. Richtige oder unrichtige Politik, fortschrittlicher Vorausblick oder reaktionäre Rückgewandtheit, weder das eine noch das andere ist für das Künstlerische im Kunstwerk konstitutiv ... Die Dichtung verlangt als radikal intendierte Form, daß ›aufs Ganze‹ gegangen werde. Also muß der Dichter auch in konkret politischen Fragen, falls er konkret politische Fragen behandelt, aufs Ganze gehen. Daß dagegen der Politiker auf das ›Mögliche‹ geht, dürfte – außer in perfektionistischen Demagogien – jedes Kind wissen. Der Dichter muß, falls er politische Themen behandelt, auf endgültige absolute Lösungen zielen, sonst hängt sein Werk (nicht als politischer Beitrag, sondern als Kunstwerk) schlaff durch; der Politiker muß auf vorläufige, relative Lösung drängen, sonst reißt der überspannte Bogen ... Die Kunst ist das große Symbol des ermöglichten Unmöglichen, die Politik ist Pragmatik in der möglichen Wirklichkeit.«
Diese Gedanken, die ich in der Untersuchung »Über Grund und Wesen der Kunst« notierte, habe ich im Laufe der Jahre immer wieder in Diskussionen und Polemiken verwendet. Wer den Hunger des Menschen nach dem Absoluten durch die politische Gesellschaft gestillt sehen will, muß hysterische Politik treiben. Wer aber begriffen hat, daß wir einsamen Todgeweihten den Hunger nach Absolutem im Kunstwerk und nur im Kunstwerk symbolisch und nur symbolisch stillen, der wird, den Blick auf das hier und jetzt Notwendige gerichtet, bescheidene Politik

treiben, Gegensätze ausgleichen, beschämend unheroische Kompromisse schließen.
Das kleine Buch über Kunst ist mir sehr wichtig. Es ist aus dem Zentrum meiner künstlerischen Existenz hervorgegangen. Und da es keine Ästhetik, sondern eine anthropologische Untersuchung des menschlichen Kunstbedürfnisses ist, umgreift es mehr als die nur künstlerische Existenz. Es kommt aus dem Nachdenken über das unglückliche Wesen Mensch. Unglücklich? Hier beginnen die sehr einfachen Grundüberlegungen.
Ich wollte ganz einfach herausfinden, warum ich Kunstwerke mache und Kunstwerke leidenschaftlich bewundere, und ich wollte herausfinden, warum ich sie (trotz allen Geredes von Kommunikation und alles-ist-Kunst) vollkommen wünschte. Zuerst fand ich etwas, das mit Kunst scheinbar nichts zu tun hat. Nämlich: Wären wir unsterblich, dann hätten wir keine Eile. Wir wären zeitlos gestillte Wesen in alle Ewigkeit. In dieser emotionslosen Stille wüßten wir nichts von Lüge und Haß und nichts von Trauer, denn nichts ginge je verloren. Ja sogar Liebe wäre uns unbekannt, wir hätten kein Verlangen nach einem Du, nach Ergänzung, nach Zeugung. Leben zeugen wäre ja dem Sterben komplementär. Beides ist für Unsterbliche undenkbar. Wir hätten auch keinerlei Ziele; gestillte Wesen greifen nicht aus nach »Besserem« oder »Fehlendem«. Uns würde nichts fehlen. Alles, was uns auf dieser Erde antreibt und umtreibt, wäre uns erspart. Unglück gäbe es nicht, aber auch kein Glück. Ich sage: das alles wäre uns erspart. Ich kann auch sagen: das alles wäre uns versagt.
Wir nämlich, hier auf dieser Erde, wir greifen mit jeder Bewegung, mit jedem Wort und jedem Gedanken nach einem Ziel, das wir so schnell wie möglich erreichen müssen. Wir haben Eile, es könnte zu spät werden, wir haben keine Zeit zu verlieren. Wir konkurrieren, wir übervorteilen, wir müssen so viel wie möglich und so schnell wie möglich hinter uns bringen. Wir können hassen, zerstören, morden. Wir können aber auch lieben, und wir lieben mit verzehrendem Schmerz, denn eines

Tages muß einer der beiden als erster gehen. Gemeinsam sterben dürfen ist das schönste Märchen der Welt, von Ovid gedichtet.
Aber wir denken nicht an den Tod, obwohl alles, was ich soeben genannt habe, vom bevorstehenden Ende bedingt ist. Wir leben zwar, ob wir es wissen oder nicht, unter der zeitraubenden Drohung des Todes, aber zu unserem Glück leben wir trotzdem so, als höre das nie auf. Wir greifen und zielen, wir hassen und töten, wir lieben und zeugen, wir kapitulieren nie. Noch der fast erloschene Greis zielt: beim Erwachen freut er sich auf das Weißbrot, das sie ihm mit der Milch bringen; er wird es eintunken.
Und das heißt: Mit jeder Bewegung, mit jedem Wort verfolgen wir eine Absicht. Diese Eigenschaft können wir den hochgespannten intentionalen Bogen nennen. Wir erfahren freilich, daß unser intentionaler Bogen immer wieder von Unglück oder von Konkurrenten angeschlagen wird, und wir suchen dem vorzubeugen. Wenn wir die Augen einmal über den Tag hinaus öffnen, sehen wir einen dunklen Schatten: Eines Tages wird der Bogen endgültig zerbrechen: im Tod.
Das ist unerträglich. Wir haben solchen Hunger nach endloser Dauer, solchen Hunger nach Vollkommenem, und doch wird schließlich alles für nichts gewesen sein? Gibt es dagegen rein gar nichts? Es gibt den religiösen Glauben an Unsterblichkeit, aber für jenseits des unvermeidlichen Todes. Auch der Gläubige kann nicht anders leben als mit Zielen beschäftigt, als lebe er hier auf Erden für immer. Ich habe noch keinen getroffen, der zu essen aufhörte, weil er ja des glückseligen Lebens nach dem Verhungern sicher sei.
Also gibt es im Umkreis unserer hiesigen intentionalen Existenz nichts, was wir gegen den Tod auftürmen? Was ist alle Gier nach Vollkommenheit, die doch nie zu erreichen ist, sei es wegen Dazwischenkunft lästiger Konkurrenten, sei es durch die Ankunft des lästigsten, letzten Konkurrenten! Oder gibt es hier doch eine erreichbare Vollkommenheit?

Ja. Es gibt das Kunstwerk. Kunst mag entstanden sein als magische Beschwörung, das mag sein, und das kann auf sich beruhen. Seit einigen Jahrtausenden jedenfalls ist die Kunst eine eigene Disziplin, die zum Überleben nicht nötig ist und die uns doch unverzichtbar nötig ist. Und wozu? Und siehe da, das Kunstwerk besitzt die Strukturen der menschlichen Intentionalität. Linien, Farben, Massen, Töne, Bewegungen befinden sich in einer leidenschaftlich bewegten inneren Spannung, die bis zum Zerreißpunkt geführt wird und dann – nicht sinnlos zerbricht, sondern strahlend gelöst wird.

Die Kunst ist die einzige menschliche Tätigkeit, in der »Vollkommenheit« erreicht wird, Vollkommenheit der Struktur, gelungene Intentionalität. (Das heißt nicht: gelungene Intentionen; Emma Bovarys Intentionen fallen ins Leere, aber der intentionale Bogen des Romans »Madame Bovary« ist vollendet, eine vollkommene Schöpfung, ein strahlendes Werk.) In der Kunst siegt der Mensch über den Tod, über den Zusammenbruch der Intentionalität. Freilich »nur« symbolisch. Aber dieses »nur« ist ein großes Nur, das weiß jeder, der für eine Weile in die Lektüre, Betrachtung oder Anhörung eines Kunstwerks versinkt. Ja das weiß sogar jeder, der sich in Werke vertieft, die wir Kitsch nennen. Kitsch und Kunst sind strukturell identisch. Der Unterschied liegt in der Intensität, in der straffen Verspannung des Kunstwerks und der schlaffen Verspannung des Machwerks. Der Unterschied korrespondiert der Intentionalität der betreffenden Beteiligten, des Machers und des Aufnehmenden. Nicht alle Menschen haben gleichmäßige, aber alle haben gleichartige Intentionalität.

Das also ist der Fund, der in jenem kleinen Buch sorgfältig nach allen Seiten hin untersucht wird. Ich weiß genau, daß diese Arbeit nicht verlorengeht. Hätte ich sie neu herauszugeben, würde ich einiges schärfer profilieren, einiges Unwichtige streichen, die Begründung hinzufügen für die notwendige Naivität des Künstlers; doch auch so, wie der Essay seit 1960 vorliegt, kann er gut und gern bleiben.

Ich merke noch an, daß sowohl die Kunst um der Kunst willen als auch die schiere Tendenzliteratur in diesem Essay ad absurdum geführt werden. Ohne leidenschaftlichen Anlaß entsteht kein Kunstwerk. Der Künstler hat stets eine Mission. Aber während des Machens wächst dem wirklich begabten Künstler das Werk weit über seine thematischen Absichten hinaus. Fast alles, was Dante an Mission in seine Commedia gelegt hat, ist uns heute gleichgültig geworden. Geblieben ist die hinreißende poetische Struktur. Brecht ist immer dann der größere Künstler, wenn ihm die Arbeit unter den Händen über die Mission hinauswächst. Der leidenschaftliche Anlaß ist, künstlerisch betrachtet, immer nur bloßer Vorwand. Nur so ist das reine Informel, die völlig gegenstandslose Verspannung, in der bildenden Kunst zu verstehen. Da wurde das Kunstwerk zur Theorie seiner selbst. Für kurze Zeit; lange war das nicht durchzuhalten. Auch der Begriff der christlichen Kunst löst sich in nichts auf. Um zu diesem Ergebnis zu kommen, braucht man sich heute nicht sehr anzustrengen. Ein Scholastiker aus dem 12. Jahrhundert, Thomas von Aquin, sagte: »Die Vollkommenheit des sittlichen Tuns verwirklicht sich im Täter, die Vollkommenheit des Kunstwerks verwirklicht sich allein im Werk; daher ist es für die Vollkommenheit des Kunstwerks nicht erforderlich, daß der Künstler ein sittlich vollkommener Mensch sei, sondern daß er ein künstlerisch vollkommenes Werk schaffe.« Religiöses kann also nur ein Thema wie alle anderen eindringlich vorgebrachten Themen sein, aber über den Wert entscheidet die künstlerisch gute und nicht die gut gemeinte Realisierung. Thomas sagt dazu: »Das Gute in künstlich hervorgebrachten Werken besteht darin, daß sie den Regeln der Kunst folgen. Schlecht sind sie dagegen, wenn sie irgendwie den Regeln und Maßen widersprechen.« Ganz richtig, dann vereiteln sie sogar den erwünschten Zweck.

Zuletzt bleibt die Frage zu beantworten, warum ich nicht eine Ästhetik geschrieben habe, also warum ich nicht »das Schöne« untersucht habe. Die Antwort ist schon in allem beschlossen, was ich hier skizziert habe. Ich habe zweitausend Jahre Ästhetik beiseite geschoben. Aber über das Schöne steht doch ein Kapitelchen von knapp zwei Druckseiten im Buch. Ich zitiere daraus einen einzigen Satz: »Das Kunstwerk ist der einzige, wirklich gelungene radikale Ausdruck der menschlichen Intentionalität, und das wird ja wohl niemand vom ›schönen Rhein‹ oder von der ›Miss Universum‹ behaupten wollen.«

Wir beide, Laura und ich, wollten ganz einfach herausfinden, an welcher Stelle im Kontext des Lebens das steht, womit wir uns, seit wir denken konnten, beschäftigten. Wir wollten wissen, ob Kunst nur eine unter vielen Formen der »Kommunikation«, eine dekorative Freizeitunterhaltung ist, oder ob es darin um Tod und Leben geht, um alles oder nichts. Das ging uns beide an, es war unsere Existenz. Harte Arbeit, gewiß, dagegen hatten wir nichts. Aber als Dekoration?
Und siehe da, die Frage »warum überhaupt Kunst« war nie gestellt worden. Als wir sie uns stellten, mußten wir das Kunstgerede dieses Jahrhunderts und die falsch fragende Ästhetik aller Jahrhunderte kennen, selbstverständlich, aber sie dann entschlossen wegschieben. Laura hat größten Anteil an dieser geduldigen und schwierigen Gedankenarbeit. Sie kam aus der Schule Borgeses und also Croces und Gentiles, ich kam von Kommerell und dem Husserlschüler Hans Lipps, noch wichtiger war indes, daß wir beide aus unserer eigenen produktiven und kritischen literarischen Leidenschaft kamen. Und das ist nicht nur so dahergeredet, »sie hatte den größten Anteil«.
Im Jahre 1953 schickte mir die FAZ zur Rezension einen Roman des Italieners Guido Piovene, der im Styria Verlag auf deutsch unter dem Titel »Mörder vor dem Anruf« erschienen war. Laura kannte Piovenes Œuvre. Sie las das Buch, ließ sich das italienische Original kommen und fand, es sei kompositorisch, sprachlich und philosophisch ein schwieriges, faszinierendes Werk. Ich schlug ihr vor, endlich einmal von ihrem Talent und ihren

Studien Gebrauch zu machen. Nach einigen Wochen legte sie mir ihr Manuskript auf den Tisch; es wurde in der Zeitung unter meinem Namen gedruckt. Es ist nicht mein Stil, es ist der ruhige, eindringliche, sorgfältig analysierende Fluß und Klang ihrer Stimme. Daß die Rezension gedruckt wurde, sagte ihr nichts. Sie meinte, da ich eine Autorität sei, druckten sie ruhig auch einmal etwas Schwächeres. Aber dann geschah etwas Neues. Der Verlag machte eine zweite Auflage, und in zweiten Auflagen druckt man stets eine Sammlung prägnanter Zitate aus Rezensionen. Und wenn Rezensionen von mir existierten, wurde stets auch ein Satz von mir zitiert. Diesmal gab es keine Sammlung kurzer Zitate. Diesmal war auf der Umschlag-Rückseite nur »meine« Rezension abgedruckt, ganz, Wort für Wort, und nichts von irgendeinem anderen Rezensenten. Jetzt mußte Laura einsehen: diesmal war der Eindruck so stark, daß er alle Äußerungen anderer Kritiker weit übertraf, aber diesmal, das hieß: zum erstenmal. Niemals bisher. Diesmal verbeugte sich der Verlag voller Bewunderung vor einer umfassenden Gesamtanalyse, die überdies in still leuchtender Sprache verfaßt war. Aber Laura machte trotzdem nicht weiter. Sie sagte, sie habe nicht meine Phantasie und erzählerische Verve, und das sei die wichtigere literarische Begabung. Wenn ich dennoch in sie drang, sie möge ihre kritische Fähigkeit pflegen, sagte sie lächelnd, sie nehme ja an jeder meiner Arbeiten kritisch teil. Und eines Tages beendete sie das Thema mit den Worten: »Ich habe dich und die Kinder.« Ich küßte sie und sagte: »Wir wissen aber, daß meine beste Rezension nicht von mir stammt.«

Daß beim Nachdenken über die Frage, warum es überhaupt Kunst gebe, oder auch: daß beim Nachdenken über unsere leidenschaftliche Existenz auch ein politisches Ergebnis zum Vorschein kam, war für uns eine Überraschung. Wir entdeckten, warum der Schrei nach der »vollkommenen« Sozietät in Gulag und Elend enden muß.

Und damit bestätigte sich auch etwas, an dem wir sowieso schon von Anfang an unerschütterlich hingen: die Gier nach

»vollkommener« Liebe. Liebe ist ja zunächst ein soziales Band. Also, so hätten wir nun fragen können, schlägt vielleicht eine intendierte vollkommene Liebe auch um, in ein Gulag der Ehe? Diese törichte Frage haben wir selbstverständlich nicht formuliert; wir hätten dazu unsere Erfahrungen außer acht lassen müssen.
In der Untersuchung steht nur ein einziger kurzer Satz darüber: »Liebe ist eine sehr energische Antwort auf Schicksal.« Das kleine Buch ist ja keine Untersuchung über die Liebe, sondern über die Kunst. Wir wußten, ohne es ausdrücklich sagen zu müssen, daß Liebe unendlich viel mehr ist als das soziale Band, das sie auch ist. Wir fragten nie, ob wir nach der vollkommenen Liebe ausgreifen »dürften«. Wir lebten ja dieses Verlangen.
Und doch hätten wir lächelnd sagen können, vollkommene Liebe sei der vollkommenen Kunstfigur analog. Und wie die Kunst, so könne man auch die Liebe verfehlen.
Wir wußten genug über das verzweifelte, aber unerschütterliche Festhalten an unserem Traum. Ich zähle die Niederlagen nicht, die fast immer ich mit meiner jähen Ungeduld uns bereitete, und ich zähle die Auferstehungen nicht, die wir immer wieder feierten. Ganz zuletzt sagte Laura hilflos: »Rudi, non abbandonarmi!« Verlaß mich nicht! Ich küßte sie unter Tränen. Ich habe sie nicht verlassen, und sie verläßt mich nicht, sie kommt in meinen Träumen zu mir. Dieser Tage rief sie im Traum von »jenseits des Flusses« an. Ich schrie vor Freude. »Schön«, sagte sie, »dann komm halt herüber«. – »Und die Kinder?« – »Die kommen allein zurecht.« Das war Erleuchtung, Erlösung. Der Traum endete in eiligen Reisevorbereitungen.
Ja, ich habe nur noch ein einziges Ziel im hochgespannten Bogen: Über den Fluß.
Unsere gemeinsame Existenz forderte die Fragen heraus. Wir haben sie für uns beantwortet. Aber ich denke, daß Antworten, die zwangsläufig auf Leben und Tod gestellt werden, auch für dich gültige Antworten sein können.
Dazu also war ich auf der Welt.

III

Heideggers Dank und meine Differenz

Gegen Ende des Jahres 1953 fand in der Münchner Universität eine Veranstaltung über Probleme des technischen Zeitalters statt. Unter anderen sprachen Heisenberg und Heidegger. Ihretwegen saßen tagelang bedeutende Geister aus der ganzen Welt mit ihrem Anhang in dem überfüllten Großen Hörsaal. Studenten und Auswärtige kämpften um Plätze, und es mußten schließlich noch mehrere andere Säle durch Lautsprecher angeschlossen werden. Heideggers Vortrag »Die Frage nach der Technik« erhielt einen minutenlangen orkanartigen Applaus.
Ich hatte den Auftrag einer Wochenzeitung für einen großen Bericht gern übernommen, da ich unter diesem Vorwand Heidegger zu einem Interview zu gewinnen hoffte. Das Interview würde weniger dem Zeitungsbericht, sondern meiner geplanten Arbeit über die Kunst dienen. So hoffte ich.
Es schien mir unglaublich, aber ich wohnte in der Pension Tür an Tür mit Martin Heidegger. Die Sache war schon halb gewonnen. Ich wollte im historischen Anhang in »Grund und Wesen der Kunst« Heideggers Kunsttheorie widersprechen, am liebsten mit einem fairen einführenden Disput. Denn aus van Goghs Bauernschuhen das Wesen des Schuhzeugs, die »Welt« der Bauern, den »verschwiegenen Zuruf der Erde«, die Verläßlichkeit und Geborgenheit zu entnehmen und darin »ein Geschehen der Wahrheit« zu sehen, das führte wer weiß wohin, aber nicht in mein Nachdenken aus Erfahrung und Produktion. Und gar die »Schönheit« zu sehen als »eine Weise, wie Wahrheit west«, das wünschte ich nicht mitzumachen. Heidegger übersah geflissentlich den reinen, abbildlosen Gestus der modernen Kunst.

Ich klopfte an seine Tür. Am Abend vorher hatte er seinen Vortrag über Technik gehalten, also war er für die restlichen Tage nur noch entspannter Zuhörer der Mammutveranstaltung. Doch er hielt gerade Mittagsruhe.
Aber zehn Minuten später klopfte es an meiner Tür, und der kleingewachsene Mann stand vor mir. Er kam ohne Umstände herein, nahm Platz, und ich sagte, ich würde gern über seine Kunsttheorie verhandeln, da ich gerade an einer Ästhetik arbeitete.
»Gern«, sagte er, »aber ...« Aber ich schreibe doch auch in Zeitungen, und da er wisse, daß ich seine Philosophie schätze, habe er eine Bitte: Er werde in der Öffentlichkeit immer wieder als Nazi gebrandmarkt, aber er habe doch nur einen kurzen Moment für diese Retter Deutschlands Partei ergriffen, fast sofort habe er seinen furchtbaren Irrtum eingesehen und sei von ihnen abgerückt. Warum werde das nicht hinzugefügt, wenn man schon davon spreche? Das sei doch keine Kleinigkeit gewesen, es habe ihm sogar Vorlesungsverbot eingetragen.
Das alles war mir nicht neu. Ihn aber, das sah ich, quälte das. Er sprach wie ein Verzweifelter. Ich schüttelte den Kopf. »Sie sind ein weltbekannter Mann«, sagte ich, »warum quälen Sie sich so?« Er quäle sich nicht, es quäle ihn, sagte er. Es quäle ihn auch, daß keiner von den vielen, die seine Philosophie schätzten, den Mut aufbringe, den politischen Komplex aufzugreifen und im rechten Licht darzustellen. »Schreiben Sie etwas darüber«, sagte er und verabschiedete sich.
Das wiederholte sich an den beiden nächsten Nachmittagen. Punkt vier klopfte er, blieb eine halbe Stunde, wollte über meine Kunstprobleme sprechen, »aber zuerst noch das«. Er hatte immer noch etwas nachzutragen, was er beim vorigenmal übersehen hatte, z.B. die Tatsache, daß seine Feinde sogar seine gesamte Philosophie für nazistisch erklärten.
Am dritten Nachmittag sagte ich barsch: »Haben Sie die Begeisterung Ihrer Zuhörer noch im Ohr? Die Hälfte waren Studenten. Haben Sie gesehen, wie viele eigens zu Ihrem Vortrag

angereist sind? Können Sie sich denn nicht endlich sagen: Ich weiß, wer ich bin, und die ganze Welt weiß es, also können mich die paar Verfolger schlicht kreuzweise ...« Es half nichts. Das wehte an ihm vorbei, er blieb bedrückt. Also sagte ich: »Wenn mein kleines Buch erscheint, werde ich etwas über Ihre politische Vergangenheit hineinschreiben.« Er verabschiedete sich sofort, erleichtert, mit einem kleinen hoffnungsvollen Lächeln. Ich blieb kopfschüttelnd in meinem Zimmer zurück, packte meine Sachen zusammen und reiste ab. Ich hatte ihn zwar drei Nachmittage lang gesprochen, aber zu einem Gespräch über die Kunst hatte er mir keine Gelegenheit gegeben.

Es dauerte sieben Jahre, bis ich mit meiner Arbeit einigermaßen zufrieden war. Das Ullstein-Taschenbuch »Über Grund und Wesen der Kunst« erschien im Jahre 1960. Bis dahin hatte er mir immer wieder kleinere Arbeiten geschickt, die er bei Klostermann und bei Neske publizierte. Endlich konnte ich ihm ein Exemplar meines Buches schicken, worin ich seine Kunstthesen zwar ablehnte, aber folgende Anmerkung beigefügt hatte:

»Wenn im Zusammenhang dieser Arbeit nun auch Heideggers Thesen wie so vielen anderen die Zustimmung versagt wird, so möchte ich doch nicht dahin mißverstanden werden, als schlösse ich mich den verschiedenen unsachlichen Gegnern oder vielmehr Feinden Heideggers an. (Sachliche Gegenpositionen apostrophiere ich hier selbstverständlich nicht.) Ich erkläre für meine Person ausdrücklich, daß ich Martin Heidegger für den bedeutendsten Philosophen der Gegenwart halte. Was aber den Staatsbürger Heidegger betrifft, so sollte sein fast augenblickliches Abschwenken von einer kurzen politischen Parteinahme endlich als das aufgenommen werden, was es war: Mannhaftigkeit einem Diktator gegenüber. Es steht uns angeblich ›nach innen emigrierten‹, in Wirklichkeit kompromittierten Überlebenden übel zu Gesicht, gerade an einem solchen Mann unsere eigene fragwürdige Integrität erweisen zu wollen.«

Bald darauf kam ein ausführlicher, acht Seiten langer Brief in gotischer Handschrift. Er bedankte sich für die Anmerkung: »*Sie*

sagt das Wesentliche so entschieden und klar, daß es manchen vielleicht doch zur Besinnung nötigt. Daß Sie nicht als Anhänger sprechen, gibt Ihrer ›Anmerkung‹, wie Sie selbst betonen, ein besonderes Gewicht.«
Dann ging er ausgiebig auf unsere »Nachbarschaft« im Denken, aber auch auf unsere »fruchtbare Differenz« ein:
»Sie schreiben, daß ich ›die Epoche der abstrakten Kunst geflissentlich übersehe‹. Vorsichtiger gesagt: Die abstrakte Kunst kommt nicht zur Erörterung. Warum nicht? Weil nach meiner Meinung darüber denkmäßig nichts Sachhaltiges zu sagen ist, solange das Wesen der Technik, d.h. das mit ihr heraufkommende Wesen der Wahrheit (Sprache als Information) nicht hinreichend geklärt ist. Das will nicht heißen, die abstrakte Kunst sei ein Ableger der modernen Technik.«
Das las ich mit Kopfschütteln. Wie denn, meine ganze Abhandlung war ohne das Phänomen der Moderne nicht verständlich, ich hatte eine ganze Menge über den mehr als hundert Jahre währenden Weg der Kunst ins immer schärfer Ungegenständliche bis zur Identität von Kunst und Theorie beigebracht, und dieser genaue Leser (seine genaue Lektüre ergab sich aus dem Gesamt seines Briefes) hatte das nicht erfaßt? Nun fuhr er gar noch so fort:
»Sie werden doch auch nicht damit sich abfinden, daß die Kunst, wie sie heute ›lebt‹, nur in den Kulturbetrieb eingeordnet wird. Wohin also gehört sie? Ist sie selber vermögend, ihren Ort und die Ortschaft des Menschen zu bestimmen ...? Ich möchte einen Augenblick ›argumentieren‹, was ich sonst vermeide. Sie sprechen S. 27 von den›ins Werk zu setzenden Spannungen‹, nämlich der ›Intentionalität‹ des menschlichen Daseins. Aber diese ist in sich auf das Geschick bezogen, was Sie ständig betonen, indem Sie der Kunst die Bestimmung geben, vor dem Geschick standzuhalten. ›Vor‹ ... d.h. es muß irgendwie gelichtet sein; und das Geschick ist vermutlich das Geheimnis des Seins selbst – was ich die Lichtung des Sichverbergens nenne, d.h. die Wahrheit. Die Differenz zwischen uns sehe ich darin, daß Sie das, was ins Werk gesetzt werden soll, als das menschliche Dasein bestimmen, zu dem Sie dann das Geschick ›hinzutreten‹ lassen, wogegen ich im vorhinein den Bogen der ›Spannung‹ im ganzen denke ... Formelhaft und darum ungenügend und sachlich schief möchte ich sagen: Sie

denken das Wesen der Kunst als das Vermögen des Menschen; ich versuche ihr Wesen zu denken aus dem Wesen der Wahrheit, das in sich schon die Verfügung ist von Ek-sistenz (und Ek-stasis) und Geschick.«
Die »Differenz« ist richtig gesehen, aber sie ist so entschieden, daß es keine Brücken dazwischen gibt. Nicht der Mensch setzt »sich« ins Werk (in der Kunst), sondern das Machen und das Rezipieren von Kunst ist das einzige »Vermögen« des Menschen, die pragmatische Gebrochenheit und Endlichkeit seiner Existenz zu überwinden, und noch dazu: lediglich symbolisch zu überwinden.
Das ist alles. Mehr ist es nicht. Und das ist genug. In diesem einzigen Vergnügen ist der Mensch mehr als der Mensch, und wiederum: nur symbolisch.
Aber das alles brauchte ich ihm nicht als Antwort zu schreiben, es stand ausgiebig und ausführlich in dem Bändchen, das er gelesen hatte. Er wiederholte noch einmal, in etwas anderen Wendungen, was er sonst schon publiziert hatte, ich aber hatte nicht vor, mich ebenfalls noch einmal zu wiederholen. Ich habe den Brief nie beantwortet, weil es nichts zu antworten gab. Nämlich: Jede Antwort wäre ins Leere gegangen, Heidegger hätte immer wieder mit seiner Entbergung der Wahrheit operiert, die sich angeblich im Kunstwerk ereignet.
Am Schluß sagte er, am besten wäre ein Gespräch über die Sache. »Vielleicht gibt sich einmal eine Gelegenheit.«
Die »Gelegenheit« war vertan. Als sie gelegen war, stand ihm nicht der Sinn danach. Da wollte er nichts anderes bereden als seinen Jammer über den politischen Vorwurf. Er hat dann die »Anmerkung« erhalten, über die er sich so sehr freute und die doch ganz überflüssig war.
Daß er von mir »viel gelernt« habe, nahm ich als höfliche Floskel. Sein Brief ist ein wichtiges Dokument nicht für meine Abhandlung über die Kunst, sondern für seine eigene Kunstphilosophie. Ich vermute übrigens, daß sich von seiner Kunstphilosophie aus seine Philosophie überhaupt aus den Angeln heben läßt. Doch diese Arbeit wird ein anderer tun. Sie ist allerdings nur zu

leisten, wenn man von Heideggers Kategorien und nicht von irgendeiner anderen vorgefaßten Systematik ausgeht.

So dachte ich damals. Aber der letzte Satz meiner Notizen ist falsch. Jetzt, da ich diese Erinnerungen ordne, lese ich noch einmal sorgfältig Heideggers Arbeit »Der Ursprung des Kunstwerks«, die er Ende 1935 und Anfang 1936 an drei Abenden im Frankfurter Freien Deutschen Hochstift vortrug und aus der ich am Anfang dieses Kapitels van Goghs Bauernschuhe angeführt habe, die dem Betrachter angeblich die einfache Welt der Bauern enthüllen.
Doch ein Kunstwerk sei kein Abbild, sagt er verwahrend. Denn was sollte denn z.B. ein griechischer Tempel abbilden wollen. Der Tempel »setzt Wahrheit ins Werk«. Aber ein »Werk« ist er nur, »solange der Gott nicht aus ihm geflohen«. Während der Gott in ihm »west«, errichtet der Tempel eine »Welt«, eine geschichtliche Welt. Wenn diese Welt zerfällt, flieht der Gott, und der Tempel wird zum Gegenstand für Kunsthistoriker oder für den Kunstbetrieb. (Immer wieder taucht im Text der Kunstbetrieb als Stichwort für Weltverfall auf.)
Das Werk »stiftet« also Welt und Wahrheit. Werke, die für den Kunsthandel und für das Museum hergestellt werden, verdienen demnach nicht den Namen Kunst. In der Kunst muß »für unser geschichtliches Dasein entscheidende Wahrheit geschehen«, sonst ist sie, und hier zitiert er Hegel, »nach der Seite ihrer höchsten Bestimmung für uns ein Vergangenes«. (Wieso van Gogh, der für den Kunsthandel malte, sich retten kann, bleibt unerfindlich – vielleicht weil in ihm etwas nicht Geheures weste.)
Alle Kunst, heißt es, sei im wesentlichen Dichtung, »das Wesen der Dichtung aber ist die Stiftung der Wahrheit«. Und der Schluß des Ganzen lautet so: »Wir fragen, ... ob die Kunst in unserem geschichtlichen Dasein ein Ursprung ist oder nicht, ob und unter welchen Bedingungen sie es sein kann und sein muß.

– Solches Besinnen vermag die Kunst und ihr Werden nicht zu erzwingen. Aber dieses besinnliche Wissen ist die vorläufige und deshalb unumgängliche Vorbereitung für das Werden der Kunst. Nur solches Wissen bereitet dem Werk den Raum, den Schaffenden den Weg, den Bewahrenden den Standort. – In solchem Wissen, das nur langsam wachsen kann, entscheidet sich, ob die Kunst ein Ursprung sein kann und dann ein Vorsprung sein muß, oder ob sie nur ein Nachtrag bleiben soll und dann nur mitgeführt werden kann als eine üblich gewordene Erscheinung der Kultur. – Sind wir in unserem Dasein geschichtlich am Ursprung? Wissen wir, d.h. achten wir das Wesen des Ursprungs? Oder berufen wir uns in unserem Verhalten zur Kunst nur auf gebildete Kenntnisse des Vergangenen? – Für dieses Entweder-Oder und seine Entscheidung gibt es ein untrügliches Zeichen. Hölderlin, der Dichter, dessen Werk zu bestehen den Deutschen noch bevorsteht, hat es genannt, indem er sagt: Schwer verläßt / Was nahe dem Ursprung wohnet, den Ort. (Die Wanderung IV, 167).«
Das wär's. Hölderlin mag entschuldigen, aber was Heidegger aus seinem Lieblingsdichter herausdestilliert, ist überspannter völkischer Heroismus, soweit er nicht raunend den Widerwillen der kleinbürgerlichen Spießer, der Prälaten und der Sowjets gegen die moderne Kunst verbrämt. Und dabei bildet sich dieser Mann ein, er, jawohl, er bereite »dem Werk den Raum«! Im Abstand der Jahrzehnte liegt die »Unverborgenheit« der Inkompetenz Heideggers plötzlich nackt vor Augen. Da ist nichts zu diskutieren. Auch dieser Philosoph hat nicht die blasseste Ahnung von Kunst, aber er hat Übung im Spiel mit Worten und verfremdeten Banalitäten. Im nachhinein frage ich mich, warum ich überhaupt versucht habe, mit ihm über Kunst zu sprechen. Ich kann es mir kaum erklären. Vielleicht wirkte die bei Reinhardt und Kommerell eingesogene griechische und hölderlinische Mythenverehrung, verbunden mit der Erinnerung an die glänzend formulierte Ontologie in Heideggers »Sein und Zeit«, noch so mächtig nach, daß die spießig banale Ten-

denz in »Ursprung des Kunstwerks« nicht sofort in die Augen sprang.

Nach dem Wiederlesen dieser entlarvenden Rede über die Kunst nehme ich die politische Verteidigung Heideggers zurück.

Heideggers Bedeutung ist »für uns ein Vergangenes«.

Am sardischen Strand 1956

Ich stehe im Sand der sardischen Macchia auf einer der vielen kleinen Lichtungen im Wacholdergestrüpp und Lecci-Niederwald. Das Sonnendach, das wir über den offenen Platz gespannt haben, flappt in der leise ziehenden Morgenbrise – und plötzlich verspüre ich dieses Ziehen auch innen, und es wird mir sehr merkwürdig, daß ich Enkel rheinischer Winzer hier in der sardischen Macchia stehe, ich meine: nicht als deutscher Tourist, sondern als angenommenes und schließlich wahrhaft aufgenommenes Mitglied dieser lombardischen Sippe – barfüßig hier im Sand stehe und dazugehöre, so wie ich auch zu den Leuten am Rhein gehöre.
Da kommen die Kinder. Es ist nicht leicht, zwei Völkern anzugehören. Hoffentlich schaffen sie es. Sie kommen vom Morgenbad. Selbstsicher und selbstverständlich erscheinen sie auf der Düne, drei einträchtig ernste junge Männer, aber eben in diesem Augenblick brechen sie kälbern los und versuchen sich gegenseitig in die Ginepristräucher zu werfen. Plötzlich ist die Macchia von Geschrei erfüllt, die Kusinen und Vettern stürmen aus den Zelten herbei, aus dem Schatten der Büsche und vom Strand hinter der Düne, und schon ist eine großartige Balgerei im Gange. Der Menschenknäuel wälzt sich über die Düne zurück. Drunten am Strand und im Wasser werden sie weitermachen, hier unterm Schattendach ist es wieder so still wie vor einer Minute.
Die doppelte Zugehörigkeit erweitert den Horizont, ja gewiß, aber es ist nicht leicht, unter erweitertem Horizont zu leben. Was denn? Sie rufen nach mir. Aber ich will noch nicht baden, es ist mir zu früh. Schaurig kalt ist das Wasser in dieser Bucht; nicht

allzu weit draußen ist das Meer zweitausend Meter tief; das wird der Grund sein. Ich schlüpfe in die Sandalen, stülpe den Sonnenhut auf und schlendere zwischen den kulissenhaft hintereinandergeschobenen Gebüschen hindurch, am Zelt der Schwägerinnen, an unserem eigenen Zelt vorbei und hinaus auf den Weg. Handhoch liegt da der weiße Granitstaub. Erweiterte Horizonte – das klingt gut, aber es erschwert alles. Seit zwanzig Jahren habe ich die hiesigen Sorgen und Probleme von innen her kennengelernt und sie mir zu eigen gemacht. Die genüßliche Ahnungslosigkeit des Touristen ist weg, ich verstehe das Volk meiner Frau und das Volk meiner Mutter gleich gut, aber – ich durchschaue auch die gegenseitigen Fehlurteile, ja ich weiß, daß beide im Urteil fehlen müssen, da ist keinem zu helfen. Ich selbst werde immer zurückhaltender im Pauschalurteil, auch über uns selbst, und die billigen Selbstverhöhnungen qua »Wirtschaftswunder«, die nichts kosten, sondern im Gegenteil versteckte Selbstbewunderung sind, machen mich lachen, und eher schon möchte ich dem oder jenem teutonischen Literator sagen: du bist zwar up to date, schreibst in ersten Blättern, bist auch ein braver Nonkonformist, mein Lieber, aber im großen Zusammenhang gesehen, gehörst du einer grobknochigen, von Kartoffeln und Mischfett aufgeschwemmten Rasse an! – Oh, da würden meine Landsleute nicht so leicht mithöhnen, das weiß ich genau. Aber genau da sitzen die Abneigungen: feingliedrig gegen grobgliedrig. Was soll man da machen? Aufhören zu argumentieren.

Herr, was für ein belasteter Morgen! Der Tag wird nicht gut enden. Aber noch hat er kaum richtig angefangen. Also nun erst einmal das Viertelstündchen Steigung hinauf, das lüftet den Kopf aus. Dieser kurze Aufstieg endet im Gewirr eines wild zerfressenen Granitmassivs, von dem Blöcke scharenweis in die meerwärts geneigte Macchia gerollt sind. Der ganze Nordosten Sardiniens, die Gallura, ist so: wie ein alpines Hochland, das in sich zusammengebrochen und ans Meer hinuntergesunken ist. Lunare, hochgebirgliche Einsamkeit dreißig Meter über dem

Meeresspiegel. Wind und Wetter haben tausend bizarre Formen hervorgebracht. Ein paar Schritte vom Weg ab reckt sich ein Fels, der wie ein riesig aufgerissener Nilpferdrachen aussieht. Ich setze mich hinein und habe nun das weiße Band vor mir, das mich heraufgeleitet hat. Links der Wacholderbuschwald, über dem die Wimpel unserer sieben versteckten Zelte flattern, rechts karge Weide mit grasenden Kühen und ein paar verschreckt nach Osten geduckten Obstbäumen, der Schwung der Bucht unterbrochen von einem Damm, über den das weiße Band weiterzieht. Nur durch diesen schmalen Hals mit der Insel verbunden ist der Riesenschädel des Capo Testa – Kap Kopf –, ein kahles Bergmassiv, in dessen Schluchten wir eine Grotte mit herrlichem Trinkwasser gefunden haben. Hier in der Gallura ist nichts zu besichtigen, keine prähistorischen Nuraghi, keine Urgräber, keine unterirdischen Kultstätten, an denen die Insel sonst so reich ist. Hier ist nur unwegsame und unwirkliche Natur, hier sind und bleiben wir allein.
In meinem Rücken, hinter dem Granitwall, summt Motorengeräusch; da wird der verwachsene Bote aus Santa Teresa kommen, der mit seinem Dreirad-Lieferwägelchen mehrmals am Tag zu den paar Häusern am Fuße des Capo Testa fährt und auch uns mit dem Nötigsten versorgt. Aber wieder einmal sehe ich, daß ich unbegabter bin als der nächstbeste Dackel, der unter hundert Motorengeräuschen das eine wichtige heraushört: kein Dreirad, sondern – ein Volkswagen erscheint im Felsentor. Unglaublich! Die Bundesbürger sind eben doch überall, auch wo es unwirtlich ist, und schließlich bin ja auch ich einer, wenn auch …
Da springe ich auf, dieser Berliner Wagen, der da vor mir das weiße Band hinunterhoppelt und Staubwolken wie Explosionen hervorruft, das ist ja der Wagen unserer Freunde, die uns (»vielleicht«) besuchen wollten und für die wir im Hotel in Santa Teresa unsere »Adresse« hinterlegt haben. Ich schwinge mich aus dem Nilpferdrachen und renne in der weißen Staubwolke hinter dem Wagen her.

»Ich wüßte gern, was du gegen deinen Verleger zu unternehmen gedenkst«, sagt der Freund, während wir die vom Wasser gezahnte Bordüre des feinen Sandes und die Badenden verlassen; wir dringen in die Klippen vor, die das linke Halbrund der Bucht bilden. »Öffentlich zu unternehmen gedenkst.«
»Ich wüßte gern, von welchem meiner Verleger du redest.« Beiläufig weise ich auf den Horizont vor der Bucht draußen: »Übermütige Delphine.«
Da hat also ein Verleger einer Person aus der Nazihierarchie die Gelegenheit zur Rechtfertigung, teils auch zum Reuebekenntnis gegeben. Mon Dieu, wie aufregend!
»Na schön, und warum unternimmst du selbst nichts?« frage ich kühl. »Und übrigens, du suchst doch für ein kleines Buch einen Verleger. Wenn nun Rowohlt oder Suhrkamp zusagte, gäbst du's ihnen?«
Er ist durch die springenden Delphine abgelenkt: »So sieht das also aus.« Aber er sagt auch (beiläufig): »Warum nicht?«
»Ah, ich dachte, du nähmst dem einen vielleicht Salomon und Verwandtes und dem andern Brecht und Verwandtes übel. Nein? Gib acht, du rutschst aus, und wenn du hier ins Wasser fällst, dringen Seeigelstacheln in dich ein.«
»Aber das eine wirst du doch nicht abstreiten wollen«, sagt der Mann mit der Berliner Nummer, »daß sie alle wieder da sind.«
Ich setze mich auf eine flache Klippe, einen wundervoll erhitzten Stein, und staune ihn offenen Mundes an. Nicht das Denkschema staune ich an: die Nazis seien wieder im Vordringen, Adenauer beschütze die Nazis, sei selbst ein Autokrat, nächstens werde eine Diktatur errichtet, ja sie sei schon da, die dummen Bundesbürger konformierten sich dem allen freiwillig, es herrsche eine blühende Restauration. Nicht dieses Schema staune ich an, das als rotes Wahlkampfgemüse im Garten der verärgerten Opposition grünen mag, auf dem Beet normaler Menschen aber sinnloses Unkraut ist, sondern ich staune den Mann an, der aus Berlin (aus Berlin!) solchen Lattich mitbringt.

»Ich kenne dich nicht wieder«, sage ich und schüttle verwundert den Kopf. »Und ich werde das alles« – denn inzwischen trommelt in der Tat diese ganze Ladung Schlagworte auf meinen armen Kopf –, »ich werde das wirklich nicht bestreiten.«
»Aha?«
»Weil es Quatsch ist!«
Schweigen. Ach, wie enttäuschend! Er hat sein ideologisches Ruhekissen gefunden, die Mehrheit in seinem Kulturkaufhaus hat einen Mann mehr im Gefolge, und um einen Mann vermehrt, stimmen sie das Minderheitenklagelied an.
»Bist du denn wenigstens sozialdemokratisch geworden, oder bist du nur ›schön‹ links wie die meisten unserer Intellektuellen, denen ja die SPD zu gewöhnlich und die SED zu pampig ist?«
Keine Antwort. Entweder hört er die Frage nicht gern, oder er hält es nicht mehr für der Mühe wert. Wie doch manchmal zwei, drei Sätze in einen Abgrund führen, Verhängnis vom blauen Himmel herab! Zwei Bundesbürger am sardischen Strand, und kein Delphin rettet uns von der bundesdeutschen Verhedderung. Was hörte ich dieser Tage von lachenden Lippen: die einen wittern Verschwörung von rechts, die andern von links. Nun gut, ich gehöre zu den andern, die sich über den Konformismus der Nonkonformisten erbittern, über ihren konstitutionellen Mißmut, ihr Anti um jeden Preis. »Dabei sind wir doch alle nach dem Krieg für die Stärkung der Institutionen eingetreten; es sollte nicht noch einmal eine so schwache Republik wie die von Weimar geben. Splitterparteien sollten unmöglich, die Regierung stärker, das demagogische Volksbegehren abgeschafft werden. Die Verfassung sollte geschützt werden: Keine Freiheit für die Feinde der Freiheit! Das alles wurde in die Tat umgesetzt, die Lehre der Vergangenheit hatte gefruchtet. Aber jetzt, o Vanitas, jetzt gilt unsere Republik, die sich (und uns) schützt, nicht als Republik, sondern als Diktatur. Statt in dieses Geschwätz einzustimmen, solltest du es unerhört, ja geradezu schändlich finden, dieser sachlich und selbstverständlich anlaufenden parlamentarischen Republik totalitäre Elemente

nachzusagen!« Ich werde immer wütender. Eins der jungen Mädchen schwimmt in einiger Entfernung vorbei und winkt. Ich winke pflichtmäßig, unbeteiligt, zornig darüber, daß ich so unbeteiligt bin, zornig darüber, daß ich nicht fröhlich mitmache, aber ich komme nicht los von dem qualvollen Disput. Was die da treiben, das könnte wieder einmal, wie in den zwanziger Jahren die höhnische Verächtlichmachung, tödlich wirken, wenn wir nicht das Glück hätten (wahrhaftig, Glück muß man diese Scham nennen!), daß der Durchschnittsbürger seit dem großen Intellektuellen-Ausverkauf der dreißiger Jahre diesen Handelsartikel für billig hält. Und nicht mehr alles unbesehen abnimmt. »Jetzt wollen sie Widerstand spielen, jetzt, da's nichts kostet, und da müssen sie natürlich erst mal die Republik zur Diktatur ernennen ...«

»Wie denn das?« sagt er ärgerlich. »Aus welchem Grund denn?«

»Weil sie damals, als es etwas kostete, so unsäglich versagt haben. Am 20. Juli hat sich eine vollständige Auswahl aus allen Volksschichten aufgeopfert, und nicht etwa eine Gruppe von berufsmäßigen intellektuellen Gewissensvorbildern. Merkst du was? Kräftige Muskeln vorweisen, nachdem der Gegner vom Zuschauerraum aus k.o. geschlagen ist? Nee, mein Lieber, dieses nachträgliche Sandkastenspiel des Gewissens mache ich nicht mit. Die Freiheit ist mir zu wichtig, als daß ich damit spielte. Ich verteidige sie da, wo sie wirklich bedroht ist; und da kostet es etwas, das ist das Zeichen für die echte Gelegenheit. Laß doch diese traumatischen Burschen laufen, die aus schlechtem Gewissen gutes Gewissen vortäuschen ...« Atemlos – wie ist denn das hier möglich, hier in dieser tiefen Ruhe, Urlandschaft, diesem gelassen schimmernden Meer. Und ich hier auf dieser Klippe, und atemlos. »Nicht das Volk heuchelt! Es arbeitet redlich, zahlt seine Steuern, unterstützt die Flüchtlinge, leistet Wiedergutmachung, soweit da überhaupt etwas gutzumachen ist. – Vielmehr heucheln die Intellektuellen, wenn sie in der längst verwirkten Pose des Zeitenrichters dieses Volk verunglimpfen und es beispielsweise materialistisch schimpfen, während sie selbst jeden möglichen Gewinn mitnehmen. Ich bringe es nicht über mich, mein Volk zu richten, das in seelischer Not verkommen war und schließlich zur Verantwortung gereift ist. Ich sitze lieber über meine eigene Clique zu Gericht, die noch braune Sündenböcke für gestern sucht, während sie schon für den roten Sündenfall von morgen die leichte Schulter frei macht. Und so da capo ad libitum, nicht wahr? Aber warum, mein Lieber, der du doch einmal wußtest, von wo aus allein die Freiheit bedroht wird, warum trittst du zu den ›schön‹ linken Feiglingen über, die sich ewig mit Flausen weiterschwindeln?« Ich springe auf, auch er macht eine Bewegung, als gelte es, etwas Endgültiges zu demonstrieren. Aber ich sehe dankbar die Schwimmerin zurückkommen; ich winke ihr heftig. Auch er winkt, pflichtmäßig, aber morgen vielleicht winkt er wieder anders. Die Sonne sinkt tiefer, die Schatten in den Klippen werden länger, der Wind frischt auf und bringt ein leichtes Brausen ins Wasser, wir gehen langsam zurück, zu den Unsern, ich setze noch ein wenig Hoffnung in die Aragosta, die wir für heute abend in einer improvisierten Kneipe am Fuße des Capo Testa, bei der schlampigen Signora Montoni (keine Sardin) bestellt haben.

Denn das liest sich so leicht: zwei, drei Sätze, und aus heiterem Himmel hinunter in den Abgrund – aber es ist nicht leicht, sich mit zwei, drei Sätzen von einem alten Freund zu trennen. Also entdecken wir vielleicht beim Hummeressen noch ein weißes Band, einen schmalen Hals zwischen seinem Capo Testa und meinem Dickkopf. Ich nehme mir vor, zu dem Artikel zu schweigen, den er mir gezeigt hat und der schon unterwegs ist an ein Hamburger Wochenblatt. Einen Tag in Italien und kein Wort Landessprache! Aber ich sage nicht einmal »Journalismus«. Da bringt zum Beispiel die Montoni als Vorspeise einen Teller Frittura, sehr kleine Fische in Olivenöl goldgelb und knusprig gebacken, ein Leckerbissen, und was schreibt der vom

Sarazenenturm, der Ernst Jünger, darüber: »Selbst die Angler an der Seine ... würden es (das Fischlein) seiner Winzigkeit wegen begnadigen. Doch hier wird es in Eimern und Kanistern gesammelt, für die Frittura, und ich glaube kaum, daß man es ausnimmt, bevor es ins siedende Öl geworfen wird. Das gehört zu den Zeichen der Armut ...« Der Armut seiner Kenntnisse. Festgepflockt an einem einzigen Punkt, Umgang mit ein paar Kneipengästen, kaum ein Wort Italienisch, aber dann hundertfünfzig Seiten Sardinisches, mit reichlich Meditation über den Unterschied zwischen Romanen, Germanen und Slawen – o mein lieber Freund, du bist entschuldigt, schreib Artikel, soviel du willst. Oder gestern, als du ungläubig gelächelt hast – »Prosit, wie schmeckt der Nuragus? Ein sinniger Name, was?« Die Stimmung am Tisch wächst, den Kindern steigt allmählich der Wein zu Kopf – gestern, als du vor dem Zelt des Patriarchen nach dem Wimpel fragtest, rotem Hahn auf blauem Grund gespreizt, und ich zu erklären versuchte: Gallura, die Nordostregion, habe den Gallo, den Hahn, im uralten Wappen, uralt, denn schon um 1300 habe Dante gedichtet:

Non le farà sì bella sepultura
la vipera che'l Melanese accampa,
com'avria fatto il gallo di Gallura,

und den jungen Leuten habe es Spaß gemacht, den Wimpel zu schneidern und am angestammten Platz das Wappen flattern zu sehen, das sie schon lange aus dem Dantetext kennen – als du da ungläubig gelächelt hast, habe ich dich ebenfalls für entschuldigt gehalten. Ich habe dir nicht erst lange erzählt, daß wer im Gymnasium – liceo – war, drei Jahre Dante gelesen hat und fürder drin webt und lebt. Ich habe dich gleich für entschuldigt gehalten, denn selbst die feinsinnige Frau Kaschnitz wundert sich nach mehrjährigem Aufenthalt noch immer über einen Römer, der aus dem Dante zitiert. Und jetzt, hier, zwischen Aragosta, Nuragus, witzigen Tischgesprächen, Gesang und flirtender Jugend, nimmt er mich plötzlich beiseite und sagt: »Ein kräftiger Selfmademan, der alte Herr, wie?« Wäre ich weniger er-

fahren, ich wäre bestürzt. So aber erwähne ich nichts von dem generationenalten liberalen Industrie- und antiklerikalen Risorgimentobürgertum, sondern sage lachend: »Sieht nicht so aus, wie du dir alte Vornehmheit vorstellst?« Entschuldigt, mein Lieber, entschuldigt auch dafür, denn wer wollte schon physiognomische Finesse erwarten, wenn der vom Sarazenenturm in ein paar Taxichauffeuren und Dorfkneipenhockern das ganze Volk anwesend findet – warum sollst dann du nicht den Patriarchen für einen Kutscher halten …? »Weißt du«, so sage ich unterderhand und zusammenhanglos, »ich habe gelernt, daß man weder im Guten noch im Bösen weder über ein fremdes noch über das eigene Volk ein bündiges Urteil finden kann.« Ja, aber dieses Völkchen, so meint er, das so sangesselig und fernsehfreudig … »Geh nach Cagliari«, sage ich, aber den Rest denke ich nur, statt dessen trinke ich ihm lächelnd zu. Der Rest: nach Cagliari ins Museum und sieh dir die Bronzen an, vorphönizisch, z.B. den Bogenschützen, und entnimm dem wägend gesenkten Blick, der Anmut des schräg geneigten Kopfes, dem schlanken Schnitt der Wangen, der Augen, der Nase: das sind wir alle, Europas Gesicht ist eins. (Und komm mir nicht mit dem Einwand, auf Europa dürfe man sich nicht beschränken.)
Gedacht nur, leise vorüber an den Augen, auf die allmählich der Nebel fällt. Vielleicht ist doch einiges gerettet? Immer wieder Freunde vergrämen, verlieren, immer wieder neue Gefährten am Arm, und immer weniger auf Neue neugierig – müde bin ich, der Nuragus ist wirklich kein leichter Wein.

Der Volkswagen ist längst wieder über das weiße Band hinaufgetorkelt, aber ich denke in diesen Tagen noch oft über alles nach. Wo liegt das Falsche, das ich zuletzt gar nicht mehr zu berichtigen suchte? Heute dringen wir an der Trinkwassergrotte auf Capo Testa vorbei tiefer in die Schlucht hinein, die das Massiv zu spalten scheint. Sehr hartes Gras, Heidekraut, Krüppelpinien und stechende Fettgebüsche stehen uns im Weg. Spinnen im Netz aus Fäden so stark wie Garn gehen bei Berührung in drohende Angriffsstellung. Wir tasten uns zwischen den hohen Felswänden in absolut abgeschiedener Stille vorwärts, bis wir um eine vorspringende Wand biegen und wirklich am Ende der langsam fallenden Sohle das Abendmeer schimmern sehen, von dunklen Wänden eingefaßt, mild und golden. Unwiederholbar ist so ein Augenblick, ich stehe und blicke mit weit offenen Augen, aber den andern geht's ebenso, und plötzlich lächeln wir einander zu und atmen tief wie aus tiefem Schlaf Aufwachende. Und da fällt mir der verziehende Staub auf dem weißen Band wieder ein. Worüber haben wir uns eigentlich gestritten?

Wieder kommen wir hierher, am Vormittag, und steigen die Schlucht ganz hinunter. Die Kinder schwimmen so gern zwischen Felsen und Gischt. Sie sind schon weit voraus, ihre Stimmen verstummen. Als wir dann schließlich auf einem erhöhten Plateau ankommen, sehen wir sie drunten zwischen großen Tafeln Granit über tiefblau und grün und viola durchsichtige Gründe schweben, schlanke Mädchen- und Knabenleiber, und plötzlich gerinnt uns das Ganze zu einem unauslöschlichen Traumbild. Wieder stehen wir erschüttert, hingerissen und glücklich und trauervoll, so wie Menschen vor den großen Durchblicken auf dieser Erde zu stehen haben.

Warum sind die Freunde nicht mit uns hier? Was ist es, was uns auseinanderführte? Was war das Verfälschende? Liegt es nicht darin, daß man die andern als Fremde sieht, also zum Beispiel im Auge des Sarden die Lust zur Blutrache gefährlich glimmen sieht, wo doch die Blutrache in den langen Zeiträumen rechtbrechender Fremdherrschaft einfach die notwendige Selbsthilfe stolzer Männer war? Und heute mit derselben Geschwindigkeit Museumsstück wird wie die Schwälmer Trachten. Und so wäre manches, Amulette, Lehmziegel, Fellmäntel, mörtellose Granitmauern, Feldbestellung und vieles andere auf entsprechende Stufen und Gegenden unseres Volkes und Landes zu übersetzen und zu naturalisieren. Statt dessen machen wir pointiert reportierenden Reisenden alles erst künstlich fremd und exotisch. Wir berichten etwa vom ärmellosen Corittu, das die Männer überm weißen Hemd tragen. Wenn man aber zuerst das verzaubernde Wort in normales Italienisch bringt, so heißt es cuoretto, Herzwams, Brustwämschen; und dann bitte noch eine kleine Anstrengung, jawohl, Anstrengung brauchen wir dazu, und plötzlich begreifen wir: sardisch? exotisch? Das ist ja eine Weste, ärmellose Weste überm weißen Hemd, mit der unsere Bauern und Kleinstädter an Sommersonntagen sich ebenso zu Tisch setzen wie die sardischen Bauern.

Ich glaube, ich weiß es jetzt. Man lernt die Fremden nicht besser kennen als die eigenen Leute. Und die kennt man auch nicht. Mein Freund trat plötzlich mit einer neuen Brille auf mich zu, und da erkannte er mich nicht mehr, und wir waren uns fremd. Soviel Gegnerschaft, politische, religiöse, geistige, charakterliche, aber auf geheimnisvolle Weise gehört man doch zusammen. Und zwischen den europäischen Völkern wieviel Gegnerschaft, Gegensätze, Sprachen, Sitten, aber auf geheimnisvolle Weise erkennen wir uns doch alle in einer vorphönizischen Bronze. Sich kennen und doch verkennen, das ist es, das macht die zwischenmenschliche Beziehung so paradox. Wie sagte ich anfangs: es ist schwer, zwei Völkern anzugehören ... Nun füge ich hinzu: die man beide kennt und verkennt.

Wozu also reisen? Um zu erfahren, daß der Sarde im Durchschnitt kleiner als der Festlanditaliener ist und daß der Deutsche im Durchschnitt große Füße hat? Aber wie soll einer, der die Größe seiner eigenen Füße nicht sieht, die Feingliedrigkeit eines andern einschätzen? Also bleibenlassen das alles? Nein, anders reisen. Reisen nur zum Amüsement und einiger großartiger Augenblicke wegen. Und einigen Kunstdenksteinen und -tafeln zuliebe. Die Leute aber laßt am besten aus dem Spiel. Das ist im Zeitalter des Feuilletons zu schwierig. Wenn ich könnte, würde ich sogar meine eigenen Landsleute »aus dem Spiel« lassen. Aber das gibt es nicht. Davor gibt es keine Flucht. Nicht einmal am sardischen Strand.

Beschwichtigung und Anpassung

Einige Jahre später waren nicht nur Scharen von Intellektuellen auf dem Marsch nach links, auch die Kirche wurde von dem Taumel ergriffen. Und das Übel ging nicht von irgendwo, sondern vom Kopf aus.

Papst Johannes XXIII. veröffentlichte 1962 seine Enzyklika »Pacem in terris«. Darin lautete der politisch wichtigste Passus: »Es ist ungerecht, bestimmte Bewegungen, die sich mit wirtschaftlichen und sozialen Verhältnissen, mit der geistigen Ausrichtung oder zweckmäßigen Ordnung der Staaten befassen, einfach zu identifizieren mit bestimmten philosophischen Lehrmeinungen über Wesen, Ursprung, Ziel und Zweck der Welt und des Menschen, auch wenn jene Bewegungen von solchen Auffassungen her entstanden und geleitet sind. Während der wissenschaftliche Begriff, wenn er einmal festgelegt ist, nicht mehr geändert werden kann, unterliegen jedoch diese Bewegungen notwendig den Veränderungen der jeweiligen Situation. – Wer könnte übrigens leugnen, daß in solchen Bewegungen, soweit sie sich den Gesetzen der geordneten Vernunft anpassen und die gerechten Forderungen der menschlichen Person berücksichtigen, etwas Gutes und Anerkennenswertes sich findet! – Daher kann der Fall eintreten, daß Konferenzen über den Gebrauch bestimmter Dinge, die bisher unter keiner Rücksicht sinnvoll waren oder erschienen, jetzt wirklich fruchtbringend sind oder es morgen sein können. Das Urteil jedoch, ob man jetzt schon so weit gekommen sei oder nicht, steht allein der Klugheit zu.«

Johannes war, wie man sieht, sehr weit gekommen, und ganz plötzlich. In einem politischen Seminar wären solche Sätze ein

Diskussionsbeitrag gewesen, aus dem Munde des Papstes hatten sie den Klang höchster Autorität von Gottes Gnaden. Die Kirche orientierte sich um.
Wenig später heißt es im Text: »Tatsächlich fehlt es angesichts der Verhältnisse, die nur wenig oder überhaupt nicht den Grundsätzen der Gerechtigkeit entsprechen, nicht an solchen, die darauf brennen, alles neu zu ordnen, und die so stürmisch vorgehen wollen, daß ihr Tun einer Revolution gleichkäme.«
Das ist eine unbegreifliche Übertreibung in bezug auf die soziale Marktwirtschaft, es trifft lediglich auf die im Gulag konsolidierte kommunistische »Ordnung« zu; im Gulag enden die, die auf etwas Besseres »brennen«. Jedoch waren alle solche Statements, im Lande der politisch notwendig gewordenen und vorsichtig vollzogenen Apertura a sinistra (Öffnung nach links) ausgesprochen, nichts anderes als eine Achtungserklärung für alle linken Parteien. Nur werden die Revolutionäre zu bedenken gebeten, daß »naturnotwendig alles Sein und Wachsen sich stufenweise vollzieht«. Vorher wurden sie exkommuniziert, jetzt aber zu bedenken gebeten.
Die Kommunisten lobten und priesen den »guten Papst«, sie trugen sein Konterfei auf ihren Umzügen herum, und die kirchentreuen Ehefrauen der Kommunisten konnten endlich ihre Stimme der Partei ihrer Männer geben. Der gute Papst hatte sogar gesprächsweise gesagt, auch die Kommunisten seien »seine Kinder«.
In den Wahlen Anfang 1963 machten die Kommunisten erwartungsgemäß einen sensationellen Sprung. Der »Corriere della Sera« schrieb am 27. April: »Schon jetzt darf man sagen, daß es zu solchen Ereignissen kommen muß, wenn man die politischen, moralischen und religiösen Barrieren abräumt, die bis jetzt als unantastbar galten.« Und ich veröffentlichte in der WELT einen leidenschaftlichen Artikel, der mit Worten endete, die von Heinrich IV. hätten stammen können:
»Wenn aber der Papst in die Politik hineinredet, sind die Katholiken nicht gehalten, seine Rede mit tiefem Respekt hinzu-

nehmen, sondern sie sind als politische Bürger der Gesellschaft gegenüber verpflichtet, diese Rede auf die politische Waage zu legen. – Ich bin Katholik und bemühe mich, gläubiger Christ zu sein. Als politischer Bürger aber bin ich eher als der Papst zur politischen Mitwirkung und Urteilsabgabe berufen. Und da ich Schriftsteller bin, ist es meine Pflicht, bei allem schuldigen Respekt vor der Kirche in diesem Augenblick aufzustehen und ohne Menschenfurcht zu sagen, was zu sagen mir unbedingt notwendig erscheint. Und so sei es denn! Ich rufe dem Papst Johannes, der auf dem ehrwürdigen Stuhl des heiligen Petrus sitzt, warnend zu:

Neben Gregors VII. lauten politischen Aufruhr, der der Kirche unheilbaren Schaden zufügte, tritt nun nach Jahrhunderten deine leise politische Beschwichtigung, die einen ähnlichen Schaden der freiheitlichen Politeia zufügt.

Du mißbrauchst dein Amt politisch. Du bist dabei, unseren schon geschwächten Willen zur Freiheit endgültig zu verwirren. Du willst die Kirche retten und wirfst als Preis unsere Freiheit hin. Du hast keinen Auftrag zur Politik. Laß ab von diesem Weg!«

Einen Monat später starb Johannes XXIII. Die Totenklage des »Corriere della Sera« enthielt ein Satyrstückchen. Diesen heiligmäßigen Mann, hieß es da, habe ein schändlicher Mensch kurz vorher noch in der Zeitung DIE WELT mit einem Kübel Schmutz übergossen. Den Nekrologschreiber interessierte natürlich der deutsche Artikelschreiber nicht, sondern er wollte seinem eigenen Kollegen, der ebenfalls kurz vorher den Papst für die politische Entwicklung verantwortlich gemacht hatte (und den ich in meinem Artikel zitiert hatte), eine Ohrfeige verabreichen. In dem Blatt, das später nach links abschwenkte, waren Kämpfe ausgebrochen, die schließlich Indro Montanelli und seine Freunde zum Ausscheiden und zur Gründung einer neuen Zeitung (Giornale nuovo) veranlaßten. Aber in der Zeitung wurde wenigstens gekämpft, in der Kirche rührte sich niemand.

Diese Enzyklika konnte zunächst als ein einmaliger Mißgriff erscheinen. Aber dem Konzil, das Johannes einberief, gab er das gleiche Verbrüderungsprogramm: Öffnung zur Welt. Und Paul VI. setzte die Richtung enthusiastisch fort. Christen »müssen« mit Kommunisten »zum richtigen Aufbau der Welt zusammenarbeiten«. Das wurde unter Paul VI. ins II. Vatikanische Konzil hineingeschrieben. Und während der chinesischen Kulturrevolution rief er der Jugend Chinas zu, sie solle wissen, »mit wieviel Sorge und Liebe wir ihren gegenwärtigen Aufschwung zu den Idealen eines neuen, arbeitsamen und einigen Lebens betrachten«. Und die Propaganda Fide verbreitete dieses Bekenntnis: »Die Zivilisation, die in China aufgebaut wird, gründet zwar auf einer materialistischen Philosophie, sie ist aber nicht auf das Goldene Kalb ausgerichtet.« Vatikanische Politik! Zum Schluß blieb Paul VI. mit der Viererbande allein. Und im Jahre 1984 wundert sich diese Kirche plötzlich über die »Revolutionstheologie!«
Als Hochhuths »Stellvertreter« die Schauspielhäuser füllte, kam von mir weder Zustimmung noch Ablehnung. Sondern ich schrieb einen großen Aufsatz »Die Kirche und die politischen Greuel« und wies nach, daß die Kirche niemals gegen politische Gewalttaten protestiert hat; ihre Stimme hat sie nur immer erhoben, wenn Abschwören des Glaubens verlangt wurde. »Die Kirche erklärt dem Staat nicht den Krieg, sie nimmt nur Kriegserklärungen entgegen.« Wenn sie aber gegen Greuel auftreten will, hat sie täglich alle Hände voll zu tun, gegen Hitler, gegen Stalin, gegen Bomben auf Zivilisten, gegen die Atombombe, gegen Vertreibungen, gegen Kuba, gegen China, gegen den Vietnamkrieg, gegen Israel, gegen die PLO, gegen Südafrika, (und seitdem ist eine Menge an Protestwürdigem hinzugekommen), gegen alle und jeden, Tag für Tag, immer in der Hoffnung, daß dabei die Richtigen und nicht irgendwelche Viererbanden in Schutz genommen werden, und immer mit dem Anspruch, daß das ein mehr als politisches, nämlich ein göttliches Urteil sei.

Der Schluß des Aufsatzes lautet:
»Die Kirche betet um Frieden, für alle Unterdrückten und Verfolgten ... Die Kirche, und jedes wahre Glied des mystischen Leibes, hilft den Verfolgten, so gut es möglich ist. Und wenn es nicht mehr möglich ist, wirft sie sich in tiefem Schmerz vor ihrem Gott auf die Knie und betet für die Verfolgten und für die Verfolger. Und sie hat ein schweres Gewissen, weil sie nicht genug getan hat und nie genug tut.
Ladet doch bitte den Bürgern auf die Schultern, was der Bürger ist, und der Kirche, was der Kirche ist. Um aber zu wissen, was der Kirche ist, genügt nicht ein bißchen aufklärerisch wohlmeinendes Gerede.
Aber nun heißt es ebenso entschieden kehrtmachen. Es ist nicht nur töricht, sondern tief unchristlich, Vorwürfe wegen zu geringer Hilfeleistung auf klerikale, nämlich apologetische Art zurückzuweisen. Es ist einfach wahr, daß Pius XII. die Nazis zwar verabscheute, trotzdem aber hoffte, sie würden den Bolschewismus vernichten. Und insofern hielt er den Nazismus für das kleinere Übel. Im nachhinein erweist sich dieses politische Urteil als falsch, und so etwas ist für die Kirche sehr peinlich. Denn im nachhinein sind die Nazis die millionenfachen Judenmörder. Bis 1943 waren sie wenigstens das nicht.
Wenn man das alles dargelegt hat, dann, aber erst dann, darf man hinzufügen, daß die Vernichtung der Juden erst 1943 begann. Und dann darf man hinzufügen, daß eine massive Erklärung das in Todeskrämpfen zuckende Nazitier zu wahnwitzigem Umsichschlagen hätte reizen müssen. Dennoch – wir alle, vom obersten Hirten bis zum dümmsten Schaf, können kein anderes als ein entsetzlich beschwertes Gewissen haben.«

Im Jahre 1964 veröffentlichte ich eine Biographie des Ignatius von Loyola. Es ist eine sehr sorgfältige Arbeit und enthält auch eine Neuübersetzung seines geistlichen Tagebuchs. Aber im Grunde interessierte mich der Mann, der die Reformation aufgehalten hat, aus politischen Gründen: Wie sieht ein Mensch aus, der eine Weltbewegung zum Stillstand bringt, ohne daß er das in seinem Programm hatte? Der nichts weiter wollte, als das Vorhandene, den römischen Glauben, als ein reines Feuer in den Herzen der Menschen zu entfachen?

Vergebliche Liebesmüh. Die Kirche hatte sich anders entschieden: Versöhnung des Glaubens mit der Wissenschaft (was sie unter Wissenschaft versteht), Vergeistigung und Sublimierung bis zur Beseitigung der konkreten Ereignisse im Evangelium, nivellierende Angleichung an die »getrennten Brüder« mittels einer neuen, unpolemischen Theologie und mit dem Rückgriff auf die Liturgie der Frühzeit, die noch keine mittelalterlichen Ärgernisse enthielt, Historisierung der Dogmen, Dienst an der Entwicklung der Welt, wie sie ist, zum Besseren und immer Besseren, gemeinsame Forschung zusammen mit allen Menschen nach der Wahrheit – man kommt aus dem Staunen nicht heraus.

Und noch einmal, 1967, setzte ich mich hin und wünschte ein paar klärende Worte zu Gehör zu bringen: »Die Last, katholisch zu sein«, ein kleines Bändchen mit einer Anzahl Aufsätzen über die Armen im Geiste, die Armen im Fleische, die Reichen, Judas, Pilatus, Paulus in Korinth und Jakobus in Jerusalem (= Beginn der christlichen Judenfeindschaft), einiges andere, und schließlich über die Last, Theologen haben zu müssen. Dieser letzte Aufsatz über die Theologen, die die Schrift verniedlichen, verharmlosen, sublimieren und einen Gott der Theologen zusammenbrauen, endet mit den Worten:

»Und dann, und noch, und immer wieder: Wenn er nicht auferstanden ist, wenn er nicht Gott ist, wenn er während seines Wandels unter uns Menschen nicht Gott war von Ewigkeit zu Ewigkeit, dann will ich aufatmen und mit erhobenem Glas den Prediger Salomo grüßen. Wie gern würde ich nicht glauben! Und wie gern würde ich glauben!«

Über augenblickliche Wirkung und Wirkungslosigkeit kann man sich ein ungefähr zutreffendes Bild machen. Über die Langzeitwirkungen von Schriften läßt sich nichts voraussagen.

Es muß genügen zu denken, man habe getan, was man konnte. Ohne großmäulig als Glaubender daherzukommen. Ohne großmäulig als Ungläubiger daherzukommen.

Sophisticated Bob

Wer möchte schon ein Philosemit sein! Besonders wenn Robert Neumann ihm bescheinigt, daß er damit einem verkappten Antisemitismus frönt. Wer einfach für die Juden ist, nach der Hitlerzeit, der hat's vermutlich dringend nötig, da muß man also mal genauer hinsehen.

So ungefähr fing Neumann 1965 auf dem Podium des Frankfurter Cantatesaals zu tönen an, und die Zuhörer klatschten Beifall für so viel souveränen Durchblick. Und schon guckte er nach links zu dem Redakteur Krüger vom Südwestfunk und sagte: »Der da z.B. nimmt mir Manuskripte unbesehen ab und zahlt im voraus ein doppelt- und dreifaches Honorar; natürlich nehme ich das Geld, nur – auf die Frage, wieso eigentlich das viele Geld, sagt er: Na, wir werden doch wissen, was wir Ihnen schuldig sind.«

Das Publikum jubelte und ersäufte in Gelächter alles, was der knallrot gewordene Redakteur herausprustete: »Unerhörte Verdrehung! Halbe Wahrheiten sind ganze Lügen!« Dieser Neumann, was! jubelte das Publikum, der kassiert und spuckt den blöden Philosemiten in die Kasse. Bravo! Das ist Chuzpe.

Und nun guckte er nach rechts, zu mir, und überlegte, was er mir anhängen könnte. Ich hatte ihn lediglich einmal in einer Zeitung gegen eine wüste Beschimpfung verteidigt, die unter den Leserbriefen abgedruckt worden war und die Neumann selbst, säuberlich ausgeschnitten, mir, dem PEN-Generalsekretär, zugeschickt hatte. »Und der da«, sagte er, »macht mich in aller Öffentlichkeit zu seinem Schützling.« Und dabei schüttelte er mit nachsichtigem Lächeln den Kopf. Die Anwesenden wieherten. Ich wartete, bis sie ausgewiehert hatten, und sagte dann:

»Neumann, wie Sie wünschen. Das nächstemal, wenn Sie in einer Leserzuschrift eine verkommene, geldgierige Puffmutter genannt werden, antworte ich noch einmal, und zwar das letztemal, und zwar so: Ich habe Neumann in einem ähnlichen Fall mit literarischen Argumenten verteidigt. Das werde ich diesmal nicht tun. Denn mir ist klar geworden, daß nur verkappte Antisemiten diesen Neumann verteidigen. – Zufrieden, Neumann? Aber jetzt käme ich gern zum Thema, das auf der Einladung steht. Wir hier oben sollen, bevor das Publikum losgelassen wird, über Ihren neuesten, meiner Meinung nach miesen Schmöker diskutieren, wie heißt er: ›Der Tatbestand oder Der gute Glaube der Deutschen‹.«
Jetzt mußte Neumann erst einmal Luft holen. Das war plötzlich ein schlechter Auftakt zur Präsentation seiner Neuerscheinung. Dazu nämlich war der Abend arrangiert worden. Es handelte sich um einen Roman über Judenverfolgung. Und da es damals gerade leidenschaftliche Diskussionen über Verjährung oder Nichtverjährung der Naziverbrechen gab, saß auch Generalstaatsanwalt Bauer mit uns auf dem Podium. Ob sonst noch jemand mitdiskutierte, weiß ich nicht mehr.
An der monatelangen Debatte über Verjährung habe ich damals heftig teilgenommen, z.B. in einer Veranstaltung in Düsseldorf und an einem Abend im »Hessischen Kreis«, an dem ich das Thema »Engagiertes Theater« plötzlich umbog und dem anwesenden Piscator die Verjährungsbefürworter als lohnende triste Theaterfiguren vorschlug. Auf die empörten Zurufe »Zum Thema!« herrschte ich die Gesellschaft an: »Das *ist* das Thema, aber aktualisiert. Im übrigen würde ich mich schämen, von Ihnen Beifall zu erhalten. Dann müßte ich ja etwas furchtbar Dummes gesagt haben.« Daß dieser Kreis von konservativen, liberalen und rechts-sozialdemokratischen Industriellen, Bankiers und Politikern mich trotz dieses Ausbruchs noch eine Weile weiter einlud, wunderte mich.
Auf dieses aktuelle Thema also hatte Neumann gesetzt. Der Inhalt, grob skizziert: In einem Bodenseestädtchen ist der Nazi-

bürgermeister längst wieder Bürgermeister, und jemand versucht vergeblich und immer wieder vergeblich, einen Mordprozeß gegen ihn in Gang zu bringen. Gegen Ende des Romans gelingt es schließlich doch. Anklagepunkt: Der Bürgermeister hat kurz vor Kriegsende einem jüdischen Ehepaar geraten, über die schmale Stelle des Sees hinüber ans Schweizer Ufer zu schwimmen. Dann ist er auf seinen Hochsitz am Ufer gestiegen, von wo aus er immer Vögel schoß. Die beiden Juden schwammen schon weit draußen, und man hörte zwei Schüsse fallen. Er hat also die beiden Schwimmer abgeknallt. Und damit sind wir am Tag der Prozeßöffnung angelangt. Als alle erforderlichen Personen versammelt sind, kommen noch zwei alte Leutchen herein und setzen sich rasch hin, zufällig auf die Anklagebank. Als der Richter sagt, hier könnten sie nicht sitzen und woher sie überhaupt kämen, da antworten sie: aus der Schweiz, und als der Richter erstaunt fragt, ob sie mit dem Prozeß etwas zu tun hätten, da sagen sie Ja und nennen ihren Namen: das jüdische Ehepaar, das in die Schweiz geschwommen ist. Der Prozeß wird vertagt. Ende.
Ich weiß nicht, wer den Inhalt vortrug, vielleicht der Moderator, denn ein Moderator muß ja dabei gewesen sein.
Ich war schon verärgert angekommen. Ich hatte nämlich zugesagt, bevor ich den Schmarren gelesen hatte. Und nach der Lektüre hätte ich am liebsten wieder abgesagt. Und Bauer machte ein so verdutztes Gesicht, daß ich daraus schloß, er habe soeben zum erstenmal etwas über den Gang der Handlung erfahren. Neumann wünschte das lange, nervenzermürbende Bemühen um die Annahme der Klage gebührend gewürdigt zu sehen, aber ich wischte das alles beiseite und sagte ungefähr folgendes: »Jetzt möchte ich von Ihnen wissen, welche Leser Sie mit diesem Kolportageding anpeilen. Sollen jetzt auch die Nazis Ihre Leser werden? Denn daß nach dieser ganzen nervenzermürbenden Vorbereitung am ersten Prozeßtag herauskommt: alles Quatsch, die Leutchen sind unter dem Schutz des Nazibürgermeisters in Frieden ans Schweizer Ufer geschwommen, das

kann doch in Nazikreisen nur ein schallendes, befreiendes Gelächter hervorrufen: Na, wenn sogar der Neumann zugibt, daß die Vorwürfe haltlos sind!... Oder muß der Leser supersophisticated sein und den Dreh vollführen, den Sie mit Ihrem Philosemitismus vormachen, und aus Ihrem Buch schließen, dieser Fall sei der schlimmste, denn er könnte den Deutschen ein gutes Gewissen bescheren?«
Neumann hörte stirnrunzelnd zu und sah Bauer erwartungsvoll an. Der Generalstaatsanwalt hatte zu diesem Romanfall natürlich nichts zu sagen, gleichgültig wie nett sich Nazischergen im Zusammenbruch plötzlich gaben, sondern er sagte einiges über prozeßtechnische Schwierigkeiten bei so weit zurückliegenden Fällen und also vor allem über die umstrittene Verjährung. Ich weiß nicht, aus welchem Anlaß jemand den Begriff der »inneren Emigration« ins Spiel brachte, vielleicht einer aus dem Publikum, das schon bald aus Verlegenheit eingeschaltet wurde. Ich riet dem Betreffenden, diesen Begriff beiseite zu lassen, der sei nämlich ein Monstrum. Ängstliches Schweigen unterm Terror könne man verstehen, aber nicht verstehen könne man das Umtaufen des ängstlichen Schweigens in unsichtbare Emigration. Innere Emigration, ich lachte.
Da sprang Bauer auf und jubelte, dies sei das erstemal, daß ein deutscher Schriftsteller zugebe, innere Emigration sei ein Flunkerbegriff, dem keine Wirklichkeit entsprechen könne. Ich sagte, ich sei nicht sicher, ob ich der erste sei, da könnte mir und ihm einiges unter den Bücher- und Zeitungsfluten entgangen sein.
Damit war die Veranstaltung zu Ende, und nun sprang auch im Saal ein Mann auf, machte einen Satz auf die Bühne, fiel mir um den Hals und rief: »Rudi, wo ist deine riesige rote Mähne geblieben!?« Es war ein weißhaariger Mann. Ich sah ihn mir verblüfft an, und da war es Wolfgang Abendroth. Kurz darauf saßen wir beide mit einigen seiner Studenten beim Abendessen, beide ungeheuer fröhlich, das erste Wiedersehen nach Jahrzehnten, und seine Studenten ungeheuer ungläubig: So be-

freundet die beiden, unser Professor und dieser verfluchte Kerl? Gewiß, ich habe dem Neumann den Tag gründlich verdorben. Aber das Ganze war eine Zumutung, aufgeputzt mit Mätzchen, auf die nur Sophisticated Bob kommen konnte. Er wird es nicht vergessen, dachte ich, aber ich kann ihm nicht helfen, er ist nicht der erste und wird nicht der letzte sein, der nicht vergißt, was ich nicht unterlassen kann.

Jahre später, 1972, erschien ein Band Satiren, Kalauer, Humoresken von mir unter dem Titel »Mein beneidenswertes Leben«. Der SPIEGEL überschlug sich vor Vergnügen, er fand, da bleibe kein Auge trocken, jede Richtung und Gruppe bekomme ihr Fett, und mit sich selbst gehe der famose Autor ebenfalls um wie mit allen anderen.

Und wer rezensierte das Buch in dem radikal-schicken Blättchen KONKRET? Sophisticated Bob. Ich drucke sein Opusculum ab, weil es in mehreren Hinsichten aufschlußreich ist, nachdem ich den Abend in Frankfurt soeben beschrieben habe. Das Gespräch mit Bob (»Sie sind ja wirklich ein Reaktionär. Warum?«) hat natürlich nicht stattgefunden, die Erfindung ist wahrscheinlich Bobs höhere Wahrheit. Daß er mir Goebbelssche Qualitäten zuspricht, sagt nichts über mich und alles über Neumann aus. Und Wolfgang Abendroth ist kein »linkes Trauma«, sondern ein Freund aus der Studienzeit bis mindestens 1972, ein Mann, den ich aufs tiefste bewundere für seine Hilfsbereitschaft und Standhaftigkeit: er schaffte Geld für jüdische Freunde über die holländische Grenze, wurde dabei eines Tages verhaftet, nannte unter Folterqualen keinen einzigen Namen und saß dann ich weiß nicht wie lange im Zuchthaus. Das alles geht, wie figura zeigt, weit über Bobs Horizont.

Aber jetzt erst einmal sein Text aus KONKRET vom 26. 4. 1972:

> Vergnügliche Lektüre – dieses neue Buch von Rudolf Krämer-Badoni. Erstens für den, der lachen will –, es gibt tatsächlich eine Menge Gelächteriges in diesem Buch, seine Grundhaltung ist kreuzfidel; die »Lacher«, wie das im kabarettistischen Gewerbe heißt, sind gut verteilt und tragen das Buch wahrscheinlich zu

einem Erfolg, wie er beinahe jedem Kollegen herzlich gewünscht und gegönnt ist.
Und zweitens – nein, allererstens – ist das Buch vergnüglich für den, der nicht vom Springerschen »Seid nett zueinander« entpolitisiert und mit Blindheit geschlagen ist und die Tricks, Kapriolen, Maschen, Verkleidungen dieses wendigen Grotesk-Humoristen auf ihren vertrackten Ernst durchschaut. Es ist ein Denksport. Ein früheres Buch Krämer-Badonis hieß »Bewegliche Ziele«. Das beweglichste der Ziele ist Krämer-Badoni selbst.
Konkret: das neue Buch heißt »Mein beneidenswertes Leben« (Hoffmann & Campe, Hamburg) – und natürlich beschreibt es *nicht* sein beneidenswertes Leben, sondern offeriert (gelegentlich mit privatanekdotischem Hintergrund wahrscheinlich) einen Strauß in der ersten Person geschriebener Kurzgeschichten, die sicherlich irgendwo in den richtigen Publikationsorganen im Lauf der Jahre gestanden haben oder noch stehen werden – wo, das weiß ich nicht, die wirklich richtigen und rechten Organe verirren sich nicht auf meinen Tisch. Krämer-Badoni gibt sich also humoristisch-unpolitisch – und auch das ist er natürlich *nicht*. Er sagt auf jeder dritten Seite, er sei bekanntlich ein Reaktionär, hahaha – so sehr hahaha, daß schlichtere Gemüter im Laufe der Lektüre felsenfester und felsenfester davon überzeugt sind, er sei in Wirklichkeit das Gegenteil: ein Progressiver, der einzig wahre Demokrat weit und breit. Im Schachspiel nennt man das ein Gambit – der Gimpel nimmt das offerierte Figurenopfer an und verliert das Spiel.
Für den Nicht-Gimpel ist die Lösung faszinierender. Krämer-Badoni ist tatsächlich kein ungebrochener Reaktionär, sondern einer mit einem Bruch. Mit einem Gedankenbruch, den er sich irgendwo gehoben hat.
Wo genau? Vor zehn Jahren suchte ich in Frankfurt für ein damals wichtiges politisches Podiumsgespräch einen Reaktionär als Widerpart – Thadden hatte ich schon in der Woche vorher an der FU gehabt, zwei Wochen vorher Matthias Walden im SFB.
»Dann«, sagte meine Freunde, »gibt es nur noch Krämer-Badoni.« – »Kommt der?« – Sie sagten: »Er kommt, er kommt.«
Er kam, er gebärdete sich kapriolisch, ich sagte: »Sie sind ja doch *wirklich* ein Reaktionär. Warum?«

Er: »Einfach. Links war nichts mehr frei. Blieb mir nur rechts.«
Ein Scherz, nicht wahr. Mit der Wahrheit lügen – dazu gehört einige Brillanz. Auch Goebbels kultivierte diese Brillanz erfolgreich. Es ist tatsächlich so, daß Krämer-Badoni vor dem Krieg mit Wolfgang Abendroth befreundet war – bis sie dann ein wenig verschiedene Wege gingen. Seither kommt Abendroth in jedem Krämer-Badonischen Buche vor. Meistens heißt er, völlig unkenntlich gemacht, »Professor Morgenroth«, aber diesmal, im neuesten, hat sich der Autor zu einem unverstellten »Professor Abendroth« durchgerungen; so ein Kerl ist er. Und ob Morgen oder Abend: dort in Marburg wohnt das linke Trauma, das der Grotesk-Humorist nicht überwinden kann – sonderbar, wie sie es alle nicht überwinden können.
Bei Springer sagt er wahrscheinlich: »Ich bin ein Sozialist, hahaha.« In Wirklichkeit hat er sich die vier tiefphilosophischen Weltanschauungs-Gedankensäulen dieses Gratwandlers, Sternguckers und Flachkopfes so sehr zu eigen gemacht, daß er zwischen ihnen Purzelbäume schlagen kann – mit grausiger Sicherheit: er eckt an keine der Säulen an.
Ein Wort gegen etwas, das diesseits der Schlagzeilen von »Bild« vegetiert – so ein Wort ist dem Krämer-Badoni in all seinen gelächterigen Kapriolen noch nicht entschlüpft.
In einem Aufsatz in »Christ und Welt« schrieb er dieser Tage sinngemäß, daß die böse Linke in ihrem vermessenen Übermut es nachgerade so weit gebracht habe, daß die Rechten im Lande nun doch leider sehr gegen ihren Willen aus schierem Selbsterhaltungstrieb gezwungen seien, sich zu formieren: »ein Rechtsruck kommt bestimmt!«
Und in seinem neuen Buch steht irgendwo: »Ich bin in der beneidenswerten Lage, daß ich gar keine falsche Claque bekommen kann.« Und was heißt das, wenn es nicht heißt: ihm ist eine jede recht?
Und auf dem Schutzumschlag sagt er: »Wenn ich einen Gegner persönlich kennenlerne, wird es mir schwer, sein Gegner zu bleiben, während es dem Gegner mir gegenüber sehr leicht fällt.«
Hier aber irrt Krämer-Badoni. Gegner? Dazu ist er zu groteskhumoristisch küssenswert.

Ich las das Ding, legte es beiseite und dachte: Bob, das ist dir mißlungen. Das ist keine Satire, das ist wütender unverdeckter Haß – für Nichteingeweihte.
Aber für mich, der Bescheid weiß, ist es Rachedurst für einen verdorbenen Abend, für gestohlene Schau, für unerwartetes Händeschütteln mit Bauer und für unerwartete Umarmung mit Abendroth.
Und jetzt suchst du Abendroth aufzuhetzen wegen eines Witzes, den ich in dem Buch über ihn mache: er habe seit unserer Frankfurter Studienzeit nichts dazugelernt. Das ist der harmloseste Witz, den man über einen Kommunisten machen kann, denn wehe dem Kommunisten, der über Marx und Lenin hinaus noch etwas »dazulernt«!
Ich kann mir nicht vorstellen, daß Wolfgang diesen Witz in die falsche Kehle bekommen hat, oder er müßte total humorlos sein, und das erst verdiente einen bösen Witz. Allerdings läuft seitdem ein Mensch durch die Lande, der mich in Vorträgen und in privaten Gesprächen, besonders in privaten Gesprächen, einen militanten Nazi nennt und sich dabei auf Abendroth beruft. Ich nehme an, das geht auf das Konto des professionellen Verleumders. Denn wieso konnte Abendroth in den dreißiger Jahren mit einem Nazi befreundet sein und ihm 1965 gerührt um den Hals fallen? Dem Anschwärzungsprofi habe ich, als »Jacobs Jahr« von 1943 im Jahr 1974 wieder aufgelegt wurde, ein Exemplar geschickt mit der Widmung: »Hier können Sie sehen, warum mich alle linken Denunzianten am Arsch lecken können.«
Nun also, ich legte Neumanns Ding beiseite, und ein paar Wochen später wünschte die WELT von mir einen Artikel zum 75. Geburtstag Neumanns. Ich sagte mit Vergnügen zu. Gerade hatte ich Bobs neueste Sophistication gelesen, einen Roman, in dem er angeblich einen pubertären Sohn mit weiblicher Beihilfe von der radikalen Tour abbringt oder jedenfalls von einer Tour, die Bob für radikal hält. Das meiste in meinem Geburtstagsgeschenk bezieht sich auf dieses Elaborat, soweit es nicht auf

seinen KONKRET-Schmonzes oder sonstige Neumann-Gags zurückgeht. Auch das muß ich abdrucken, denn hinterher gibt es ein unsägliches Postscript von Bob selbst.

Trau keinem unter 75 –
frei nach Robert Neumann

Ich bin ungeheuer berühmt, das merke ich besonders, wenn ich von London über São Paulo nach Brissago zurückkehre und dort innerhalb von fünf Minuten frisch-frisch beim Sindaco die krummen Dinger eines jungen Mannes in Ordnung bringe, da genügt mein Name, auch wenn der Mann mich mit Alfred Neumann verwechselt, das macht nichts, Hauptsache, ich bin ungeheuer berühmt.

Überhaupt zeige ich in meinem neuesten heiteren Buch – es heißt provokativ »Ein unmöglicher Sohn« –, da zeige ich also, daß die krummen Dinger der jungen Leute nur Pflichtübungen sind, wir selbst haben zu unserer Zeit viel krummere gemacht, damals wollte ich doch, parbleu, meiner Alten einen Perserteppich klauen, so eine Scheiße!

Ja, ich sage Scheiße und eine Menge anderer vulgärer Wörter, so vulgär, daß es meinen Leserinnen unten 'rum ganz komisch wird und sie mich maßlos bewundern und mich für den modernsten Scheiße-Sager halten und schließlich in den Schwur ausbrechen: Traut keinem unter 75!

Traurig ist es, aber auf heitere Weise, nein, pardon: heiter ist es, aber auf traurige Weise, daß ich mit 75 noch in aller Munde bin, nicht nur bei den Damen, nein, auch bei den jungen Linken, die wollen partout meinen Segen. Und ich bin nicht der Spießer, mit ihnen etwa nicht zu sympathisieren, trotz ihrer Mao-Scheiße. Jawohl, auch das sage ich. Sie kriegen ihren Segen, aber auf Widerruf. Der Widerruf steht immer gleich in der nächsten Zeile. So ein Kerl bin ich. Die halten mich für links, weil sie zu dumm sind, zu merken, daß der souveräne Robert Neumann die Regimes nach der Höhe der Neumann-Auflagen beurteilt. Das ist doch die einzige legitime Art, wie ein ungeheuer berühmter Mann ein Regime beurteilen kann. Das ist ungeheuer souverän, da kommt keiner mit.

Außerdem bin ich ungeheuer witzig. Der Krämer-Badoni kann ein Lied davon singen. Er hat mich einmal gegen einen antisemitischen Rezensenten verteidigt, aber dann staunte er nicht schlecht, als ich ihn dafür öffentlich einen Philosemiten nannte, und das heißt bekanntlich einen verkappten Antisemiten. Ich fand das ungeheuer witzig, er nicht, dazu ist er zu dumm. Er könnte zum Beispiel jetzt mein neuestes Buch einen doofen Bockmist nennen, in der Hoffnung, ich würde ihn rehabilitieren und einen Antisemiten heißen, was bekanntlich verkappter Philosemit bedeutet. Aber das riskiert er natürlich nicht, er macht seine Kapriolen immer schön brav, ohne anzuecken, damit er keins auf die Schnauze kriegt. Schließlich will er von mir doch Küßchen bekommen, egal wie und wohin. Ich sagte gerade, daß ich ungeheuer witzig bin. Wenn man das in meinem neuesten provokativen Buch (Scheiße usw.) nicht merkt, dann eben deshalb, weil das kein witziger, sondern ein heiterer Roman ist. Zum Beispiel erheitere ich darin die Väter von militanten Revolutionären mit dem Tip: Hetzt einen Haufen Geld und eine erfahrene junge Dame auf euren Sohn, und er ist im Handumdrehen geheilt, genauer: im Geld- und Damenumdrehen geheilt. Ich habe auf diese Weise aus einem Revoluzzer in wenigen Tagen einen zweiten Robert Neumann gemacht.
Wie, Sie haben nicht so viel Geld? Das ist aber bestimmt Ihre eigene Schuld. Und eine solche Dame haben Sie nicht zur Hand? Dann sind Sie ein Mucker und weit unter 75. Da kann ich Ihnen also nicht helfen, für ärmliche jüngere Mucker habe ich keine Tips. Ich spiele nun mal große Welt, so wie Kasimir Edschmid in seiner Jugend, der spielt schon lange nicht mehr, jetzt spiele ich. Ich überlebe alle, wenn nicht literarisch, so doch physisch. Und ich möchte den sehen, der das nicht für die Hauptsache hält.
Aber auch literarisch wird einiges Beispielhafte bleiben. Beweis: Zitate authentisch wiedergeben, das kann jeder Dorftrottel, aber sie erfinden, das kann nur ich, und das nenne ich pointieren, ironisieren, in Anführungsstrichen reden, Literatur machen. Nein, ihr könnt reden, was ihr wollt, ich bin ungeheuer berühmt, ungeheuer witzig, ungeheuer intelligent, ungeheuer permanent. Ich bin nun mal der Neumann. Nein, nicht Alfred bitte, sondern Robert.

R. K.-B.

Der in Locarno lebende Schriftsteller Robert Neumann ist am 22. Mai 75 Jahre alt geworden.

Ein paar Tage später erhielt ich folgenden Brief:

ROBERT NEUMANN · VILLA BELMONTE ·
CH-6605 LOCARNO-MONTI · TEL. 093/7 47 79
5. 6. 72

Lieber Rudolf Krämer-Badoni,
erst jetzt, sehr verspätet, kommt Ihr boshaft-charmanter und wirklich generöser Aufsatz anläßlich meines Geburtstages auf meinen Tisch – generös, denn ich hatte Sie ungenerös angerempelt und Sie haben das in schönstem Stil quittiert. Haben Sie Dank dafür. Und wenn Sie nächstens an den Garda-See fahren (ich habe eine dunkle Vorstellung, daß Sie dort wenigstens teilweise familiär verankert sind) so versäumen Sie es doch bitte nicht, uns einmal hier guten Tag zu sagen. Es wäre ein Vergnügen, nach all dieser Zeit endlich einmal mit Ihnen ausführlich und ernsthaft zu sprechen.

Ihr
Robert Neumann

Das habe ich lieb wie Leibweh: in der Öffentlichkeit Feindschaft zur Schau stellen aus Rücksicht auf die »Freunde«, und privat miteinander schunkeln. Das Gleiche habe ich mit einem ähnlich gebauten einflußreichen Kritiker erlebt, wozu Laura sagte: »Wenn du dem noch einmal die Hand gibst, laß ich dich mitten im Theater stehen.« Im Falle Bob Neumanns brauchte sie nichts zu sagen. Ich hätte nicht gewußt, was ich mit ihm »ausführlich und ernsthaft« zu besprechen gehabt hätte. Seinen kuriosen Brief habe ich nicht beantwortet, und gesehen haben wir uns nie mehr.

Warum aber empfehle ich diesen konturlosen Charakter dem Gedächtnis? Weil er ein Symptom ist. Witz ist sehr gut, wenn er aus todernster Trauer stammt. Neumann verwechselte sich mit Karl Kraus. Bosheit ist sehr nötig, wenn sie das plätschernd um sich greifende Geschwätz als Hochwasserdrohung meldet. Neumann verwechselte sich immer noch mit Karl Kraus. Und er hatte das ungeheure Glück, daß Friedrich Torberg, der sehr genau zwischen Rassismus und Pop-Rassismus unterschied, sich nicht mit Karl Kraus verwechselte und es sich versagte, Karl Kraus zu plagiieren und dem Neumann zuzurufen: »Kusch!«

Trauer über mein Volk

Im November 1966 geschah etwas, das zu verstehen mir sehr schwer fiel.
Der Vorsitzende der Kriegsgräberfürsorge in Saarbrücken fragte an, ob ich die Rede zum Volkstrauertag übernehmen wolle, er könne mir allerdings nur 1000 Mark und sonst keine Unkosten zahlen. Ich sagte zu.
Und ich machte mich an die Arbeit. An dem betreffenden Sonntag fuhr ich allein nach Saarbrücken, die Rede war nichts Besonderes, Laura konnte sich das schenken. Am frühen Nachmittag würde ich sowieso zurück sein.
Unterwegs stellte ich fest, daß ich die Fahrzeit zu ängstlich kalkuliert hatte; ich würde viel zu früh ankommen. Also machte ich auf einem Rastplatz halt und las meine Rede noch einmal durch. So konnte ich kontrollieren, ob meine Unzufriedenheit zu Recht bestand. Leider bestätigte sich das ungute Gefühl. Nach der Lektüre mußte ich mir endgültig eingestehen, daß an diesem Speech absolut nichts Besonderes sei. Nichts als ein paar Selbstverständlichkeiten, und dafür versammeln sich die Spitzen der Verbände, Parteien, kommunalen Institutionen, Universität und was nicht alles. Ich machte mich wieder auf den Weg, langsam, kleinlaut. Gegen eine Autopanne hätte ich in diesem Moment nichts gehabt.
An der Tür des Saals wurde ich von einigen Herren in Empfang genommen. Der Saal war schon voll, einige Nachzügler kamen gerade noch an. Der Vorsitzende sagte, hoffentlich gehe die Sache mit dem Streichquartett gut. Als ich dumm guckte, erläuterte er: ein holländisches Quartett habe gestern abend ein Konzert gegeben, und er habe die vier überredet, auch an dieser

Feierstunde mitzuwirken; das habe ihn große Anstrengung gekostet. Hoffentlich treibe meine Rede die Musiker nicht aus dem Saal. »Sie sind gut«, sagte ich, »Holländer zum deutschen Volkstrauertag zu überreden. Es kommt aber nichts gegen Holländer in meiner Rede vor.«

Das klang nun so, als ob vielleicht gegen andere, vielleicht gegen Engländer oder Amerikaner oder Russen etwas vorkomme, was den Holländern ebenfalls den Blutdruck hochtreiben würde. Mit sorgenvollem Gesicht begleitete mich der Herr nach vorn.

Die Holländer spielten etwas von Mozart oder Haydn, »ich hatt' einen Kameraden« hatten sie abgelehnt, wie mir der Vorsitzende im letzten Augenblick betrübt zuflüsterte, und dann also stieg ich hinauf und trug meine paar Selbstverständlichkeiten vor.

Ich wunderte mich: es wurde still und stiller im Saal, eine so totale Stille hatte ich noch nie erlebt, und das gab meiner Stimme etwas mehr Selbstvertrauen, und am Ende hatte ich das Gefühl, meine Rede habe doch einen gewissen Eindruck gemacht. Der Applaus hörte lange nicht auf, und als ich zur Seite blickte, sah ich auch die vier Holländer applaudieren. Als ich vom Podium hinunterstieg, stand in der vordersten Reihe ein Mann auf, der ein Ritterkreuz trug, stellte sich als General Soundso vor und bedankte sich für diese Rede, »mir aus der Seele gesprochen«. Ähnliche Worte hörte ich von zahlreichen anderen Zuhörern.

Der SPIEGEL druckte in der nächsten Nummer den zentralen Teil der Rede ab, und ich setze genau diesen Teil hierher.

DER SPIEGEL *21. November 1966*

»Die Barbaren waren wir«

Der Schriftsteller Rudolf Krämer-Badoni zum Volkstrauertag in Saarbrücken

Wie, so frage ich Sie und mich, wie also sollen wir die Toten der zwei letzten Kriege feiern? Können wir sagen: Sie standen an den Thermopylen und kämpften bis auf den letzten Mann gegen die anstürmenden Barbaren? Wir können es nicht. Die Barbaren im letzten Krieg waren wir. Wir überfielen Völker mitten im Frieden, wir brachen in neutrale Länder ein, wir schlossen erst ein Bündnis mit Stalin und fuhren ihm dann an die Gurgel, wir führten Millionen Sklaven von überallher ins Reich, und in Kiew sah ich ein Wehrmachtsbordell, wohin eine junge polnische Adlige verschleppt war, die einen Selbstmordversuch nach dem anderen machte, bis es ihr schließlich gelang, ihrem Leben ein Ende zu machen.
Was soll ich von unseren Naziführern sagen, die nun fast alle tot sind – gefallen im Krieg oder freiwillig aus dem Leben geschieden beim Zusammenbruch ihrer Welt oder hingerichtet nach dem Krieg? Soll ich sie feiern? Soll ich Menschen feiern, die mit Genickschüssen, Knüppeln, Hunger, Vivisektion, Fleischerhaken und Krematorien gegen wehrlose Menschen vorgingen und Millionen von jüdischen Mitbürgern, ausländischen Juden, antinazistischen Mitbürgern und fremden Geiseln abschlachteten wie Berufsschlächter? Wenn es etwas bewirkte, würde ich diesen Menschen die Zugehörigkeit zu meinem Vaterland absprechen. Aber das wäre Geschwätz. Sie waren Deutsche, wir kommen darum nicht herum.
Ich kann sie nicht einmal Bestien nennen, es wäre eine Beleidigung für die Tiere, die den eigenen Artgenossen nicht zu töten vermögen. Aber ich verweigere diesen ehrlosen Henkern Wehrloser und Schuldloser jeden Schatten eines Gedenkens, und ich verfluche die künftige Stunde, da die verblaßte Erinnerung ihre Namen historisch neutral unter anderen historischen Namen aufzählen wird als Namen, die dies oder jenes ins Rollen gebracht haben, was wir heute noch nicht deutlich sehen. Am Volkstrauertag verweigere ich die mitfühlende Trauer jenen, die mein Vaterland besudelt haben und die Sie alle und mich besudelt haben. De mortuis nil nisi bene – dafür gibt es eine sehr genaue Grenze. Meinungskampf und zuletzt immer wieder Krieg – wir wissen, daß dies bis heute die schmerzliche Mitgift unserer Menschwerdung war …

Aber ich gedenke mit Ihnen der Millionen, die gehorsam in zwei sinnlose Kriege zogen und ihr Leben ließen, all dieser Söhne von Müttern, all dieser lebensfrohen jungen Männer, die ihrem Vaterland zu dienen glaubten. Sie glaubten, und ihren guten Glauben wollen und müssen wir ehren. Ich gedenke auch der Gefallenen, die den Nazis glaubten, es gehe um Vaterland, Ehre, Recht und Revidierung älteren Unrechts. Sie glaubten an etwas Ehrenhaftes, und ihren guten Glauben wollen und müssen wir ehren. Ich gedenke auch der gefallenen Nazis, die keine Mörder waren und sich vor Auschwitz genauso entsetzt hätten wie Sie und ich. Sie glaubten an die Illusion eines ehrenhaften Nazismus, und ihren guten Glauben wollen wir ehren. Und wir gedenken der Mütter, die in der Heimat unter den Bomben umkamen, der Arbeiter, die in den Fabriken ihr Leben aushauchten, der Flüchtlinge, die entkräftet, geschändet, gemordet am Weg liegenblieben.
Aber zuerst und mit tiefster Erschütterung gedenken wir der Millionen und Millionen Hingemordeter, in offene Gräber Hineingeschossener, bei lebendigem Leibe Verscharrter, in Krematorien Erstickter und Verbrannter, all der lebenshungrigen und zum Leben berechtigten deutschen und ausländischen Brüder und Schwestern und Kinder …
Und zuletzt, mit einem tiefen Aufatmen, gedenke ich einiger tausend Deutscher und rufe Ehre und Ruhm ihnen allen, die sich dem Verderber unserer Ehre widersetzt haben. Die Männer, die am 20. Juli 1944 ein Ende zu machen unternahmen, lassen Sie sie nicht als anachronistische Eigenbrötler oder als militaristische Egoisten verunglimpfen, wie es von drüben herübertönt. Sondern stellen Sie sich einen Augenblick lang die beiden anderen Möglichkeiten vor: Stellen Sie sich vor, Stauffenbergs Attentat hätte Erfolg gehabt, die Nazis wären hinweggefegt worden, der Krieg hätte daraufhin mit der deutschen Kapitulation geendet – welche Atmosphäre würde heute herrschen? Die Schuld der Nazis wäre vergessen, das Schicksal Deutschlands würde den Rebellen zur Last gelegt. Der Dolchstoß in den Rücken wäre das Hauptwort, das jede moralische Erneuerung unmöglich machte …
Lob und Ruhm und unendlichen Dank diesen Deutschen! Im Schatten dieser paar Tausend können wir anderen uns bergen. Las-

sen Sie uns die Bescheidenheit nicht zu weit treiben. Diese Männer gehören zu uns, sie meinten uns und unser Gesicht, sie meinten das wahre Deutschland, das auch wir zu meinen glauben... Sparta war ein Land mit vielen unangenehmen Eigenheiten, Roheiten, Unsinnigkeiten. Die Dreihundert von den Thermopylen, die unterlagen, haben ihre Stadt gereinigt und so verewigt. Wenn heute einer Sparta sagt, denkt er zuerst und unwillkürlich an jene Dreihundert.

Dies also ist der Auszug, den der SPIEGEL am 21.11.1966 druckte. Gegen Ende ist von den »beiden anderen Möglichkeiten« die Rede. Die erste: »Stellen Sie sich vor, Stauffenbergs Attentat hätte Erfolg gehabt« steht da. Die zweite, die man nun erwartet, ist der Not des Umbruchs zum Opfer gefallen. Ich trage sie hier nach: »Stellen Sie sich aber umgekehrt vor, dieser Aufstand wäre unterblieben. Die Deutschen wären für alle Zeiten als eine verbissene Horde Gewalttäter gebrandmarkt. Ein Kulturvolk, das sich widerstandslos zu solchen Dingen mißbrauchen ließe, wäre nicht länger ein Kulturvolk. So wie es gekommen ist, ist es richtig. Der Aufstand mußte unternommen werden, und er durfte nicht gelingen. Das eine um der Reinigung unserer besudelten Ehre willen, das zweite um der Gesundheit unserer politischen Zukunft willen ... Übrigens rede hier gar nicht ich. Muten wir uns das Wort zu, das der Generalmajor von Tresckow ein paar Wochen vor dem Aufstand gesagt hat: ›Das Attentat muß erfolgen um jeden Preis. Sollte es nicht gelingen, so muß trotzdem der Staatsstreich versucht werden. Denn es kommt nicht mehr auf den praktischen Zweck an, sondern darauf, daß die deutsche Widerstandsbewegung vor der Welt und der Geschichte unter Einsatz des Lebens den entscheidenden Wurf gewagt hat. Alles andere ist daneben gleichgültig.‹ ... Sie hören hier Worte, die Sie getrost neben die unvergeßlichen Verse auf die Toten von Thermopylä stellen dürfen.«

In der selben Nummer des *Spiegel* waren ablehnende Urteile Saarbrückener Lokalgrößen abgedruckt, darunter ein Satz des CDU-Fraktionsvorsitzenden im saarländischen Landtag: »Zwanzig Jahre nach Kriegsende muß man aufhören, auch noch Tote zu entnazifizieren.« Und ein anderer: »Die Leute wollen an ihre toten Söhne denken und nicht von den Nazis hören.« Der CDU-Mann war mit Sicherheit in der vordersten Reihe zugegen. Warum hat er sich nicht gemeldet? Er hätte die richtige Antwort erhalten. Neben den in den Blättern zitierten Kritikern gab es andere, die mitten in der Nacht telefonische Drohungen vorbrachten. Wir mußten eine zeitlang nachts das Telefon abschalten.

Was hatten die wütenden Leute erwartet? De mortuis nil nisi bene? Ich hatt' einen Kameraden? Sie haben sicherlich so wie ich den einen oder anderen Kameraden im Grab, aber sie haben keinesfalls alle Tassen im Schrank. Und sie haben während oder am Ende der Rede nicht protestiert, weil es da nichts zu protestieren gab. Was ich gesagt hatte, verstand sich alles von selbst. Aber hinterher allgemeines dummes Zeug reden in dem falschen Gedanken, das dumme Zeug gefalle den Wählern, das ist der übliche Kurzschluß kurzbeiniger sogenannter Politiker.

Ein paar Wochen danach war in Darmstadt die Jahrestagung des PEN-Clubs. Ich hatte gegen den Widerstand des Präsidiums durchgesetzt, daß Ernst Bloch und Hans Mayer, die nicht mehr nach drüben gingen, automatisch in den westdeutschen PEN übernommen wurden, ohne »Wahl«. Da war nichts zu wählen. Ich mußte den internationalen Generalsekretär Carver mobilisieren, um das Selbstverständliche zu erreichen. Dann organisierte ich noch einen Kongreß in Berlin, und danach hatte ich genug von der mühevollen Arbeit; ich legte nieder. In Darmstadt war ich wieder Mitglied ohne Bürden. Ich stand da im Gespräch mit einigen anderen, als Adorno zur Tür hereinkam. Er ging mit ausgestreckten Händen auf mich zu und »dankte« mir für die Saarbrückener Rede. »Aber Herr Adorno«, sagte ich, »ich habe doch nur ein paar Selbstverständlichkeiten gesagt.« Da sah er mich verschmitzt an und sagte: »Also muß ich gestehen, daß ich Ihnen diese Selbstverständlichkeiten nicht zugetraut hätte.« Und ich: »Aha.« Und ich wandte mich wieder den anderen zu. Und ich dachte: Auch der also verläßt sich lieber aufs törichte Hörensagen als auf meine Schriften.

Tja, so ging es eben wieder einmal. Für manche war ich der richtige Mann, der eine falsche Rede hielt, für andere der falsche Mann, der eine richtige Rede hielt. Ich aber konnte unter diesen beiden Gruppen keinen großen Unterschied ausmachen.

Wie normal dagegen hatte sich der *Spiegel* verhalten! Und die Monatszeitschrift »Freiheit und Recht«, die den Untertitel führte: »Die Stimme der Widerstandskämpfer für ein freies Europa«, druckte die Rede im vollen Wortlaut ab.

Seelenruhiger Kurs

Von meinen Büchern hätten wir nicht leben können, sie waren nicht aus dem Stoff zu Bestsellern. Also schrieb ich außerdem Erzählungen, Essays und Diskussionsbeiträge für Funkanstalten und alle größeren und kleineren Zeitungen. Die Zweitdrucke in kleinen Zeitungen finanzierten zum Teil das Haus, das wir 1957 in Wiesbaden bezogen.

Anfang der sechziger Jahre übernahm ich für die *Welt* die Besprechung von Kunstausstellungen im Rhein-Main-Gebiet. Ich meldete beim Feuilletonchef auch meine Lust auf Theaterrezensionen an. Auch dieser Auftrag erfolgte kurz danach.

Ich fuhr nun viel herum, aber das brachte wenig ein; 30 Mark, 50 Mark, 18 Mark, das waren so die Honorare. Also schrieb ich der Redaktion einen Brief und teilte mit, daß ich die Daueraufträge kündigte, und zwar zum Termin, der für Putzfrauen üblich sei, da die Honorare nicht ganz das ausmachten, was meine Putzfrau bekomme.

Gerade um diese Zeit lud Kunstreiter Neckermann den Hessischen Kreis zu einem Vortrag Axel Springers ein. Es ging um Presseprobleme. Springer klagte, das Fernsehen schnappte ihm mit märchenhaften Honoraren die besten Kräfte weg. In der anschließenden Diskussion widersprach ich diesem Klagepunkt: »Sie brauchen z.B. für die *Welt* Ressortchefs erster Klasse, die den Laden in Schwung halten, und Sie wollen doch nicht sagen, diese vier fünf allerersten Kräfte seien für einen Mann wie Sie unerschwinglich wegen der Fernsehkonkurrenz.«

Von den rund hundert Anwesenden kamen noch allerlei Fragen, Anregungen und Mißverständnisse, und am Ende antwortete Springer dem ganzen Bündel. Zu jedem Diskussionsbeitrag hatte er sich ein Stichwort und den Namen notiert, den ihm der neben ihm sitzende Diskussionsleiter mitteilte. Zu mir, der ganz hinten im Saal saß, sagte er, wenn in der *Welt* etwas von mir stehe, werde es ihm als Ausschnitt auf den Tisch gelegt, das habe er seit langem so angeordnet, und das wolle er mir als erstes sagen. Im übrigen hätte ich recht, er habe die Macht des Fernsehens bisher überschätzt, in Zukunft wolle er sich nicht mehr einschüchtern lassen.

Das ist das einzige Mal, daß ich Axel Springer persönlich gesehen habe, und auch das nur von weitem. Ich fuhr nach Hause und fand einen Brief des Feuilletonchefs vor: »Warum machen Sie denn keinen Vertrag mit uns?« Ich geniere mich zu gestehen, daß ich fast fünfzig Jahre alt werden mußte, bis ich – und auch jetzt nicht von selbst – auf den Gedanken kam, daß man die regelmäßige Mitarbeit an einer Zeitung vertraglich regeln kann. Ich nahm meinen letzten Steuerbescheid und schickte ihn mit dem Bemerken ein, daß ich die Hälfte meiner Zeit dem Blatt widmen müsse und folglich die Hälfte der Summe als Honorar für meine Mitarbeit benötige. Postwendend kam ein Brief zurück: Ausgeschlossen, viel zu hoch, besonders da in den Sommermonaten nicht viel zu tun sei, ein Viertel des geforderten Betrags könne man dem Budget des Feuilletons zumuten, anbei den Steuerbescheid zurück, ganz hübsche Einnahmen, to be sure.

Das Ganze schickte ich kurzerhand an Axel Springer und schrieb nur »da sehen Sie's« dazu. Zwei Tage später ein Anruf des Feuilletonchefs: »Jetzt kann ich Sie überhaupt nicht mehr beschäftigen. Sie haben sich entgegen dem Redaktionsstatut über meinen Kopf hinweg direkt an den Verleger gewandt. Das wollen wir nicht einreißen lassen.«

Ich lachte und sagte: »Hören Sie, ich gehöre weder zur Redaktion noch würde ich ihr als freier Mitarbeiter angehören. Ihr internes Statut geht mich also nichts an. Ferner habe ich gar nicht vor, ein großes Geschäft zu machen, sondern ich gebe die Hälfte meiner Zeit ab zum gleichen Preis, den sie bisher wert

war. Also: wenn nicht, dann nicht, deswegen ändert sich mein Steuerbescheid nicht. Sie sehen also, ich brauche Sie nicht, und ich hoffe, Sie brauchen umgekehrt mich nicht.«
Weitere zwei Tage später kam ohne Begleitschreiben der unterschriebene Vertrag an mit der Summe, die ich gewünscht hatte, und fast gleichzeitig ein Briefchen Springers mit den Worten: »Sind Sie zufrieden?«
Ich habe das so ausführlich erzählt, um zu zeigen, wie ich zur Mitarbeit an einer »Springer-Zeitung« kam und wieso ich keinen Grund zum Weglaufen hatte, als die Herren Revolutionäre und Bombenwerfer ihren Kampf mit Hilfe des Namens Springer zu personalisieren versuchten. Ein einziges Mal hat Axel Springer in die internen Verhältnisse eingegriffen: als er diesen Schriftsteller unbedingt und exklusiv für sein Blatt gewinnen wollte. Dann aber sah und hörte ich nie mehr etwas von Eingriffen, ich konnte schreiben, was ich für richtig hielt, ich brauchte nicht Axels Mundstück zu sein, und mit Sicherheit freute er sich nicht über meine Forderung, Adenauer, Höcherl und Strauß sollten wegen der idiotisch behandelten *Spiegel*-Affäre zurücktreten. Aber die Forderung wurde zuerst in der *Welt* gedruckt. Und als nach den Wort- auch Metallbomben geschmissen wurden und viele sich einschüchtern ließen, fuhr ich mit meinem Auto, an dem muntere Jungens nachts immer wieder Scheibenwischer, Seitenspiegel und einmal auch beide Schlösser ruinierten, zur Redaktion und sagte, ich bliebe, gleichgültig, was da noch alles komme, aber ich sei der Meinung, daß das Risiko einer Bombe unter meinem Auto honoriert werden müsse. Das Budget werde das übrigens leicht verkraften, nachdem so viele Mitarbeiter das Weite gesucht hätten. Der Chefredakteur trug meine Forderung »höheren Ortes« vor, und sie wurde erfüllt.
Viele wechselseitig respektvolle und auch freundschaftliche Beziehungen haben sich im Laufe der Jahre ergeben, und als ich monatelang meine sterbende Laura pflegte und so etwas wie einen unbezahlten Urlaub vorschlug, fragte Günter Zehm

empört, ob ich die Männer an der Spitze des Blattes nicht für Gentlemen hielte. »Sie bleiben bei Ihrer Frau in Lecco, solange es nötig ist. Klar?« Und als ich im Herbst 1984 durch einen Unfall drei Monate ans Bett gefesselt war, rief mich Ernst Cramer aus dem Berliner Springer-Haus an und sagte: »Bitte keine Niedergeschlagenheit! Sie sind bald wieder in Ordnung, und dann hinein wie immer in die Auseinandersetzungen! Es ist eine ungewisse Zeit, und zu allem Überfluß ist auch die Effektivität unserer Regierung ungewiß. Aber wir beide sind 1913 geboren, mein Lieber, wir sind noch Vorkriegsware.«

Die einfache Wahrheit ist, daß ich Springers Hochschätzung meiner Feder die Mittel verdanke, die es mir erlaubten, meine Bücher ohne Schielen nach Publikums- und Kritikerlaune zu schreiben. Daß er und ich Philosemiten geschimpft werden, ist kein Kummer, sondern eine Ehre.

Sowieso trug ich schon sehr früh die Brandmale Springer-Mann, Reaktionär und Rechter, und wenn ich nicht wie ein Löwe gegen die NPD gekämpft hätte, in Zeitungen, Rundfunk, Fernsehen und auf Podiumsdiskussionen, z.B. in Hamburg mit Bucerius gegen v. Thadden, dann hätten sie mich vielleicht noch als Neo-Nazi abgeheftet. Das taten sie dann später, als ich aus dem PEN-Club wegen wachsender Zweckentfremdung des Clubs austrat. Clubpräsident Jens hatte genau ein Jahr vorher (Mai 1976) schon etwas fertiggebracht, was seinen Hinauswurf erfordert hätte. Bei einem Druckerstreik hatten die Gewerkschaftsmitglieder in einigen Zeitungen, darunter einem Blatt Springers, unliebsame Leitartikel verhindert oder herausgestanzt. In der Charta des PEN heißt es: »Seine Mitglieder verpflichten sich, jeder Art der Unterdrückung der Äußerungsfreiheit in ihrem Land oder in der Gemeinschaft, in der sie leben, entgegenzutreten. Der PEN erklärt sich für die Freiheit der Presse ...«

Ich forderte im Auftrag einer Anzahl Mitglieder das Präsidium auf, sofort gegen diese Unterdrückung der Äußerungsfreiheit zu protestieren. Dolf Sternberger forderte Jens mündlich dazu auf. Jens fragte ihn spöttisch, ob er zugunsten eines Springerblattes auf die Barrikaden gehen wolle. Da mußte Sternberger, Ehrenpräsident des PEN, diesem armseligen Zeitgenossen klarmachen, was Pressefreiheit bedeutet, und er verlangte kategorisch eine schriftliche Abstimmung der Mitglieder. Das geschah dann, aber wie! Die Mitglieder erhielten zwei Texte zur Wahl. Das erste Blatt enthielt die klassische Formulierung gemäß der Charta. Das zweite Blatt brachte den ablehnenden Antrag des Präsidiums, das die Zensur durch Drucker und Setzer nicht Zensur, sondern Wahrung berechtigter Interessen nannte und die Pressefreiheit mit dem perfiden Bonmot lächerlich machte, in unserer Gesellschaft bestehe die Pressefreiheit in der Freiheit einiger reicher Leute, ihre Meinung an den Mann zu bringen. Die Abstimmung ergab eine große Mehrheit für die Charta-Formel, und nun hätte das Präsidium also einen Protest gegen die Unterdrückung der Äußerungsfreiheit abgeben müssen. Aber nichts da! Das saubere Präsidium veröffentlichte beide Texte mit den Abstimmungsergebnissen, und dazu die Zahl derer, die nicht geantwortet hatten. Und damit hatte Herr Jens vor seinen gewerkschaftlichen »Freunden« das Gesicht gewahrt und die Pressefreiheit, die Charta und die Raison d'être des PEN beerdigt.

Gegen Jens wurde im Club nichts unternommen. Sternberger gab seine Ehrenpräsidentschaft zurück, und ich ließ drucken, daß ich von dem PEN-Präsidenten Jens nicht einmal einen Gebrauchtwagen kaufen würde. Und ich wartete auf den Augenblick, an dem einer größeren Gruppe der Kragen platzen würde, und als der Augenblick im Jahr 1977 kam, trat ich mit aus.

Das Ganze ist nur eine Probe aus der Aktivität des geschwollenen Wichtigtuers Jens. Es ist mir zu dumm, mich mit dieser Person noch weiter zu beschäftigen. Aber: Wer diesem bösartigen guten Menschen, diesem Attentäter auf die Pressefreiheit und die PEN-Charta, in die Suppe spuckt, ist natürlich kein Neonazi, Rechter, Reaktionär oder Konservativer, sondern hat dafür, daß er der Katze die Schelle anhängt, die Speisung auf dem Prytaneum verdient. Aber ich nehme keine Orden; als ich siebzig wurde, erfuhr ich rechtzeitig von der Bestellung mehrerer Bundesverdienstkreuze für mich, rief den Ordenskanzler in Bonn an und bat ihn, von der Verleihung solcher Sachen abzusehen. »Selbstverständlich«, sagte der Herr, »schreiben Sie mir eine Zeile für die Akten.« Geschehen.

Im »Wiesbadener Kurier« habe ich, als die NPD ihre Erfolge feierte, einen Artikel »Wehret den Anfängen« veröffentlicht. Darin berichtete ich über ein historisches Modell zur Sauberhaltung des Stalles. In den letzten Jahrzehnten des vorigen Jahrhunderts gründete in Hessen ein gewisser Böckel eine antisemitische Partei. Er erfand den Begriff »judenfreie Märkte«. Von 1887 bis 1903 war er Reichstagsabgeordneter für Marburg. Aus Hessen zogen 1890 fünf antisemitische Abgeordnete in den Reichstag ein. Drei Jahre später waren es sechzehn Abgeordnete. Halb Hessen-Nassau wählte antisemitisch. Und wie verschwand Böckels Partei? Die SPD schlug in Straßenschlachten, z.B. in Hanau, die Böckelhaufen zusammen, obwohl die SPD selbst sich in der Reichsacht befand. Wenn es also eines Tages notwendig wird, so fuhr ich fort... Und einige Monate später las ich in einem Frankfurter Blatt, die Klage eines Wiesbadener Rechtsanwaltes gegen den Schriftsteller Krämer-Badoni wegen Volksverhetzung sei zum zweitenmal und endgültig abgewiesen worden. Reiner Zufall, daß ich diese Zeitung aufschlug, sonst hätte ich von der Anklage nie etwas erfahren.

Daß ich das Nest des Rotary-Clubs beschmutzte mit der veröffentlichten Forderung, ein leitender NPD-Funktionär aus Worms solle aus dem Club verschwinden, habe ich schon früher erwähnt. Das alles war nicht nur den Rechten unangenehm, die bis zur Klage wegen Volksverhetzung gingen, sondern ebenso sehr den radikal-schicken Linken: ich war nicht würdig, gegen Rechte zu kämpfen. Sie konnten sich trösten: für mich waren sie nicht würdig, mich zu loben.

Im Jahre 1968 leitete ich ein »Darmstädter Gespräch«. Als linken Diskussionsteilnehmer auf dem Podium hatte ich mir Wolfgang Abendroth ausbedungen. Ein Mann meiner Generation, mit dem ich seit der Studienzeit befreundet war, und wir mochten uns, obwohl ich weder Kommunist noch Sozialist war, und wir würden uns in Darmstadt nicht verzanken. Den jungen Narren von der Technischen Hochschule paßte das ganz und gar nicht, sie versuchten die Veranstaltung zu sprengen, aber dazu hätte ein Diskussionsleiter gehört, der sich sprengen ließ. Ich lachte sie aus und verspottete sie. Sie gingen weinend nach Hause und kamen am nächsten Tag nicht wieder.

Nicht viel anders erging es dem Darmstädter SDS (Sozialistischer deutscher Studentenbund), der angekündigt hatte: Noch einmal eine Glosse dieses Kerls, und wir zünden das Gebäude des »Darmstädter Echo« an. Ich hatte in dem Blatt die Frankfurter SDS-Leute potentielle Mörder genannt: sie hatten den israelischen Botschafter am Reden gehindert und aus der Universität hinausgeworfen. Und der Darmstädter SDS fühlte sich mitbetroffen. Aber gleich am nächsten Tag stand in dem Darmstädter Blatt ein neuer Artikel von mir: Feiglinge, keine Argumente, fordere euch auf zu öffentlicher Diskussion, falls ihr Courage habt!

Das mußten sie akzeptieren. Aber: nur in ihrem Clubhaus, also nicht wirklich öffentlich, und tatsächlich wagte sich dann niemand aus der Bevölkerung hinein. Ein Dozent namens Mohl, SDS-Mitglied, rief mich an, er werde moderieren, ich solle mir keine Sorgen machen, wir hätten einen gemeinsamen Freund, den verstorbenen Guggenheimer, ich sei also in verständnisvollen Händen, er kenne meine Schriften. Laura ging mit, sie wollte sich dazwischenwerfen, wenn es zu Tätlichkeiten käme. Ich wußte, das würde sie tun, sie hatte es bei einer ganz anderen Gelegenheit schon einmal getan.

Aber es kam nicht dazu, obwohl ein näselnder Dummkopf, der eine drei Minuten lange »historische« Einleitung geliefert hatte und von meiner etwas längeren historischen Darstellung mit Daten über Daten an die Wand gespielt wurde, aufstand und näselte, sie seien doch hier weit über hundert Genossen, und

warum eigentlich diesen dreckigen Bourgeois nicht zum Fenster hinauswerfen? Nicht nur ich, auch Mohl und einige andere lachten ihn aus.
Damals hatten die Palästinenser und ihre Verbündeten die Propaganda-Losung ausgegeben: Die Zionisten ins Meer, alle übrigen Juden dürfen unbehelligt im befreiten Palästina leben. Ich bat eine Gruppe Studenten, die offenbar aus dem nahen Orient stammten, um ihre Stellungnahme: Bomben auf einem israelischen Gemüsemarkt zerreißen Frauen und Kinder, aber keine Zionisten, doch »Sie, meine Herren, werden diese Bomben sicherlich nicht verurteilen«. Die Antwort war: »Natürlich nicht.« Einige mehr kommunistisch orientierte Studenten blickten erstaunt auf. »Und«, so fuhr ich fragend fort, »der Ruf ›Zionisten ins Meer‹ wird mithin nicht verhindern, daß dabei auch allerlei gewöhnliche Juden im Meer landen?« Da wurde einer der Orientalen ungeduldig und sagte: »Sie verstehen hoffentlich unter Revolution nicht ein Werfen mit Wattebäuschchen.«
Das war einer Gruppe von dezidiert kommunistischen Studenten zu viel. Sie gerieten in Streit mit den frei schwebend abenteuerlichen SDS-Genossen, ja sie stellten schließlich eine sorgfältige Analyse der soeben vorgebrachten Sätze in Aussicht. Unter Umständen müßten sie die Kollaboration mit dieser Palästinensergruppe aufgeben. Das sind nur einige Momente der hin- und herwogenden Diskussion. Die Mitternacht war längst vorüber, und man wiederholte sich nur noch. Auch der Näsler gab keine Ruhe, bis ich ihm schließlich näselnd empfahl, mich am – Aschermittwoch zu küssen. Und da meinte Mohl, das sei ein ganz hübscher Abschluß des offiziellen Teils, und ich bedankte mich bei ihm und bei der Versammlung, faßte Laura unter den Arm und ging. Es war zwei Uhr.
Der Korrespondent der Darmstädter Zeitung war ein Feigling; er stutzte den Verlauf der Diskussion zugunsten des SDS zurecht und machte mich wütend. Mohl rief an und sagte: »Sie hatten es gut, Sie konnten um zwei Uhr gehen. Ich mußte bis morgens um sechs den Frust meiner Genossen ausbaden.«

Als Willy Brandt wegen des Spions Guillaume zurücktreten mußte und kurz darauf die niedersächsische Landtagswahl fällig war, sagte ich unter dem Gelächter meiner Bekannten den Sieg der SPD voraus. Am Abend der Wahl war ich vom ZDF nach Bonn zu dem Fernsehgewusel zwischen der Wahllokalschließung und der Bekanntgabe der Wahlergebnisse eingeladen. Bei den ersten Hochrechnungen, die zugunsten der CDU ausfielen, konnten sie alle »noch nichts dazu sagen«, Kühn von Nordrhein-Westfalen, Kohl von Mainz, Biedenkopf, Genscher, jeder der Befragten konnte noch nicht. Als sie mich fragten, konnte ich etwas sagen: »Lassen Sie sich von diesen ersten Ergebnissen nicht stören, die SPD wird gewinnen, und ich kann Ihnen auch sagen, warum. Wehner hat zu Brandt gesagt: Willy, du Flasche, du trittst zurück, dann können wir dich als Wahlmaskottchen benutzen.« Riesengelächter. Ein Schriftsteller namens Härtling hängte seinen alte-Tanten-Kopf sauersüß lächelnd über meine Schulter ins Bild und sagte mir später, er namens Härtling hängte seinen Alte-Tanten-Kopf sauersüß lächelnd über meine Schulter ins Bild und sagte mir später, er sehe mich nicht gern in der Springerpresse schreiben, und ich präzisierte, er sehe mich überhaupt nicht gern schreiben, noch von der Zeit her, als er selbst in der Springerpresse schrieb. Da schwand sein öliges Lächeln, er hatte die Anspielung auf »Mein beneidenswertes Leben« verstanden. Dort hatte er nämlich in dem Kapitel »Zu viel Menschenliebe« lesen können, daß ich seinen ersten Roman verrissen hatte und auf die telefonische Bitte des *Welt*-Redakteurs um Abmilderung (»Härtling fängt nämlich gerade bei uns eine Serie zu schreiben an«) mit dem menschenfreundlichen Vorschlag konterte, meine Rezension in den Papierkorb zu werfen und einen anderen zu beauftragen. Was dann auch tatsächlich geschah.

Aber zurück zum Fernsehen. Ich hatte das Wort Wahlmaskottchen noch nicht ganz heraus, da stürzte der Nordrhein-Westfalen-Kühn ans Fernsehauge und schrie, das sei kein Mensch, der soeben gesprochen habe, das sei unter menschlichem

Niveau, man bedenke doch nur, dies dem wunderbaren, herrlichen, konsequenten Willy Brandt, der um der Sauberkeit der Politik willen zurückgetreten ...
Ich unterbrach ihn und sagte: »Herr Kühn, Sie sagen jetzt in pastoral-salbaderndem Ton das gleiche, das Wehner zu Willy in politischer Sprache gesagt hat, oder meinen Sie, der Wehner habe wie ein Maskottchenbenutzer, also wie Sie geredet?«
Kohl, noch immer lachend, nahm mich kurz darauf beiseite und sagte: »Wir müssen uns unbedingt mal zusammensetzen.« Ich sagte: »Ich wohne in Wiesbaden.« Und er: »Ich weiß. Ich muß nur noch vorher mit Frau und Kind in Urlaub fahren.« Meine politische Nase konnte er übrigens schon eine halbe Stunde später bewundern: die SPD hat diese Niedersachsenwahl gewonnen! Daraufhin scheint er sehr lang in Urlaub gefahren zu sein. Auf das »Zusammensetzen« würde ich noch heute warten, falls ich gewartet hätte.
Und wieso wurde das nichts? Aus zwei Gründen. Erstens versteht die CDU nicht, Kontakt zu Intellektuellen und Künstlern zu halten. Oder genauer gesagt: Sobald die CDU der Meinung ist, ein bestimmter Mann sei ihr zugetan, so ist er für sie kein Intellektueller oder Künstler mehr. Intellektuelle und literarische Künstler sind solche, die man vom anderen Ufer herüberlocken möchte, auch wenn sie komplette Esel sind. Die SPD ist da klüger. Schmidt-Vockenhausen, über den ich in der *Welt* einmal einen Bericht schreiben mußte, lud mich jedes Jahr, das Gott werden ließ, immer am gleichen Datum zu einem feierlich-fröhlichen Essen ein, ohne jede böse Absicht. Er freute sich einfach auf ein Gespräch off the record.
Zweitens hat die CDU mit mir nicht viel gute Erfahrungen gemacht. Genauer gesagt: sie bildete sich ein, mit mir nicht die richtigen Erfahrungen gemacht zu haben. Sie brauchte nur an die *Spiegel*-Affäre zu denken und sich zu fragen, ob der feuerspeiende Krämer-Badoni recht gehabt habe. Aber nein, sagten sie sich verärgert, er ist zu weit gegangen. Sie brauchten nur an eine Diskussion zwischen Stoltenberg und Hans Werner Rich-

ter zu denken, die ich im Dezember 1963 in Düsseldorf moderiert habe. Als Stoltenberg Richter für alles verantwortlich machte, was die einzelnen Autoren der Gruppe 47 verübten, und als Richter stereotyp die Verantwortung für seine Schafe ablehnte, und als das Publikum über diese langweiligen Wiederholungen zu gähnen anfing, gab ich meinen Moderatorenposten ab und bat um zehn Minuten Redezeit. Und dann sagte ich: »So, jetzt werde ich fünf Minuten lang das sagen, was Herr Stoltenberg sagen könnte und müßte, und dann fünf Minuten lang das, was Richter sagen müßte und könnte.« So geschah es, das Publikum wurde quietschvergnügt, Richter lachte fröhlich, und Stoltenberg – war sauer. Auf dem anschließenden Empfang ging er mir aus dem Weg.
Solche Erinnerungen gab es noch etliche für den oder jenen CDU-Politiker, man denke an den Saarbrückener Volkstrauertag, und als sie dann eines Tages einen großen Kulturkongreß nach Berlin einberiefen, hüteten sie sich, mich dazu einzuladen, obwohl Karl Willi Beer, der ihre Zeitschrift »Politische Meinung« leitete, dringend danach gerufen hatte, wie er mir hinterher »zum Trost« telefonisch mitteilte. Worauf ich allerdings lachend sagte: »Zum Trost? Aber lieber Beer, ich bin froh, mir diese fruchtlose Strapaze erspart zu haben.«
Als Kennedy in Bonn deutsche Schriftsteller zu sehen wünschte, aber ohne Grass auskommen mußte, wurde ich vom Kultursprecher der CDU angerufen zur telefonischen Begutachtung eines zwei Seiten langen Rechtfertigungstextes, den der Bundeskanzler der höhnisch fragenden Presse übergeben wollte. Ich habe den Namen des Sprechers vergessen, ich kannte den Mann, er war seines Zeichens Amtsarzt in Gießen. Ich sagte: »Sind Sie von den Socken? Erstens: eine Erklärung muß zehn Zeilen lang sein, sonst druckt sie niemand. Zweitens: Rechtfertigung gibt es in diesem Fall nicht. Drittens: zwei Möglichkeiten, entweder stur den Mund halten oder schlicht mitteilen, man bedauere dieses technische Versehen.« Was sie dann gemacht haben, weiß ich nicht, ich habe jedenfalls nichts darüber in den

Zeitungen gesehen. Nebenbei: Daß sie sich bei einem Schriftsteller Rat holten, den sie ebensowenig eingeladen hatten, das fiel ihnen gar nicht auf. Sie hielten mich für einen der ihren, also war ich kein richtiger Schriftsteller.

Aber nicht nur Parteien können von mir keine Parteiräson erwarten, auch kein mit mir am selben Strang ziehender einzelner kann meinen Namen für seine Zwecke einspannen. Ich habe den Freien Deutschen Autorenverband mitgegründet, um dem parteihörigen Verband Deutscher Schriftsteller einen politisch neutralen Berufsverband entgegenzusetzen. Dann kann natürlich der Präsident sich nicht über den Vizepräsidenten Krämer-Badoni hinwegsetzen und plötzlich im bayerischen Wahlkampf eine Erklärung des Verbandes für die CSU abgeben. Ich trat bei der nächstbesten Gelegenheit aus: Der Vorstand wollte mit einem unsäglichen gemeinschaftlichen Opusculum, das ich ablehnte, etwas zur Rettung der deutschen Sprache tun. Als das Ding dennoch erschien, rezensierte ich es in »Christ und Welt« unter dem Titel »Schützt die Sprache vor ihren Rettern« und trat aus dem Verband aus.

Übrigens gefiel Laura das Gesicht des Präsidenten nicht, wie ihr auch das Gesicht eines Verlegers mißfiel, der folglich kein zweites Buch von mir erhielt, und ebenso war ihr kurz nach dem Krieg das Gesicht eines führenden Journalisten zuwider, mit dem ich mich befreundet glaubte. Auf ihre spontane Menschenkenntnis konnte ich mich verlassen und tat es doch manchmal nicht. Die Reue blieb nie aus.

Dafür gefiel ihr an Männern, die in den letzten Jahren bei uns auftauchten, das Gesicht des Michele Topa, der für das Giornale Nuovo nach Bonn kam und den wir im Laufe der Jahre sehr liebgewannen, und das Gesicht des Guy Stern, eines Germanisten von der Wayne State University in Detroit, der über Exilliteratur arbeitete und im Jahr 1977 aus bestimmten Gründen »Jacobs Jahr« von 1943 genau kennenlernen wollte. Seitdem macht er jedes Jahr einen Besuch in Wiesbaden, und Laura freute sich darüber genau so wie ich, und einmal hat sie in einer wichtigen Sache, die mich betraf, ihre Meinung auf seine Argumente hin auf der Stelle geändert. Als der »Jacob« neu aufgelegt wurde, beschimpfte mich Guy, denn wenn er rechtzeitig davon erfahren hätte, wäre das Vorwort, das ich zur Neuauflage schrieb, unbedingt von ihm gewesen und nicht von mir. Das tut mir leid. Aber eines Tages wird er mir vielleicht ein Nachwort schreiben.

Um dieses Kapitel abzurunden, mag hier eine Stelle aus Lauras Tagebüchern stehen. In Gesellschaft von »Freunden« spreche ich über eine Hamlet-Inszenierung des amerikanischen Regisseurs Marowitz, die er für die Wiesbadener Maifestspiele gemacht hat. »Rudis Darstellung des Marowitz-Hamlet ist sehr gut. Trotzdem fällt sie auf groben Boden. Ihre konservativ-bürgerliche Einstellung bleibt unangekratzt. Sie schütteln den Kopf.« Zwei Jahre später ist Marowitz in Wiesbaden mit Websters »Weißem Teufel«. Das Publikum ist verstört, die Rezensenten kauen an ihren Federhaltern. Ein paar Tage später notiert Laura: »Wir finden Plakate mit einem roten Überkleber: Rudolf Krämer-Badoni in der *Welt* – ein theatralischer Leckerbissen.«

Da ich kein Sozialist bin, nehmen mich die Bürger für einen der ihren, nehmen mir aber meine Kunstprodukte und Kunsturteile meistens nicht ab. Da wissen sie besser Bescheid, tatsächlich, das hörte ich manchmal, und das erheiterte mich ungemein. Und ebenso staunen die konservativen Politiker, daß ich ihnen keine Frondienste leiste. Aber eine Frau kenne ich, eine Freundin Lauras, die meine Bücher und Artikel leidenschaftlich sammelt, obwohl sie auf den Sozialismus baut und ihr Mann die Liberalen für die Retter der Welt hält. Sollten solche Leute die Unbekannten sein, die alle meine Bücher zu kaufen pflegen? Ich weiß es nicht. Und es kommt noch etwas hinzu.

Es kommt hinzu, daß ich mein Lebtag nichts für meine »Publicity« getan habe. Andere reisen durch die Lande und lesen in Volkshochschulen, Gymnasien, Buchhandlungen, aber meine Lesungen, zu denen man mich überreden mußte, könnte ich an den Fingern einer oder beider Hände abzählen, wenn ich mich überhaupt daran erinnerte. Kein Verleger wurde je von mir aufgefordert, Reklameinserate in Zeitungen zu setzen. Ein einzigesmal habe ich in einem großen Wochenblatt für die Ankündigung eines meiner Romane gesorgt und hatte dann das Vergnügen, jenen schon erwähnten Kritiker, der öffentliche Distanz mit privatem Schunkeln verbindet, am Telefon protestieren zu hören: »Wer hat Ihnen erlaubt, einen Satz aus meinem Brief zu zitieren?« (Es handelte sich um einen lobenden Satz.) »Wie stehe ich jetzt vor meinen Freunden da!« Wörtlich, ich schwöre es. Und ich antwortete: »Diesen Satz, Monsieur, wollte ich von Ihnen hören. Und Sie waren also tatsächlich so dumm, ihn auszusprechen.« Aber lassen wir das, ich sagte ihm noch einiges andere, das ihm die Sprache verschlug, aber das bleibt unter uns, unter ihm und mir, und auch sein Name sei verschwiegen. Sonst aber – nichts von Reklame oder dem üblichen Gedrängel nach Überall-dabeisein. Selbst im Zeitalter des Schnellverderbs aller Neuerscheinungen bleibe ich dabei: Ein Werk hält entweder von selbst stand, oder es geht verdientermaßen unter. In dieser Beziehung lasse ich mich gern konservativ nennen. Der Mensch ändert sich nicht so gewaltig, wie das Oberflächengekräusel der Erscheinungen glauben macht. Moralisch hat er sich seit der Steinzeit nicht gewandelt.

Als ich jünger war, glaubte ich in meinem Landsmann Stefan George einen ähnlich denkenden und handelnden Literaten zu sehen: keine Reklame, kein Rumoren in der Öffentlichkeit. Eines Tages aber wurde mir klar, daß George der gerissenste aller literarischen Geschäftsleute war. Die fünfzig Freunde, die er irgendwann umarmt und geküßt hatte, »durften« seine Bücher kaufen. Jeder dieser fünfzig hatte ebenfalls einen Kreis von Freunden, die er irgendwann umarmt und geküßt hatte, und auch die durften kaufen. Und so weiter. Man nennt diese Methode das Schneeballsystem. Im Nu sind Tausende erreicht, zu schweigen von den Neugierigen, denen die Verborgenheit des Dichters keine Ruhe läßt.

George konnte also nicht mein ungeschäftlicher Schutzheiliger sein. Meine Leser wurden von mir weder umarmt noch geküßt. Sie haben mein Œuvre freiwillig erworben, selbst zu der Zeit, als die vereinigten Pseudorevolutionäre ein Tabu über mich zu verhängen suchten. Ich grüße sie alle lächelnd.

U.A.w.g.

»Rudi sagt: man kommt nach Hause, und man fühlt sich voller Läuse.« Das notierte Laura im Jahre 74, als wir von einer Einladung nach Hause kamen, bei der die Gastgeber wieder einmal nicht begreifen wollten, daß man mich bestimmten ambitiösen Leuten nicht ohne Gefahr »vorführen« konnte. Solche Leute, vermutlich jugendbewegt während ihrer Pubertätsjahre, redeten all das Zeug, das ihnen vom Fernsehmob und von ihren pubertären, diesmal »revolutionären« Söhnen und Töchtern eingetrichtert wurde, und sie glaubten sich meines Verständnisses sicher, da sie ja sahen, wie ich für so unverständliches Zeug wie Fontana und Dahmen und für so närrische Regisseure wie Marowitz und Heyme warb, womit sie zwar nichts anfangen konnten, aber immerhin, wenn ich schon auf diesen Gebieten so übertrieben auftrat, mußte ich auch für ihre Modernität ein Herz haben. Es war wieder einmal der übliche Kurzschluß: wer in der Kunst aufs Ganze geht, muß ja wohl auch in der Politik aufs Ganze gehen. Aber statt ihnen darüber einen freundlichen, fruchtlosen Vortrag zu halten, glotzte ich sie gelangweilt an und schwieg. Und die Gastgeber wurden nervös.

Andererseits hatten diese Leute, besonders zwei aufgekratzte Lehrer der Gastgeberkinder, alles gelesen, was man damals gerade gelesen haben »mußte«, und sie schwärmten davon mit erwartungsvollem Augenrollen, bis ich schließlich die Fassung verlor und »Mist« sagte. Die Stimmung, die bisher etwas über null lag, sank nun mit einem Ruck unter null, und die Trockenbeerauslese des Gastgebers konnte daran auch nichts mehr ändern.

Zehn Jahre vorher finde ich eine Notiz in ihrem Tagebuch,

anläßlich einer anderen Einladung: »... der erste angehender Professor in Bochum, sehr eingenommen von sich selbst und unsympathisch, der zweite ein harmloser Kerl. Die Frauen Trampel.« Der erste wurde dann zeitweise als politischer Senkrechtstarter bewundert, doch dann ging dem Heißluftballon langsam der Brennstoff aus.

Ein anderer Mann, der eine hochtrabende, wenn möglich noch höher als hoch trabende Frau hatte, füllte uns zuliebe und zuleide sein Haus des öfteren mit »Prominenz«, und eines Tages hörte ich seine Frau zu ihrem studierenden Sohn sagen, er dürfe nie vergessen, daß er aus einem vornehmen Haus stamme. Mir fiel der Unterkiefer herunter, und ich schlug Laura vor, hier in Zukunft kurzzutreten.

Als ich die Witwe eines Schriftstellers fragte, wer zu ihrer Einladung sonst noch komme, fragte sie erstaunt zurück, warum ich das im voraus wissen wolle. »Weil ich es davon abhängig mache, ob wir kommen. Für langweiligen small talk habe ich keine Zeit, oder besser: keine Lust.« Sie brach die Beziehung nicht ab, sondern besserte sich.

Und dann waren von Zeit zu Zeit zudringliche Skalpjäger abzuwehren. Brieflich auftretende Jäger sind leichter abzukühlen: im Papierkorb.

Daß der Rotary-Club, in den ich mich für einige Jahre locken ließ, eine high-class-Angelegenheit sei, hatten wir nicht erwartet. Aber nach einem Abend mit Damen notierte Laura: »Sehr gut nach wie vor das dunkelgrüne Kleid der Turrini. Die anderen Frauen haben Lümpchen an. Haben sie denn so wenig Geld, diese reichen Leute?«

Sie gaben für ihre Frauen wenig Geld aus, und die Frauen merkten es kaum. Deutschland war längst ein Land der totalen Konfektion geworden, und da sah dann eben das meiste nach Lümpchen aus. In Wiesbaden kannten wir eine einzige »künstlerische« Schneiderin. Ihre Haute-Couture bestand darin, Pariser Modelle zu studieren und sie – zu verbessern. Nach einem oder zwei enttäuschenden Versuchen kehrte Laura reu-

mütig zu ihren Mailänder Schneiderinnen zurück, die an den Modellen nichts zu verbessern fanden.
Sie notierte natürlich auch gelungene Abende. Manche Gastgeber waren gelehrig und stellten entweder ihre Gästeliste besser zusammen oder luden uns nicht mehr ein; beides fanden wir lobenswert. Unsere eigenen Einladungen waren stets sichere Treffer, es sei denn, ich verdarb sie, einigemale durch Schweigsamkeit, einigemale aber durch ununterbrochenes Reden, noch dazu über Dinge, die niemand interessierten. So dozierte ich einmal einen ganzen Abend lang über Dante und seine unverwüstliche künstlerische Höhe, obwohl uns seine Botschaft kaum noch etwas angehe. Und dabei wußte ich oder mußte es wissen, daß kein gewöhnlicher Deutscher und besonders keiner der Geladenen sich von Dantes Kunst ein Bild machen kann; er würde vergeblich zu einer der vielen Übersetzungen greifen. Er stünde vor einem toten Präparat. Die Göttliche Komödie ist unübersetzbar.

Der Unterschied der gesellschaftlichen Schichtung in Deutschland und in Italien erschöpft sich nicht im verschiedenen Ausmaß der Konfektion. Als wir heirateten, gab es noch eine Menge Schuhmacher, die Maßschuhe für Männer machten, und sie hatten ihre feste Kundschaft. Das ist fast ganz vorbei. Heute gibt es in Mailand noch einige berühmte Meister, die elegante Damenschuhe nach Maß anfertigen. Daß Damen ihre Kleider bei bekannten Mailänder Schneiderinnen anfertigen lassen, ist auch heute noch selbstverständlich.
Die Unterschiede bedeuten, daß es in Italien noch eine alte, gewachsene »Gesellschaft« gibt, während in Deutschland drei politische Umstürze, eine jahrelang wütende radikale Inflation nach dem ersten Weltkrieg und eine Elendszeit und »Währungsreform« nach dem zweiten Weltkrieg aus den früheren Schichtungen weitgehend eine nivellierte Masse gemacht haben, eine Art generelles gehobenes Kleinbürgertum.

Das hat seine sozialen und politischen Vorteile, es kann einen aber auch melancholisch stimmen.
In Italien gab es, wie in allen anderen westlichen Ländern außer Deutschland, so gut wie nichts von diesen Katastrophen. (Mussolinis Herrschaft hat keine sozialen Verschiebungen bewirkt.) Natürlich gibt es Neureiche, die gab und gibt es überall. Und selbstverständlich verarmen manche alten Familien, auch das ist nichts Neues. Aber Gesellschaft heißt in allen westlichen Ländern noch immer: zahlreiche alte Familien mit Tradition und mehr oder weniger erhaltenem Besitz und Prestige. (Bei uns muß es heutzutage statt »zahlreiche« bescheiden »einige« heißen.) Erst die ökonomische Weltkrise dieser Jahrzehnte dezimiert in wirtschaftlich schwachen Ländern wie Italien diese gewachsene Gesellschaft, und die Nivellierung schreitet voran. Den Deutschen kann das nicht mehr passieren.
In den dreißiger Jahren waren die traditionsreichen wohlhabenden Familien ebenso kinderreich wie die Masse der Bevölkerung. Laura hatte elf Geschwister, die aus zwei Ehen ihres Vaters stammten. Das war gar nichts Außerordentliches. Heute wäre es außerordentlich.
Der Stolz des alten Herrn war der Großvater oder Urgroßvater, der gegen die Österreicher kämpfte und eines Nachts mit seinem Jüngsten in der Kiepe auf dem Rücken außer Landes flüchten mußte. Und den Antiklerikalismus, der automatisch mit der Einigung Italiens und der Besetzung des Kirchenstaates einherging, hatte der alte Herr noch immer im Blut; er amüsierte uns häufig mit Portas scharfzüngigen antiklerikalen Mundartgedichten, die er auswendig wußte. Wenn er manchmal schlecht gelaunt aus dem Betrieb zum Mittagstisch kam, brauchte ich nur irgendein komisches Porta-Zitat anzubringen, und schon war die schlechte Laune verflogen, und er fuhr da fort, wo ich aufgehört hatte.
Italien paßt sich allmählich der zunehmenden Massenkultur an. Das nördliche Hinterland Mailands, das einige der besten Käsesorten der Welt produziert, Robbiola, Taleggio, den selten

werdenden echten Gorgonzola, ganz abgesehen von den vielen anderen Sorten anderer Gegenden, dieses Land akzeptiert jetzt plötzlich auch geschmacksarmen deutschen Schmelzkäse! Der echte Gorgonzola wird immer mehr von einer maschinell schnellgereiften Sorte verdrängt, die anfangs in Italien und heute noch in Deutschland als Gorgonzola verkauft, in Italien aber sehr schnell von Gesetzes wegen mit dem Namen Dolceverde (Süßgrün) versehen wurde. Als dieses Zeug aufkam, habe ich in Lecco eine Wette gewonnen. Die Hausfrau brachte einen Dolceverde auf den Tisch, und ich, der von der Neuerung so wenig wußte wie das ganze Haus, behauptete steif und fest, das sei kein Gorgonzola. Da kam ich natürlich übel an. Die Hausfrau war zutiefst beleidigt, als ich den Käse auch noch schlecht nannte. »Was willst du denn wissen!« Ich blieb dabei und bot Wetten an. Am nächsten Mittag teilte der alte Herr halb verlegen, halb schmunzelnd mit, er habe den alten Locatelli angerufen und ihm von dem naseweisen deutschen Schwiegersohn erzählt, aber da habe Locatelli gesagt: »Mein lieber Pino, drück deinem jungen Mann meinen Respekt aus. Er hat recht. Die monatelange Reifung in Höhlenlagern wird zu teuer. Aber für mich und meine Freunde mache ich natürlich noch die alten Formen. Ich schicke dir eine rüber.« Und bei diesen Worten trug die Köchin ein Riesenrad ins Speisezimmer. »Wo hast du die feine Zunge her?« fragte der Alte kopfschüttelnd. »Na, von wo denn? Die habe ich mir hier bei euch gebildet, an diesem Tisch.«
Jede kinderreiche Familie bildete zunächst einmal eine große Sippe, die über die ganze Umgebung verstreut war, und zu den Festtagen machten Laura und ihre Schwestern Besuche in Como und in kleineren Orten bei ihren nahen Verwandten. Dann wieder kamen die Verwandten an, unangemeldet, das versteht sich. Man gehörte dazu. Die verschiedenen Sippen hatten einen loseren Verkehr untereinander, aber man kannte sich, das war selbstverständlich. Es war schön, als wir jung waren, wir gehörten überall dazu, und im Sommer fuhr man an die Riviera, oft in ein bescheidenes Haus, das diesem oder jenem

Verwandten gehörte, manchmal war es auch nur eine Etage, z.B. in Monterosso, denn so gut wie den Agnellis ging es unserer Sippe natürlich nicht. Und ich konnte mich nicht mit Malaparte vergleichen, den Mussolini nach Forte dei Marmi (!) »verbannte«, wo er in der Luxusvilla einer befreundeten Contessa an seinen Büchern arbeitete und während des Rußlandfeldzugs dem Duce ein Briefchen schrieb: er möchte gern als Journalist mit den italienischen Truppen nach Rußland gehen, und der Duce schrieb ihm ein zustimmendes Briefchen zurück. Luxuriöse Gräfinnen gab es in unserer Sippe nicht, und ich war ganz gern – kein Malaparte. Er hat hinterher »Kaputt« geschrieben, ein elegantes Buch, und ich »In der großen Drift«, ein sehr nachdenklich machendes Buch. Als ich ihn einmal wegen seiner Großmäuligkeit attackierte, schrieb er: »Was will der Badoni eigentlich in der deutschen Literatur?« Und die Gruppe 47 hielt sofort freudige Zwiesprache mit ihm. Mich juckte es in den Fingern, nun meinerseits zu schreiben: »Und was will der Kurt Suckert in der italienischen Literatur?« Denn das war sein wirklicher Name. Aber es war mir zu dumm.
Mit einem leisen Bedauern sah ich in Lecco hie und da im Vorbeigehen durch ein stets verschlossenes schmiedeeisernes Tor eine von Grün verdeckte Villa in einem Park, in der, wie ich hörte, ein altes Fräulein lebte, die letzte einer ehmals angesehenen, ehmals reichen Großfamilie. Auch der größte Schwung auf dieser Welt splittert und bricht eines Tages.
In die Leccheser Gesellschaft wuchs ich als selbstverständliches Glied hinein. Ich gehörte dazu. Nie sah ich das Land mit den Augen eines Touristen, nie von oben herab, sondern immer von mitten heraus. Unser ältester Sohn lebte seit seinem zehnten Lebensjahr beim Großvater, so teilten wir mit ihm auch italienische Schulprobleme, Laura reiste öfter einige Wochen vor den Examina zum Griechisch- und Lateinbüffeln, und wir genossen es sehr, ihn bei passender Gelegenheit Dante zitieren zu hören, wobei ich manchmal vor Lachen unter den Tisch ging. Ich habe schon erwähnt, daß ich über Marie-Luise von Kaschnitz den

Kopf schütteln mußte, die sich nach mehrjährigem Aufenthalt in Rom schwarz auf weiß über einen italienischen Tischnachbar wunderte, der mit Leichtigkeit aus der Divina Commedia zitierte. Sie lebte eben hauptsächlich in der deutschen Kolonie. Ich hätte nicht gewußt, was ich mit der deutschen Kolonie anfangen sollte. Ich gehörte zu einer italienischen Familie.

In Deutschland war es anders. Ich konnte Laura keine geschlossene Sippe bieten, in die sie hätte hineinwachsen können. Meine Eltern waren einfache Leute, die erfolgreichen Brüder meiner Mutter waren über ganz Deutschland verstreut und hatten zu ihrer ärmlich verheirateten Schwester kaum eine Beziehung. Laura hat einen einzigen von ihnen bei der Beerdigung meiner Mutter eine Stunde lang gesehen. Mein Vater hatte drei Brüder und zwei Schwestern, um die er sich nicht kümmerte, obwohl die beiden Schwestern eine halbe Stunde entfernt in Geisenheim wohnten, die eine mit einem großen Bauern verheiratet, die andere mit – ich weiß nicht wem. Einen seiner Brüder, der in Frankfurt Postamtmann war, habe ich überhaupt nie gesehen. Ich habe nicht herausgefunden, was diese Abwesenheit jeglichen Familiensinns in beiden Zweigen zu bedeuten hatte, aber ich habe auch nicht darüber nachgedacht; mir ging es natürlicherweise genauso. Ich glaube, Laura hat von der Existenz meiner Verwandten nichts erfahren, aber das war, wie gesagt, nur geringfügig weniger als meine eigenen verwandtschaftlichen Kenntnisse.

Wer immer uns in Deutschland kennenlernte, traf lediglich auf unsere kleine Familie und gelegentlich auf meine unverheiratete Schwester. Das war eine angenehm einfache Situation; unsere Großfamilie hatten wir am Comer See; wir brauchten nur eine Familie; wir vermißten nichts. Und wir wunderten uns auch nicht darüber, daß mancher Deutsche, der aus einer generationenalten Produzentenfamilie stammte, bei näherem Kennenlernen ein Banause und Flegel war, den wir schnellstens wieder fallen ließen. Es ist auf der ganzen Welt das gleiche: In jeder gewachsenen Gesellschaft (wo es noch gewachsene Gesellschaft gibt) sind einige Glieder Ekel, Flegel oder auch zwielichtige Figuren, aber – sie gehören dazu. Und wenn einer ein noch so großes Rindvieh ist, er gehört dazu. In meinem Roman »Bewegliche Ziele« hält Niko, der schnodderige Sohn eines Großindustriellen, bei einem feierlichen Familienessen eine entsprechende Rede und entgeistert seinen alten Herrn nicht wenig. In Deutschland konnten wir je nach Laune einen reichen Flegel fallen lassen, in Italien nicht. Wenn er dazu gehörte, gehörte er eben dazu. Man war einander abgeneigt, man geriet in Streit, aber keiner der Streitenden war zu eliminieren; beide gehörten nun einmal dazu. Und so ergeht es der Familie und Sippe, zu denen der deutsche reiche Flegel gehört; sie haben ihn nun mal in der Mischpoke, basta, sie können ihn nicht loswerden. Aber wir konnten ihn ohne weiteres los werden.

In Deutschland lebten wir ungebundener, aber auch ungestützter als in Italien. Drüben gehörten wir zu einer angesehenen Familie und Gesellschaft, gleichgültig, wie wichtig oder unwichtig mein Beitrag zum Wohl oder Unwohl der Menschheit war, hier in Deutschland ging es umgekehrt nur um den »Beitrag«, also um die Bewunderung oder Ablehnung meiner Schriften, mit zunehmenden Jahren auch um den akkumulierten Ruf, der sich meist auf Hörensagen stützt und in Zustimmung und Ablehnung fast immer auf oberflächliche Mißverständnisse zurückgeht.

Und da wir hier das gesellige Leben mit wissender Distanz nahmen, konnten wir nur lachen über Leute, die auf der gesellschaftlichen Leiter kletterten, mit vornehmem Getue, lächerlich übertriebenen Einladungen, und sich dabei lediglich unmöglich machten. Man kann sich keine Familie, keine Sippe, keine gewachsene Gesellschaft kaufen. Oder man muß sich scheiden lassen und eine Richtige heiraten, so wie Napoleon, der seine Josephine gegen die Österreicherin austauschte. Auch das hat sich nicht gelohnt.

Eine Art von Geselligkeit kannten wir, die unfehlbar war. »Wir zwei haben zu Hause ein sehr lustiges Abendessen mit Sekt,

Toast, Paté de foie gras. Lachen, lustig und sinnlos.« Und sie tanzte gern. Manchmal notiert sie mehrere Tage hintereinander, daß sie »mit R.« von 11 bis 1 oder 2 oder länger in einem Night tanzen war. Und sie wünschte stets die neuesten Tänze in ihrem Grundmuster kennenzulernen, und ich ging mit zum Tanzlehrer und probierte, aber ich vergaß das alles ebenso schnell, wie ich es lernte. Macht nichts, wir tanzten trotzdem nicht schlecht. Bekannte, die manchmal mit von der Partie waren, konnten nur stören.

Und obwohl wir ein ganzes Leben lang Tag und Nacht zusammen waren, haben wir uns keine Sekunde gelangweilt. Gelangweilt haben wir uns höchstens in Gesellschaft, da heißt es öfter »R. klagt über Langeweile«, oder im Theater, da gab es auch Langeweile genug.

Natürlich vermißten wir manchmal Menschen, die unser Weltverständnis haben und außerdem total sympathisch sein sollten. Einige habe ich genannt, aber sie lebten weit entfernt. Einmal sagte Laura, als wir ein paar Leute zum Abendessen hatten, nachdenklich vor sich hin: »Wo sind die Menschen, die wirklich zu uns passen?« Das brauchte niemand übelzunehmen, die Anwesenden mochten sich nach Belieben zu dem »uns« rechnen. Aber eine in Wiesbaden verheiratete Italienerin bekam einen Wutanfall, hopste wie ein böses Kind auf ihrem Stuhl auf und ab und rief mit ihrer krähenden Stimme: »Ja, zum Teufel, dann ladet euch halt eure Schriftsteller ein!«

Wir lachten. Das war der schlechteste Rat. Darüber war seit Jahrzehnten entschieden. Nachdem Laura in Rüdesheim Hans Werner Richter und allerlei Leute aus seiner Crew erlebt hatte, fragte sie eines Tages, ob alle deutschen Schriftsteller Kleinbürger oder bestenfalls Proleten seien. »Die meisten«, so schien mir die richtige Antwort; »denn die Gides und Mauriacs findest du bei uns nicht, nachdem die deutsche Gesellschaft in diesem Jahrhundert dreimal durch den Wolf gedreht wurde.« Und dann wollte sie wissen, ob ich großen Wert auf diesen Umgang legte. Ich fand: Nein, keinen Wert.

Von da ab unterblieb unser Umgang mit deutschen Schriftstellern, wenn er zu vermeiden war. Einige tauchten dann doch gelegentlich auf, und es waren nicht alle Proleten. Aber wir ermunterten keinen.
Ein Problem war für uns das gesellige Leben der beiden Söhne, die mit uns in Deutschland lebten. Es war für einen heranwachsenden Jungen nicht unbedingt angenehm, im Reitclub von einem herablassenden Herrn angeredet zu werden: »Man kennt hier deine Eltern nicht. Was treibt denn dein Vater so?« und etwa auf die Antwort »Schriftsteller« ein bedauerndes Lächeln zu sehen. Schriftsteller, das kam für die Herrschaften kurz vor dem Offenbarungseid. Und in achtzig von hundert Fällen haben sie sogar recht.
Hätten wir, um den Kindern einen gesellschaftlichen Rahmen zu geben, in alle möglichen Clubs eintreten und jene Kletter-Parties geben sollen, über die ich gerade gespottet habe? Laura tat das einzig richtige; sie gab Parties für die Freunde und Freundinnen der Söhne, d.h. ein Sohn gab jeweils zu irgendeiner Gelegenheit eine Party, aber vorbereitet wurde das stets von uns. Ich glaube mich sogar zu erinnern, daß Laura diese kleinen Festivitäten sorgfältiger vorbereitete als unsere eigenen Abende. Sie zitierte manchmal ein lateinisches Wort, ich glaube, es stammt von Juvenal: Maxima debetur puero reverentia. Dieser Text ging auch als Telegramm an den Ältesten, als er auf der weltbekannten Mailänder Technischen Hochschule seinen Doktor in Ingenieurwissenschaften bestanden hatte.

Glückliche Tage

»Quel che fa una vita è la vita di tutti i giorni, non le scappate.« Das sagte Laura in Lecco zu einem Freund des Hauses, der einer ihrer Schwestern gute Ratschläge gab zur Belebung ihres monotonen Privatsekretariats beim Vater. Sie solle, meinte er, öfter schöne Reisen machen und sich exquisite Garderobe anschaffen. Und als Laura das mit anhörte, unterbrach sie seine Phantasien und sagte das, was auf Deutsch lautet: »Was ein Leben ausmacht, ist das alltägliche Leben, nicht das gelegentliche Ausbrechen.«
In ihrem Tagebuch steht es auf italienisch, so wie sie es zu dem Mann gesagt hat.
Und hier muß ich endlich sagen, daß ich nie gewagt habe, ihre Tagebücher aufzuschlagen. Und zwar aus Angst. Aus Angst, meine Unzulänglichkeiten notiert zu sehen, die ich nicht aus der Welt schaffen und nicht mehr vergessen machen kann. Aber es bleibt mir keine Wahl; seit ich meine Erinnerungen ordnen und aus der Vergessenheit zurückholen will, muß ich die Bücher lesen und mir alles zumuten, was nicht mehr zu bessern ist.
Quel che fa una vita – eine so bestimmt ausgesprochene Sentenz ist natürlich nicht die Verfertigung eines Gedankens beim Reden, sondern Frucht und Reflexion der Erfahrung. Und tatsächlich finde ich schon zehn Jahre vorher eingetragen: »Zwetschenmarmelade, gerne angefangen, dann wird der Morgen schrecklich und unerträglich. Die schönen Sachen des Alltags sind mir verwehrt. Ich habe keinen Alltag.« An dem Abend, an dem ich Alleingebliebener auf diesen Satz stoße, lese ich nicht weiter, sondern sitze da und starre vor mich hin.
Ich hätte weiterlesen sollen. Zwei Monate später hätte ich ge-

funden: »Am Nachmittag bewege ich mich still in der Küche, engelhaft glücklich.« Und weitere zwei Monate danach: »Sehr glücklicher Tag aus kleinen Sachen gemacht. Alltagsfreude, wie ich sie wünsche.« Und in derselben Zeit übergebe ich ihr das erste Exemplar von »Über Grund und Wesen der Kunst«, und sie schreibt: »Seine handgeschriebene Widmung gefällt mir sehr: ... Nicht nur mit Kunstwerken, nein, mit der Liebe suchen wir uns der Detention, dem Verfall, entgegenzustemmen. Ich gehe in mich – geh du aus dir, so hast du mich im selben Moment begnadigt. O Zeit – o Liebe ...« Und in eben dieser Zeit finde ich: »Rudi nach Köln zum Kongreß für kulturelle Freiheit. Bleibt die Nacht weg. Lieber Rudi.«
Auch hier las ich nicht weiter, aber erschüttert von Glück und Trauer. Dies zu entdecken: sie war eines Abends so glücklich, daß sie dem Abgereisten nachsinnend einfach niederschrieb »Lieber Rudi«, dies zu entdecken ist ein unendlich kostbarer Fund, ja unendlich, ein unverwehbarer Wink übers Grab hinaus. Zeit ist ausgewischt ...
Gewiß, einmal muß ich lesen: »Tötender Freund«, aber am Tag darauf: »Gute heilende Worte R.s«. Der unstete Narr und jählings Ausbrechende war immer ich, niemals sie, das wußte ich immer, auch ohne schriftliche Zeugnisse. Was ich nicht mehr wußte, ist, daß sie stets bereit war, den Insichgegangenen sofort wieder glücklich zu umfangen. »Im Wohnzimmer kommt mir Rudi mit verändertem Gesicht entgegen, mit seinem zarten Taugesicht entgegen, und das Eis schmilzt. Wir sind sofort glücklich.«
Es ging um mehr als um Rechthaben und Rechthaberei, es ging um viel mehr als um Bestehen auf der eigenen Persönlichkeit. Erst jetzt begreife ich, was wir in all den Jahren nicht wußten und doch wußten: Die eigene Persönlichkeit blüht überhaupt erst auf im zustimmenden, liebenden Aufgenommenwerden. Da hört Rechnen und Zurechnen auf, da gibt es nicht mein Teil und dein Teil, da gibt es nur aufeinander Zuschwimmen, auch wenn eine Welle von Ärger dir plötzlich übers Gesicht schwappt. In-

einander ertrinken, das ist unmöglich? Was liegt daran, ob etwas möglich ist, was du zu wollen nie aufhören kannst, nie aufhören willst? Illusionen? Wenn die Illusion Liebe ein Leben lang hält, dann will ich nichts anderes, dann ist sie – das herrliche Leben.

»Gestern und heute herrliche Tage mit hohem Sommerwind und großem klaren Himmel. Abend spät arbeiten wir im Garten. Wenn ich zum Schluß spritze, ist das der schönste Augenblick im ganzen Tag. Der Strahl geht hoch gegen den Abendstern, etwas tiefer der schöne orangene Bogen der Berge.«

Zu diesem intensiven Alltagsleben gehörten natürlich die gemeinsamen Theater- und Ausstellungsbesuche und die häufigen Reisen nach Lecco, wo unser ältester Sohn aufwuchs. Manchmal mußte sie allein reisen, weil ich meine Termine nicht verlegen konnte. Dann war sie gewohnt, täglich einen Brief zu erhalten. An einem Januartag notiert sie in Lecco: »Alle Briefe, die mich wie Frühlingsluft liebkosen.« Diese Briefe sind nicht erhalten, Zitate daraus stehen in ihrem Tagebuch.

In den sechziger Jahren machten die Theaterstücke Michelsens großen Eindruck auf uns, »Stienz«, drei Jahre später »Lappschieß«, und wieder drei Jahre später, 1967, »Helm«. Diese Stücke verdienen unbedingt eine Wiederaufnahme ins Repertoire. Tief betroffen und leidenschaftlich plädierte ich für Michelsens Œuvre, das die Vergangenheit nicht »bewältigt«, sondern sie in die Gegenwart hereinholt. Einen meiner Sätze (»Michelsen steht auf den Schultern Becketts«) konterte ein Freund mit der snobbischen Bemerkung: »Und was ist, wenn Beckett mit den Schultern zuckt?« Und ich antworte: »Es genügt, wenn ich nicht mit den Schultern zucke.« Wie selten doch die Zeitgenossen die wirklich großen Würfe von den Eintagsfliegen unterscheiden!

Über »Lappschieß« notierte Laura: »Gespannt vom ersten bis zum letzten Wort, ungestört, ganz Aufmerksamkeit sitze ich da und höre zu. Und ich weiß gleich, daß es gut ist ... Es pocht, es lebt, es geht uns an.« Meine Rezension wurde eine Hymne.

Und über »Helm« gab es eine Diskussion in dem unseligen

Rotary-Club. Sie notierte: »Der F. eröffnet die Diskussion über ›Helm‹ mit einer Art Vortrag, gespreizt und dümmlich, zur Verteidigung des Offiziersethos. Plötzlich hält R. nicht mehr an sich und schreit ihn an: ›Sagen Sie mir, ob Sie viele Offiziere mit *Zivil*courage im Krieg erlebt haben!‹ Später sagt R.: ›Die Schüsse, die im Stück fallen, sind gegen uns gerichtet, gegen Sie und mich.‹ Aber niemand macht sich was daraus.«

Im selben Jahr inszenierte Hansgünther Heyme den »Marat« von Peter Weiß. Sie schreibt: »Zwei Stunden lang faszinierendes Getobe. Die Tatsache, daß das Stück als von den Irren aus Charenton aufgeführt fingiert wird, gibt dem Ganzen eine größere Distanz, zugleich aber holt sie uns alle auch ins Irrenhaus, und am Ende sitzt man da mit dem Eindruck: die ganze Welt ist ein Irrenhaus, es ist nichts zu machen. Was außerdem nicht weit weg von der Wahrheit ist. Die Rolle de Sades geht mir verloren, der Aufruf Marats wird durch die Gegenrolle de Sades in Frage gestellt. Nichts schockiert mich von allem Erotischen und Sadistischen, was die anderen schockiert. Nur am Ende, wenn die auf das Gitter hingeflogenen Irren dem Publikum entgegenklatschen, habe ich einen instinktiven Moment von Protest.«

Ich hatte über die Aufführung nicht zu schreiben, da sie nicht die Uraufführung war. Später sah Laura die Inszenierung Raffaele Maiellis im Mailänder Piccolo Teatro, und sie war erneut ganz hingerissen.

Dort wurden die Irren am Ende vom scharfen Strahl eines Wasserwerfers wie welke Blätter von der Bühne gefegt.

Peter Handkes »Publikumsbeschimpfung« ließ die Kritiker im ersten Augenblick ziemlich ratlos. Ich nannte das Stück das Theaterereignis des Jahres. Das ließ die anderen, die verlegenes Zeug geschrieben hatten, nicht ruhen. Bei der nächsten Premiere trat eine Gruppe dieser Herren auf mich zu, und einer sagte: »Wie man hört, haben Sie im Manuskript von einem Jahrhundertereignis gesprochen, die Zeitung hat es aber für richtig gehalten, die Hundert wegzustreichen.« Und sie kicherten. Ich gab jedem die Hand und sagte jedesmal: »Freut mich.« Die armen Kerle suchten sich mit solchem Kokolores zu salvieren. Im Jahre 1968 lernten wir in Heidelberg Hans Neuenfels nach seiner Marat-Inszenierung kennen. Er rauchte ununterbrochen und sprudelte und sprudelte, der Wasserfall seiner Worte war nicht zu stoppen. Und kurz darauf, im Februar 69, gab er ein Stück von Peter Terson über Fußball-Fans: »Zicke-Zacke«. Es wurde ein denkwürdiger Abend. Die Bühne war einfach ein dicht mit Fans besetzter Sektor eines Stadions, das Parkett war das imaginäre Fußballfeld. Die Fans brüllten begeistert oder tobten enttäuscht uns ins Gesicht, und von Zeit zu Zeit schmetterten sie ihren Fußball-Song. Neuenfels unterwarf alle weltanschaulichen Gruppen im Zuschauerraum der Reihe nach schärfsten Wechselbädern. Das ging eine Weile hin und her, und plötzlich plärrten sie ihren Song auf die Melodie »Ein feste Burg...« Wütender Protest standfester Protestanten, fröhlicher Applaus junger Leute in der Reihe hinter mir. Ich beugte mich gerade vor, um einer wütenden alten Dame zu erklären, wie der Regisseur das meine, da erscholl der Song auf die Melodie der Internationale. Die alte Dame sprang völlig verwandelt auf und applaudierte, und die jungen Leute hinter mir brüllten empört: »Schmiere, Scheißtheater, haut es in Fetzen!« Da konnte ich mich nicht mehr halten. Mit einer Lautstärke, die das ganze Theater übertönte, brüllte ich die jungen Leute an: »Ihr Frömmler! Ihr Arschlöcher!« Ein Kritiker, der in derselben Reihe saß, ich glaube, es war Günter Engelhard, brach vor Lachen einfach zusammen. Der SPIEGEL hat die Szene mit meinem bündigen Statement gedruckt, aber meine Zeitung, DIE WELT, strich in meiner Rezension, in der ich mich vergnügt selbst zitierte, die zweite Hälfte meines Gebrülls und ließ nur »ihr Frömmler« stehen. Die zweite Hälfte bekamen die Redakteure brieflich noch einmal zu lesen, diesmal auf sie gemünzt. Neuenfels hatte übrigens jahrelang gegen übelwollende Kritiker anzukämpfen. Seine Arbeiten fielen manchmal allzu esoterisch aus, und auch ich konnte nicht immer mit einem bedingungslosen Ja reagieren.

Kurz nach »Zicke-Zacke« gab es in Frankfurt »Richard II.« in der Übersetzung von Hartmut Lange, der damals als ein marxistisch-leninistischer St. Just galt. Seinen »Marski«, den sie in der DDR nicht wollten, hatte Joachim Fontheim in Frankfurt herausgebracht, und ich hatte in meiner Rezension an die Adresse Ost-Berlins geschrieben: »Da hatten sie den sozialistischen Jesus unter sich, aber sie haben ihn nicht erkannt. Sie wollen den Messias, der Macht hat und den ganzen Erdkreis unterwirft. Sie wollen keinen Marsk, sondern den Marx. Und so trägt Jesus Hartmut die Botschaft nun zu den Heiden.« Und jetzt, in der Pause bei »Richard II.«, stand Lange in einer Gruppe linker Revoluzzer, und plötzlich ließ er sie alle stehen, und sie konnten wohl kaum ihren Ohren trauen, als sie ihn im Weggehen sagen hörten: »Ich muß noch ein wenig mit meinem Klassenfeind sprechen.« Und damit trat er an mich heran; ich stand allein da, an die Wand gelehnt. Ich erschrak: das darf er nicht, das ungeschriebene Gesetz verbietet Kontakte zu »Klassenfeinden«, Krämer-Badoni ist für linke Revolutionäre tabu – und es war mir, als ob der junge Mann mit den paar leicht hingesprochenen Worten die Richtung seines Lebens ändere. Oder die Worte gingen ihm so leicht von der Zunge, weil er die Richtung schon geändert hatte. »Sie haben wenigstens eine Weltanschauung«, sagte er zur Begrüßung, und: »Ihre Marski-Besprechung hat mir gut gefallen«. Von der Höhe seines großen Ansehens konnte er gar nicht anders als etwas herablassend zu dem 25 Jahre Älteren zu sprechen, aber das gefiel mir, genauso hatte ich angefangen, immer von oben herab. Es gab nicht viel zu sagen, ein paar Fragen nach Plänen und momentaner Arbeit, das Wichtigste war die Geste über die Barriere der Ideologie hinweg. Beim Weggehen sagte er: »Behalten Sie mich lieb.« Erstaunlicher Bursche, dachte ich und sah ihm besorgt nach. Er hat dann tatsächlich renegiert und den randvollen Kelch des plötzlich Vereinsamten trinken müssen, verhöhnt von seinen alten Genossen, zögernd zur Kenntnis genommen vom bürgerlichen Publikum, das es so genau nun auch wieder nicht wissen will. Saul

aus Tarsos war ein kompromißloser, schärfstens geschulter, vor keinem Blutvergießen zurückschreckender Hüter der theokratischen Staatsräson, der Renegat Paulus hatte von beiden Seiten zu leiden, von den blutdürstigen früheren Freunden und von den früheren Verfolgten, zu denen er nun überging und die ihn nie wirklich akzeptierten. Und so mußte Paulus sich ein ganz neues Publikum suchen und eine eigene Form von Kirche erfinden. Das war nicht leicht, dazu gehörte unbeirrbarer Fanatismus, und den hatte Saul. Er fegte die judenchristliche Erbengemeinschaft beiseite. Ich bewundere Hartmut Lange. Und ich bedauere ihn, da ihm Sauls Fanatismus abgeht.
Da fällt mir noch Buckwitz' Inszenierung des »Vietnam-Diskurs« ein, der die Sympathisanten des Peter Weiss ganz verlegen machte, da die Historie in dem Stück ziemlich auf dem Kopf steht. Da aber Peter Weiss in einer Vorbemerkung sagt: »Wir schildern Figuren in einer Einheit mit dem historischen Prozeß auch dann, wenn es sich um Entwicklungsstufen handelt, in denen die Betroffenen selbst diese Einheit nicht sehen konnten«, da also die höhere historische Wahrheit gemäß der historisch-materialistischen Doktrin dargestellt werden sollte, war das Feld frei von konkreten historischen Kompromißsituationen und völlig offen für das ästhetische Aufs-Ganze-Gehen. Wer das zu sehen nicht fähig war, konnte mit dem Stück nicht ins Reine kommen. Ironischerweise stand in der WELT, aus meiner Feder, die objektivste und bewunderndste Rezension.
Peter Stein brachte seinen »Tasso« nach Frankfurt. Die Premiere hatte der Berliner Korrespondent der WELT besprochen. Ich konnte mir also die phänomenale Inszenierung als arbeitsfreier Zuschauer ansehen. In Lauras Tagebuch steht: »Faszinierend ... Die Renaissancegesellschaft ist plötzlich unsere heutige bürgerliche Gesellschaft, die ›edlen Frauen‹ haben sich mühelos in gewandte und leicht dahinschwätzende Damen von heute gewandelt. Der Fürst ist ein arrivierter Erfolgsmann von heute. Wunderbar gelungen. Nur frage ich mich, warum Tasso ein so übertriebener Prolet werden mußte.« Die Frage ist leicht zu

beantworten: In den vermeintlich revolutionären sechziger Jahren dieses Jahrhunderts hatten die Dichter und Schriftsteller ihre Rolle zu erkennen und Revolutionäre proletarischen Zuschnitts zu sein. Und da in Deutschland die Literatur nie eine Angelegenheit der guten Gesellschaft war, fällt dieser Habitus unseren Literaten nicht schwer. Viele brauchen nicht im geringsten zu posieren.

Lauras Urteil über meine eigenen Arbeiten war von Zuneigung nicht geblendet, sondern geschärft. Im Mai 1964 lieferte ich bei meinem damaligen Verleger Max Niedermayer (Limes) ein Roman-Manuskript »Freundschaft mit dem Feind« ab. Sie notierte dazu lapidar: »Überzeugt mich nicht.« Dann nahm ich den Text noch einmal in die Hand und arbeitete ihn um. Am 2. Februar 1966 steht in ihrem Tagebuch: »Den Roman von R. zu lesen angefangen. Noch nie seine Notwendigkeit eingesehen. Der neuen Fassung noch mehr abgeneigt, weil mir die Roheit mancher Ausdrücke (die ich ›mutwillig‹ genannt habe) beim ersten Vorlesen R.s das Blut wie eine Explosion ins Gesicht gejagt hat. Habe gleich damals gesagt: mutwillige Roheit, ich weiß nicht, ob ich das LAURA da drauf haben will.« Und acht Tage später: »R. sagt ihm (Niedermayer), daß er den Roman nicht veröffentlichen will … R. ist ab und wirkt dort sehr niedergeschlagen.«
In den dazwischenliegenden acht Tagen geschah, was sie nicht aufgeschrieben hat, was mir aber bis heute unvergeßlich ist. Sie hat an einem der Tage mit äußerster Energie das Manuskript analysiert, die ›Mutwilligkeit‹ nicht nur einzelner Ausdrücke, sondern der gesamten Erfindung bloßgelegt und geringschätzig gefragt, ob ich meine Anforderungen an Botschaft und Kunstgehalt und mithin an die »Notwendigkeit« eines echten Werkes ermäßigt oder ganz aufgegeben habe. Ich widerstand zornig, verzweifelt, ich ging und schlug die Tür zu. Stundenlang saß ich und brütete vor mich hin. Noch einmal lief die Kette ihrer Argu-

mente im Geiste vor mir ab. Ich hatte das Manuskript vor mir und suchte alle Stellen auf, die ihr als vernichtende Belege gedient hatten.
Und dann war ich so weit. Fast vier Jahre Arbeit klemmte ich unter den Arm, ging hinaus und warf das Konvolut in die Mülltonne. Als ich zurückkam, war sie aufgesprungen und sah mich mit großen Augen an. »Erledigt«, sagte ich und setzte mich neben sie. Sie fuhr mir leise mit der Hand übers Haar. Wir sprachen nicht mehr davon. Zehn Tage später notierte sie: »Wir arbeiten tagelang fröhlich im Garten.« Tagelang arbeitete ich am Verpflanzen einer hoch aufgeschossenen Parkrose, die sich am bisherigen Platz nicht genügend ausdehnen konnte; eine schwierige und anstrengende Arbeit. Also keinerlei Mißmut. Im März heißt es einmal: »R. ist dieser Tage sehr deprimiert, aber wir nehmen es leicht auf dem Spaziergang.« Und am nächsten Tag, an dem ich einen Lyriker namens Meister, der am Tag zuvor die Aufführung seines Theaterstücks »Ein Haus für meine Kinder« in Wiesbaden erlebt hatte, ohne Rücksprache mit Laura zum Essen einlud, fand sie das unmöglich, sie lag noch im Bett und hatte Ruhe nötig, »ich beschimpfe ihn«, ich aber flitze in einen Delikatessenladen, »dann bereitet R. alles selbst vor, während ich ruhe. Wunderbarer Rudi«. Ich kann also wirklich ganz ruhig sein: die schwere Niederlage habe ich mit einem Minimum an verstörender Verstörtheit hingenommen. Und das war mir damals und ist mir noch heute das einzig Wichtige.
Und jetzt, während ich das niederschreibe, ist es einige Wochen her, daß ich in einem Behältnis, in dem sie ihre Widmungsexemplare sammelte, das Manuskript »Freundschaft mit dem Feind« wiederfand. Ich weiß nicht mehr, ob ich damals beide Kopien oder nur eine wegwarf, auf jeden Fall hat sie eine Kopie gerettet und sorgfältig aufgehoben. Aber – sie hat mich nicht umsonst überzeugt. Ich lese das Ding nicht wieder. In diesem Augenblick landet es aufs neue und endgültig in der Mülltonne.
In den späten sechziger Jahren waren unsere jungen Revolutionäre ziemlich geschockt von den Unruhen unter den Satelliten

Moskaus. Sie suchten mit einem zweischneidigen Begriff darüber hinwegzukommen, sie wünschten einen Kommunismus »mit menschlichem Antlitz« auf die Welt zu bringen. Sofort fragte ich sie, ob sie also eingesehen hätten, daß der bisherige unmenschlich sei. Keine Antwort. In einer »Frühschoppen«-Sendung des WDR hoffte ich umgekehrt auf die Unruhestifter im Osten und folgerte: »Der Begriff Freiheit wird uns eines Tages gereinigt von Osten zurückkommen.«

Überhaupt ist eins der Kennzeichen dieses Jahrhunderts die Umdeutung der Begriffe, die von Marx und Nietzsche in meisterhaften Paradoxien begonnen wurde. Demokratie, Freiheit, Recht – man kann diese und eine ganze Reihe politische Begriffe heute nicht mehr ohne präzisierende Beiwörter benutzen. Wir müssen z.B. sagen: parlamentarische, auf freien, geheimen Wahlen beruhende Demokratie. Nur die Kommunisten können das Wort Demokratie nackt benutzen – weil es in ihrem Herrschaftsbereich nur noch ein Wort ist.

In jenen Jahren gab es viel Polemik über den Status der Kritik. Das Neue bestand plötzlich darin, dem Kritiker keinerlei Befugnis zum »Urteilen«, sondern im Gegenteil die Rolle des unterstützenden Propagandisten und revolutionären Agitators zuzusprechen. Diese progressiv-retrograden Kritiker kamen mir gerade recht. Ich warf ihnen spöttische Glossen und Abhandlungen zwischen die Beine und erhielt wütende und auch listige Antworten. Davon spricht eine Notiz Lauras im Mai 1969: »R. erzählt mir beim Anziehen von einer Antwort auf seine Attacke gegen die Kritiker. Ich sage: ›Na ja, mit dem Wort kann man alles machen. Wie man die Wörter hinstellt, so bleiben sie und sehen ganz gut aus. Stellst du sie anders hin, sehen sie wieder ganz gut aus. Sie sind geduldig und lassen sich manipulieren. Einzig das Wort, das zu einem Kunsttext gehört, kannst du nicht manipulieren.‹ R. sagt: ›Schreib das auf.‹«

Auch die bildende Kunst gehörte zu unserem alltäglichen Leben. Im Jahre 1963 bewunderte sie meine Besprechung einer Ausstellung Bernd Berners. Ich habe sie jetzt wieder gefunden

und notiere ein paar Sätze daraus: »... Nur wer begreift, daß es in der Kunst von jeher um die gelöste Spannung, um den gestillten Schrei geht, wird den Jahrhunderte währenden allmählichen Abbau der Vorwände als selbstverständlich nehmen. Der nebenbei mit dargestellte Naturgegenstand, das Konterfei, war von jeher nur der Vorwand, hinter dem das eigentlich Ästhetische abgehandelt wurde... Schließlich ging man ›nur‹ noch von der Farbe als solcher aus ... Wer sich in diese Öltafeln und Gouachen frei von Sehnsucht nach Konterfei zu versenken in der Lage ist, entdeckt eine ungemein leuchtende Vibration, die aus dem kaum noch wahrnehmbaren Netz der locker geschichteten Farben hervorbricht. Eine lebendige, von Muskeln unterlegte, lichtüberspielte Haut mit kleinen Unebenheiten, die die gespannte Glätte nur umso überraschender wahrmachen ... Heimholung der gesamten Möglichkeit künstlerischer Intentionalität in das ureigenste Mittel, das ist in der Tat der bisher radikalste Gestus im Wegwerfen geliehener Krücken. Kein Wunder, daß sich viele Ohren weigern zu hören. Sie wollen das alte Lied hören.« Man sieht: was Laura bewunderte, war die Nutzanwendung der Funde aus »Grund und Wesen der Kunst«.
Der Frankfurter Rolf Kissel, der zeitweise große Reliefs weiß in weiß machte, schuf eigens für eine Wand unseres Wohnzimmers eine große Tafel, die dem Raum eine bessere Proportion geben sollte. Es gelang, und wir waren sehr zufrieden.
Eine Dahmen-Ausstellung in Mannheim machte großen Eindruck auf sie: »Auffallend die ganz grünen Bilder mit dem Sammelnamen Tele-Landschaften, und sehr schön die Galgenbilder, fast alle in weiß und braun mit Verwendung von Ketten, altem Leder und Roßhaar, sehr verspannt und beruhigend. Das Material scheint Leinwand, auf Kästen gespannt. Die Galgenbilder zeigen alle eine tiefe, senkrechte Furche, in der die Ketten, die Ringe und die Haare eingebettet sind. Da und da zeigt sich eine fleischrosa schmutzige Farbe mit Falten und Wölbungen, die eine Assoziation an Obszönes aufsteigen läßt. Darüber hinaus sind die Bilder strenge verspannte Form.« Ein Litho von

Dahmen hängte sie voller Freude im Flur auf, gegenüber dem Eingang.
Die Freundschaft mit Zoran Music, die ich 1984 während der Biennale schloß, wäre ihr eine tiefe Freude gewesen; sie kannte und schätzte Musics Œuvre.
Ich komme aus dem Staunen über diese Identität unseres Denkens, Sehens und Urteilens, die ich jetzt so deutlich dokumentiert finde, überhaupt nicht mehr heraus. Die Identität hörte nur dort auf, wo ihre Interessen über meine hinausgingen. Ich mußte ihr deutsche, noch mehr aber französische Fachliteratur über Strukturalismus besorgen, ich mußte ihr Arbeiten über Zwölftonmusik beschaffen, und sie vertiefte sich in beide Gebiete. Schließlich kaufte sie Platten, unter anderen von Stockhausen, und legte sie immer wieder einmal auf. Und über einen Abend im Souterrain des Wiesbadener Theaters finde ich diese Eintragung: »Im Souterrain das ›musikalische Theater‹ von Kagel gesehen, mit Interesse, Spannung ... Zustimmung besonders zum 1. und 3. Stück. Zum 3. Stück heißt es: ›Elektronische Musik mit öffentlichen Klängen.‹ Und es ist vielleicht das reichste.« Oft setzte ich mich zu ihr, wenn sie neue und neueste Musik hörte. Mitreden konnte ich nicht.
Vor 25 Jahren ließ mein Freund Berto Voltolini – der Mann, der mir im Sommer 1945 geholfen hatte, als angeblicher italienischer Zwangsarbeiter nach Italien zu kommen – aus einer Veroneser Baumschule eine immergrüne Magnolie kommen. Laura wünschte eine dieser Magnolien, die in ihres Vaters Park in Lecco stehen, alte, mächtige Bäume. Die Quarantänemaßnahmen an der Grenze bewirkten, daß ein dürrer Stecken ankam. Und da diese immergrünen Magnolien, die im Juli und August riesige weiße Blüten mit unbeschreiblich süßem Duft haben, in unserem Klima nicht gedeihen, pflanzte Berto den Stecken ohne große Hoffnung, aber mit größter Sorgfalt. Gegen Ende des Sommers bekam die geschundene Pflanze einige Blätter. Den ersten und sogleich sehr strengen Winter überstand sie, und nach einigen Jahren: »Die erste Magnolienblüte ... Wir

küssen uns.« Da wir sie zu Ehren ihres Vaters San Giuseppe getauft hatten, schickten wir ihrem Vater, Giuseppe, ein begeistertes Telegramm, und er telegrafierte ebenso fröhlich zurück. Jetzt ist sie groß und stark und hat im Sommer dreißig bis vierzig Riesenblüten, und eines Tages, wenn wir alle verschwunden sind, wird sie ein mächtiger Baum sein.
Unsere Rosen wurden allmählich jede einzelne zu einem besonderen Individuum, wir lernten die Wünsche und Abneigungen einer jeden kennen und stellten sie zufrieden. Und einmal heißt es: »Äpfel gepflückt zuerst alleine, ohne R. etwas zu sagen, die Leiter steil aber fest in den Zweigen: vierzig Äpfel. R. sieht mich oben im Baum und denkt: Nicht stören, jetzt ist sie wieder auf einem Baum wie in ihrer Kindheit und ist ganz glücklich. Dann macht er mit und holt die ganz hohen.« Als Kind lebte sie mit ihren jüngeren Schwestern im Park vor dem weitläufigen Landhaus tagelang auf den Bäumen, sie »verlieh« die Bäume an die anderen, sie gehörten alle ihr. Davon erzählte sie manchmal lächelnd, und daran also dachte ich, als ich sie von meinem Schreibtisch aus plötzlich im Apfelbaum sah. »Quel che fa una vita ...«
Und nur wenn der Alltag intensiv ist und sich lohnt, sind die Reisen keine »scappate«, kein Ausbrechen, sondern Steigerungen oder auch nur Fortsetzungen des täglichen Lebens. Und man kehrt gern wieder in den Alltag zurück; er ist nicht geringer als alles andere. Oft heißt es während des Lebens zu Hause: »Glückliche Tage«, genauso wie auf Reisen, »die schöne Londonreise« und sonst kein Wort darüber, an einem ihrer Geburtstage bei der Rückfahrt aus Baden-Baden »der wunderschöne weiße Orchideenzweig«, die regelmäßigen Reisen nach Venedig zur Biennale im Auto, in der Eisenbahn, im Flugzeug und immer reine glückliche Tage, ihre Reise mit dem Jüngsten nach Rantum auf Sylt, wo sie bei ihrer Ankunft im Hotel meine Rosen auf dem Tisch fand, in einem anderen Sommer mit mir auf Amrum mit einer stürmischen Fahrt nach Helgoland lapidar: »paradiesisch«, auf einer Fahrt nach Italien bei der Rast am

Splügenpaß ein Hauch und ein Wink: »Wir pflücken den Zwergenzian und das rosa blühende Moos und sind glücklich«, ein andermal auf der Fahrt von Luzern nach Lecco: »Sehr schöne glückliche Reise«, im Jahr 67 sie allein in Lecco und meine Worte am Telefon: »Du warst die Chance, die mir die Götter gegeben haben«, und während ihrer Rückreise: »Zweiter Teil von Rudis ›Schwarze Messe‹. Finde die Erzählung großartig.« Und wieder auf einer Fahrt zum Comer See: »Wir sind glücklich, gelassen, liebevoll.« Im Jahre 69 fuhren wir endlich unseren Freund Voltolini in Villafranca bei Verona besuchen, was er seit langem dringend wünschte, und sahen, wie armselig der fortunelose, vergeblich auf Landwirtschaftsschulen ausgebildete Mann wohnte und wie unglücklich seine halbwüchsige Tochter war, die eine Handelsschule besuchte, »vergeblich«, und ihren Freund aus Scham nicht nach Hause zu bringen wagte. Es tat uns weh, wie wenig wir für die beiden tun konnten, und wir schämten uns unserer Glückseligkeit. Wir selbst waren nicht wohlhabend, und noch viele Jahre später schreibt Laura auf, was sie eines Tages zu mir sagen mußte: »Wir sind nun mal arme Leute, und wenn ich nicht klage, warum klagst du?« Aber Armut und Armut ist nicht dasselbe.

Als der Schwiegervater siebzig wurde, lud er die ganze Sippe zu einer Kreuzfahrt im tyrrhenischen Meer ein. Wir liefen viele Inseln an, die verträumte Giglio, wo wir in einem Hafenrestaurant zu Abend aßen und den süffigen Giglio tranken, ich vielleicht ein bißchen zu viel, denn ich fing unter dem verlegenen Kopfschütteln Papas Alpini-Lieder zu singen an und riß die ganze Jugend mit, und um Mitternacht schmetterte ich hoch oben vom Mast unseres Bootes aus »Val più 'n bicchier di Dalmato« über das stille nächtliche Hafenrund. Eine Nacht und einen Vormittag lagen wir im Hafen von Porto Santo Stefano am Monte Argentario, wohin wir später noch oft zurückkehren sollten. Wir ankerten in einer Bucht der fremdartig südlich anmutenden Insel Ponza, die Laura später mit ihren Schwestern einige Wochen lang besuchte, wir besuchten Ischia, wo ich viele

Jahre später »Gleichung mit einer Unbekannten« schrieb. Einen Nachmittag lang kletterten wir auf Capri umher. Und eines späten Abends hielten wir Kurs auf Amalfi, und das war ein großer hinreißender Moment: der dunkelblaue gestirnte Nachthimmel über uns und vor uns eine Wand von Lichtern, Häuser über Häuser den steilen Hang hinauf getürmt, und wir still und staunend wie auf einem fremden Stern. Aber vor einer der Inseln, vielleicht Ischia, wo wir einen Vormittag lang still lagen, klärte uns der Kapitän auf: Hier verlaufe die Route der Passagierdampfer, die ihre Küchenabfälle ins Meer kippten, und folglich gebe es da häufig Haifische. Er hatte noch nicht geendet, da stürzte sich die ganze Jugend, voran meine Laura, kopfüber ins Meer, und sie schossen dahin wie glänzende Fische. Ich aber stand an der Reling und schrie und beschwor Laura, an Bord zu kommen, sie lachte, ich weinte, und als sie meine Verzweiflung sah, kam sie herauf. Ich umarmte sie weinend und dankte ihr, sie strich mir über den Kopf und sagte, ich sei ein dummer Junge.

Zehn Jahre später sind wir beide allein im Auto unterwegs nach Porto Santo Stefano. Wir übernachten in Florenz, fahren über Pisa ans Meer und machen Mittagspause in San Vincenzo. Das hört sich nach nichts an, für uns war es die Wiederkehr unvergeßlicher Tage. Dort hatten wir in der Macchia im Jahre 1941, als ich einen längeren Urlaub hatte, zu viert gezeltet, Laura, Sofia, Piera und ich, und waren auf Fahrrädern im zentimeterhohen weißen Marmorstaub zum Einkaufen nach San Vincenzo gefahren, ein andermal mit einem Empfehlungsbrief in die andere Richtung zu einem bewohnten klotzigen Turm zu einem Besuch, und einige Tage lang mit dem Rad quer über die Insel Elba im Abendlicht über tiefblau und viola leuchtendem Meer nach Marina di Campo, wo der Wirt verzweifelt »nichts zu essen« hatte, sondern »nur« frischen Hummer, graue Kriegsspaghetti und Wein und Obst. (Er hatte kein Fleisch, also »nichts«.) Wir tafelten vergnügt wie die Fürsten und tranken viele Flaschen Elba-Wein.

Und jetzt also das Wiedersehen mit dem sehr veränderten San Vincenzo, jetzt wird man die Bedeutung ihrer Eintragung verstehen: »San Vincenzo 14 Uhr, suchen ein Restaurant, wählen La Perla, einfach, am Strand. Essen gut (fettuccine alle vongole) auf der Terrasse, die See und die Sonne in den Augen. Wir suchen hinter der Macchia unseren Zeltplatz von 1941, grüßen von weitem Torre Nuova, fahren die Zypressenallee nach Bolgheri, heiter, glücklich, gelassen. Wir haben ZEIT.«
In der Zypressenallee hielten wir und ruhten im Schatten, und Laura erzählte mir von dem Dichter Carducci, der in jungen Jahren eine Zeitlang in Bolgheri lebte. Später schrieb er ein melancholisches Gedicht über diese Zypressen: »I cipressi che a Bólgheri alti e schietti / Van da San Guido in duplice filar . . .« Die Zypressen grüßen ihn und fordern ihn auf zu bleiben, er aber ist nicht mehr der sorglose Junge von damals, er kann höchstens im Tode hier ruhen neben dem Grab der Ahnin.
Es war ein voller, erinnerungssatter und nachdenklicher Tag.
Am nächsten Tag, dem 30. September 1963, kamen wir in Porto Santo Stefano an und nahmen ein Zimmer im Hotel »La Lucciola«, wo man mit wundervollem Essen überfüttert wurde. Es gibt in der Nähe zwei Dünen, »tomboli«, an denen man baden kann, aber man muß mit dem Auto hinfahren. Santo Stefano ist steil an den Monte Argentario geklammert und hat nur eine Hafenpromenade, aber keinen unmittelbaren Strand. Nur eine der beiden Dünen ist offen, der Tombolo della Gianella: »Das Auto bei einem Bauernhaus gelassen, dann zu Fuß auf dem Strand, halb im Wasser, fast eine Stunde hin und fast eine Stunde zurück. Dazwischen baden wir mit Freude (R. nackt) und sonnen uns. R. hat viel Spaß daran.«
Die andere Düne auf der anderen Seite des Argentario, mit einer großen Pineta im Rücken, ist eingezäunt und nur durch ein verschlossenes Tor mit einem Wächterhaus zugänglich. Ich erinnere mich nicht, ob es sich um ein Naturschutzgebiet handelt, oder ob diese köstliche Pineta aus anderen Gründen dem Publikum vorenthalten wird. Jedenfalls heißt es am 2.

Oktober: »Sehr schöner Tag, voll und beglückend. Vormittags mit dem Auto zum Tombolo della Feniglia und dort gegessen. Wir haben mit: frischen Pecorino, unten auf dem Platz gekauft, eine dünne Scheibe Stagionato, Brot und ein Fiaschetto aus der ›Lucciola‹. Den Schlüssel zur Pineta von der Tochter des Guardiano erkämpft. Wir ›fahren durch‹ wie im Paradies bis zum Stein 35. Danach rechts zum Strand. (Zwei Arbeiter am Strand getroffen.) Wir laufen wenig. Wieder hinein in den Wald, wo es warm und windstill ist, und essen und trinken lustig auf dem Boden. Geschlafen. Dann weiter durchgefahren bis Ansedonia. Rehe, Fasane, Pinienkerne. Ruinen von Cosa.« Selbstverständlich wurde der Zugang zu dem unzugänglichen Strand mit einem fetten Trinkgeld »erkämpft«, und der Stein 35 war der Punkt, von dem man am schnellsten an den Strand gelangte.

Einige Male fuhren wir zum Tee nach Port' Ercole auf der anderen Seite des Vorgebirges, ein eleganterer Ort als Santo Stefano. Von beiden Orten aus war damals eine Fahrstraße rings um das Vorgebirge im Bau, aber jeweils nur eine gewisse Strecke fertig, von Santo Stefano aus bis zur Spitze des Vorgebirges, von Port' Ercole aus erst ein recht kurzes Stück, bis zu einer Gruppe tief unten liegender Villen, darunter einer Villa der holländischen Königin.

Einmal machten wir einen Abstecher nach Tarquinia zum etruskischen Museum und zur Besichtigung einiger Gräber draußen im Gräberfeld. »Zum erstenmal sehen wir Etruskisches an, und es ist doch ergreifend. Der ästhetische Wert ist verschieden, machmal nur Pflichtdekoration, wie von einem gewöhnlichen Tüncher. Später im Museum die fünf Zelte mit den geretteten Gräbern. Zurück nach dem abenteuerlichen Abstecher von Vulci, wo wir mit dem Auto in der schweren, nassen Erde steckenbleiben.« Wir sagten uns, die Geister der Etrusker wollten uns fernhalten, und wir sagten es noch sicherer, als wir einige Jahre später bei einem anderen Gräberbesuch tatsächlich kurz vorher an einem Feldstein hängenblieben und den Mut verloren, noch weiter vorzudringen.

Auf einer anderen Fahrt besuchten wir das pittoreske Pitigliano, hoch oben auf einem Felsen, zu dem es nur eine enge, halsbrecherische Serpentine als Zufahrt gibt. »Eisiger Wind. Palazzo Orsini, mächtig und einfach; im kleinen Hof Reste von Renaissance-Glanz: der Brunnen, Portal und Pfeiler mit den bekannten Reliefgirlanden. Wir laufen durch das mittelalterliche Viertel: kleine Häuschen, winzige Gäßchen und Treppchen, die alle wahrscheinlich auf die unterste Gasse landen, die alles rundherum umschlingt. Misere? Wir wissen es nicht. Wir eilen mit dem eisigen Wind. Der herrliche Aquädukt. Dann kommen wir an den Lago di Bolsena, wild unter dem Wind, die zwei Inseln (beneidenswertes Paradies), herrlich blaßblau grün wie der Himmel zwischen den Wolken. Sind um halb zwölf in Monte Fiascone. Sehr gutes schlichtes Essen im Ristorante Dante. Wir nehmen verschiedene Flaschen weißen und roten ›Est Est Est‹ mit.«

Einmal schreibt sie, bei einem Spaziergang an der Spitze des Argentario: »Der Tag geht zu Ende, aber wir kriegen noch die Augen voll. Sehr schön die nahe Insel Giglio.« Und auf der Fahrt über die Via Cassia quer durch den Apennin: »Man steigt nach Radicófani, 756 Meter. Oben erscheint uns nach einer Linkskurve eine unbeschreibliche selige Landschaft, wie eine Schüssel voll Licht, deren Ränder die oberen Konturen der Berge sind. Wir fahren mit der Sonne im Rücken. Der zu flüchtige Ausblick läßt uns keine Ruhe, wir kehren nach ein paar Kilometern zurück an dieselbe Stelle und gehen dann zu Fuß auf die Rocca. Dann wird die Landschaft kahler, weiß, ganz hell, voll Falten in den kleinen tausend Hügeln. Die ›Calanchi‹, sagt mir später Giuseppe in Lecco.«

Sehr schade, eine Lücke im Tagebuch, nachdem es heißt: »Die große freudvolle Fahrt nach Orvieto.« Am nächsten Tag hat sie Platz gelassen für den Bericht über Orvieto, aber die Seite ist leer geblieben, sie hatte an dem Tag Ruhe nötig. Aber mir genügt dieser eine Satz.

Während der ganzen Zeit wurden wir morgens von Dutzenden

urweltlich schreiender Maulesel geweckt, und jedesmal wandte Laura sich zu mir und sagte: »Deine Brüderchen rufen nach dir.« Das war unser morgendliches Ritual. Mittendrin rief das Frankfurter Fernsehen an, sie brauchten meine Stimme und meinen Standpunkt dringend zu irgendeiner Round-table-Geschichte, aber ich sagte, ich könne nicht weg. Sie riefen wieder an, ich solle ein Taxi zum römischen Flugplatz nehmen, und am nächsten Abend bei der Rückkehr ein Taxi von Rom nach Santo Stefano, zwei knappe Tage. Zwei Tage mich von meinem Mädchen trennen? Das Geld hätten wir gut brauchen können. Ich blieb bei der Absage. Und wir freuten uns spitzbübisch darüber, unsere schönen »freudvollen« Tage allem anderem und allem Geld vorgezogen zu haben.

Aber ich will nicht übertreiben. Spätere Aufenthalte in Porto Santo Stefano, andere Reisen, die wir im Lauf der Jahre machten, sie an meiner Hand vor den deutschen, festungsartigen romanischen Domen, ich an ihrer Hand vor den hunderten italienischer romanischer Kirchen mit ihren Fassaden musikalischer Harmonie, und hierhin und dorthin, immer wieder »die Augen voll«, das will ich nun doch alles beiseite lassen. Mir soll das genügen, was ich hier mehr angedeutet als beschrieben habe. Ich verfasse hier keine Reiseberichte, sondern ich greife mit verzweifelter Gier nach jedem Zeichen, das mir versichert: Sie war oft sehr glücklich an deiner Seite.

Die letzten Jahre begnügten wir uns mit dem Schwarzwald, den sie sehr liebgewann. Im Herbst 78 war sie sehr krank und deprimiert, und ich richtete sie mit dem Versprechen auf: im Frühjahr im besten Hotel in Nervi! Wir verbrachten ein stilles, sonniges Frühjahr in Nervi, machten ein paar Fahrten in die Umgebung, empfingen Freunde im Hotel, wir dosierten alles so klug, daß es nicht nach Herbst des Lebens aussah, nicht einmal für uns.

Irgendwann haben wir im Darmstädter Schloß unterm Dach Becketts »Glückliche Tage« gesehen. Laura verstand das Stück so: »Ein sehr positiver Gesang über die Adaptationsfähigkeit des Menschen.«

Und irgendwann viel später steht in ihrem Tagebuch: »R. am Abend auf der Couch: ›Denk daran, wenn ich sterben sollte: ich habe dich immer geliebt. Billig und verwaschen wollen wir's nicht haben. Lieber quälen wir uns zu Tod.‹«

In alle Ewigkeit

»Was hab ich denn da geheiratet?« fragte sich Laura, als sie ihren jungen Freund und Ehemann eines Tages in der Lektüre der Bibel vertieft fand. Sie selbst besuchte seit ihrer Jugendzeit keine Gottesdienst mehr, und mich sah sie ebensowenig zur Kirche gehen. Und also, so erzählte sie später lachend, fragte sie sich, was sie da geheiratet habe.

Ich weiß nicht mehr, ob das zu der Zeit war, als ich André Gides Bemühungen um das Evangelium nachging, ober ob es sich um politische Probleme handelte, die von Kirchenmännern aufgebracht wurden. Lange Zeit ging es um die Zwei-Reiche-Lehre, die von dem Spruch abgeleitet wurde: »Gebt dem Kaiser, was des Kaisers ist, und Gott, was Gottes ist.« Ich hatte nichts dagegen, daß Paulus seinen Genossen Loyalität gegenüber jederart Regime empfahl, da die Güte eines Regimes für Christus kein Thema ist. Aber so dumm, daß er das aus jenem Satz abgeleitet hätte, war der scharfsinnige Thoragelehrte Paulus natürlich nicht.

Darüber also mag ich damals den Essay geschrieben haben, den ich später in das Bändchen »Die Last, katholisch zu sein« aufnahm, zu Nutz und Frommen der Prälaten und der Politiker; obwohl es wahrlich so gut wie hoffnungslos ist, zu Nutz und Frommen dieser beiden Sorten von Köpfen irgendetwas Vernünftiges auseinanderzusetzen. Doch nach dem Effekt fragte ich nicht, mein Interesse war von dem rein intellektuellen Interesse Gides kaum verschieden.

Also denn: Gebt dem Kaiser … Der Hohe Rat hatte einen glänzenden Einfall, wie man den Wanderrabbi todsicher hereinlegen konnte: Dürfen wir Juden dem Kaiser Steuern zahlen?

Hingehen und ihm diese Frage vorlegen! Da gibt es nur zwei Antworten, und beide sind für den Rabbi ruinös. Sagt er Ja, ist er bei der großen Masse erledigt, und er braucht seinen Mund nie mehr aufzumachen. Sagt er Nein, dann nimmt ihn der herodianische Beamte, den man dabeihaben wird, auf der Stelle in Gewahrsam, und man ist diesen anmaßenden Ich-aber-sage-euch auf immer los.

Die Präliminarien: Meister, wir wissen, du bist wahrhaft ... und er: Ihr Heuchler. Nach diesem Austausch von Höflichkeiten kam also die Frage: Ist es uns erlaubt, dem Kaiser Steuern zu zahlen oder nicht? Da war nun sage und schreibe alles drin, es ging plötzlich ums Ganze, um die Gottesherrschaft und den damit verbundenen Anspruch auf Souveränität und Freiheit des Volkes Gottes. Eine Menge Leute standen herum und spitzten die Ohren.

An die Geistesschärfe und Schlagfertigkeit des Rabbi hatten die Ratsherren allerdings nicht gedacht. Er dachte nicht daran zu antworten, sondern sagte etwas ganz Sinnloses: Habt ihr eine Steuermünze? Gemeint war eine römische Münze, denn die Steuern mußten in römischer Währung gezahlt werden. Sie zeigten ihm eine. Und nun noch eine sinnlose Zwischenfrage: Was für ein Bild ist das? Und jetzt wurde es ihnen unbehaglich, sie ahnten plötzlich, worauf er hinauswollte. Das Bild des Kaisers, mußten sie wohl oder übel sagen. Wohl oder übel? Ja. Das Wort »Bild« war das Stichwort, das allen Umstehenden in die Glieder fuhr. Dazu also die sinnlos klingenden Zwischenfragen. Den Juden war es seit Moses verboten, Menschenbilder zu machen und anzusehen, geschweige denn im Geldbeutel herumzutragen. Und als er sie nun anfuhr: »Dann gebt dem Kaiser, was ihm gehört«, da hörten alle, was damit gesagt war: Ihr wollt fromme Juden sein und macht euch unrein mit diesem Zeug? Aus den Händen damit! Zurück zum Bildermacher damit!

Hätten die umstehenden Juden den Satz als Ja zum Steuerzahlen verstehen können, dann hätte sich die Menge verachtungsvoll verlaufen, und die Abgesandten des Rats hätten triumphiert. Statt dessen »staunten sie und ließen von ihm ab«. Sie hatten allen Grund, über diese Wendung der Dinge zu staunen. Alle anderen im Umkreis grinsten in sich hinein. Nur ein einziger, der religiös ununterrichtete herodianische Römling, hörte ein schlichtes, befriedigendes Ja und ging seines Wegs. Und nur die späteren christlichen Generationen, die keine Judenchristen mehr waren, und die ach so gebildeten Theologen und Prälaten hörten und hören den Satz so, als wären sie allesamt thoraunkundige Römlinge.

Und daß die Abgesandten des Hohen Rates »von ihm abließen«, ist ein milder Ausdruck. Sie machten sich aus dem Staub, weil sie nicht länger ausgelacht werden wollten. Und der Rabbi rief ihnen nach: Und gebt also Gott das Seine!

Was also hatte er gesagt? Nichts. Er hatte ihnen die Fangfrage so umgedreht, daß sie selbst darin hängen blieben. Er hatte lediglich wissen wollen, was eine Münze mit Menschenbild in den Händen frommer Juden zu suchen hatte. Zu dem schweren Problem, unter dem das Judentum eben deshalb litt, hatte er gar nichts gesagt. Warum aber wollte er weder Ja noch Nein sagen? Weil er sowieso nie ein Wort über die Unterdrückung und Ausbeutung seines Volkes verlor. Aus Angst? Nein, weil ihm das gleichgültig war. Er lud sich sogar bei dem verachteten kollaborierenden Steuereintreiber Zachäus selbst zu Gast! Die Wiederherstellung der theokratischen Souveränität, ein jedem Juden heiliges Ziel, und der Messias als Führer in die Freiheit, das alles interessierte ihn nicht. Schon vor ihm hatte es Aufstände unter Führung messiasverdächtiger Totschläger gegeben, so wie es nach ihm unter Führung eines proklamierten Messias in die totale Liquidierung Israels ging. Jesu Reich aber war ein geistiges Reich. Kein nationaler Schmerz oder Jubel kam ihm je über die Lippen, auch nicht, als man ihm meldete, Pilatus habe eine Schar Juden während des Opfergottesdienstes umgebracht. Weder die jüdischen national-theokratischen Aufstände, noch der soziale Freiheitskrieg des Spartacus, über den

jedermann im römischen Reich Bescheid wußte, ließen eine Saite im Gemüt dieses Rabbi anklingen. Überhaupt waren ihm viele »Gebiete« gleichgültig, Politik, Kunst, Rechtsprechung (»Wer hat mich zum Erbteiler über euch bestellt?«), rituelle Sitten, soziale Struktur, alles, was sein Volk an theokratisch verankerten Institutionen besaß, und alles, was sein Volk an schweren Problemen hatte. Er sah über alles achtlos hinweg außer über »das eine, das not tut«. Und so kann man (dies nebenbei) verstehen, daß ihn das nationale Judentum schließlich nicht akzeptierte. Er hätte den »Zaun« um Israel eingerissen. –
Solche Sachen schrieb ich öfter, sie dienten meist der Klärung von Sachverhalten, über die unter den Prälaten keine oder dümmliche Klarheit herrschte. Und ich las sie Laura vor, die über meine Bibelkenntnisse staunte und im Lauf der Zeit von all diesen Fragen, die meist in höchst aktuelle heutige Fragen hereinreichten, genauso wie ich fasziniert wurde. Darf eine politische Partei das Wort »christlich« in ihren Titel aufnehmen? Hat die Kirche einen politischen Auftrag? Sollen die Christen den Armen persönliche Hilfe leisten oder sollen sie, um »glaubwürdig« zu sein, von Spartacus und Karl Marx lernen und Gesellschaftsveränderungen in ihr Programm aufnehmen? Anders gesagt: Soll die Kirche die Massen wiederzugewinnen versuchen durch Nachholen versäumter Parteinahme für die Unterprivilegierten?

An der Skizze »Gebt dem Kaiser …« sieht man schon, was ich in meinen verschiedenen Stellungnahmen aus dem Evangelium herauslesen mußte. Der Vorwurf des »Spiritualismus« rührte mich nicht; er kam von Leuten, die nicht zu Ende dachten, was sie von Jesus und Paulus gehört hatten. Spiritualismus, das sollte heißen: nur an sein Seelenheil denken und nicht an das Zupacken hier auf Erden. Einem Theologen, der mich darüber belehren wollte, antwortete ich lächelnd: »Ausbeuterische Christen zu verwarnen und sie eventuell zu exkommunizieren, dazu seid ihr zu feige. Paulus hatte dazu den Mut. Er zählt den Korinthern die Typen auf, die hinauszuwerfen sind, darunter

Räuber, also Ausbeuter. Allerdings sollten die Korinther nur über Gemeindemitglieder Gericht halten, nichtchristliche Übeltäter gingen sie nichts an, um die wird sich Gott kümmern. Klare Worte, nicht wahr?« Der Theologe meinte, das würde ja einen ganz neuen Abschnitt der kanonischen Gesetzgebung erfordern, und es sei so gut wie unmöglich, genaue Maßstäbe auszuarbeiten. »Aha«, sagte ich, »da ist es dann leichter, nach Strukturveränderung der Gesellschaft zu rufen, das betrifft euch gar nicht direkt, das geht ganz anonym zu«. Gewiß, meinte er. »Und auch die Armen«, sagte ich, »die Ausgebeuteten, die kommen dann automatisch in den Genuß eines höheren Lebensstandards, wie?« Ja, meinte er, und ob das nicht der Mühe wert sei? »Sie finden also«, sagte ich, »die Kirche hat für den höheren Lebensstandard der Armen zu sorgen.« Ob ich das nicht fände, fragte er. Und siehe da, ich fand, daß er seine Lektion schlecht gelernt habe bei Professoren, die sie ebenso schlecht gelernt hätten. Moses sagt einmal: Arme sollten eigentlich gar keine unter euch sein. Und er erließ eine Menge Gesetze zugunsten der Nicht-Wohlhabenden. Dem Tenor der Warnungen Jesu vor dem Mammon liegt eher die umgekehrte Maxime zugrunde: Reiche sollten eigentlich gar keine unter euch sein. Moses dachte an das Volk als ganzes und an die verbesserungsbedürftigen Strukturen, Jesus erscheint neben Moses ganz rückschrittlich: er meint dich und mich und dein und mein Hab und Gut. Nie läßt er mich das, was er von mir fordert, auf eine Gruppe abschieben. Er hat zwar nichts gegen die mosaische Gesetzgebung, und so hat er auch nichts gegen Landreformen und Gewerkschaften, aber das interessiert ihn nicht. Das mögen die Fachleute und die Parteien machen. Ihm geht es um dich und mich, ich sagte schon: um den Glauben an ihn und um dein und mein Hab und Gut, das nicht nur für dich und mich da ist; der Nächstbeste braucht deine Hilfe, deine, meine Hilfe, die wir spüren. Die Strukturverbesserungen, die der Staat vollbringt, die spürst weder du noch ich. »Aber«, sagte ich, »ich will Ihnen keine Lektion erteilen, Sie wissen das kraft Ihrer kanonischen Weihen

und Würden selbstverständlich viel besser.« Sagte ich, lachte und ließ ihn stehen.
Wer aber nun etwa denkt, die christomarxistischen Theologen und Laien seien auf dem kirchenpolitischen Holzweg, dem will ich einen einzigen Satz zitieren, den auf dem letzten Konzil rund zweitausend vom Heiligen Geist Beschattete beschlossen haben. In dem Text, der »Kirche und Welt« überschrieben ist, heißt es bei Gelegenheit des politischen Atheismus, also des Kommunismus, »daß alle Menschen, Glaubende und Nichtglaubende, zum richtigen Aufbau der Welt, in der sie gemeinsam leben, zusammenarbeiten müssen.« Es ist mir unerfindlich, warum die Christomarxisten sich nicht auf diesen Satz berufen, er gibt ihnen völlig freie Hand. Der Katholik ist sogar verpflichtet, dem Konzil zu gehorchen, auch wo er nicht zum bedingungslosen Glauben verpflichtet ist. Hätten die Konzilväter gesagt, ich müsse unter kommunistischen Regimen loyal meine Pflichten erfüllen, dann hätte ich nichts dagegen einzuwenden. Aber daß ich in der Bundesrepublik mit diesen Figuren »zum richtigen Aufbau der Welt« kollaborieren »muß«, das schlägt dem christlichen Faß den Boden aus.
Oder dieser herrliche Unsinn aus dem Abschnitt »Religionsfreiheit«: »Die Wahrheit muß auf eine Weise gesucht werden, die der Würde der menschlichen Person und ihrer Sozialnatur eigen ist, d.h. auf dem Wege der freien Forschung, mit Hilfe des Lehramtes oder der Unterweisung, des Gedankenaustauschs und des Dialogs, wodurch die Menschen einander die Wahrheit, die sie gefunden haben oder gefunden zu haben glauben, mitteilen, damit sie sich bei der Erforschung der Wahrheit gegenseitig zu Hilfe kommen; an der einmal erkannten Wahrheit jedoch muß man mit personaler Zustimmung festhalten.« Hat man schon einmal so viel Unsinn auf so engem Platz beieinander gesehen? Freie Forschung, aber dann an dem Erkannten festhalten? Freie Forschung ist immer offen, und das Erkannte von gestern kann sich heute als unhaltbar erweisen. Oder aber die Wissenschaft wäre längst erstarrt und verknöchert.

Erkenne ich aber auf dem Weg der freien Forschung und mit Hilfe anderer Atheisten den Atheismus als Wahrheit, dann muß ich nach Anweisung der Konzilsväter leider an dieser meiner einmal erkannten Wahrheit festhalten. Übrigens: Wer ist denn je durch »Forschung« zum Glauben an den Fleisch gewordenen Gott gelangt!

Unter den ungläubigen Theologen machen die Christomarxisten nur einen kleinen Teil aus. Wie es heutzutage zu ungläubigen Theologen kommt, ist leicht zu zeigen, ich ziehe es auf eine Grundformel zusammen. Sie sind die sogenannten modernen Menschen des wissenschaftlichen Zeitalters, die bei Worten wie »Ehe Abraham ward, bin ich ... Wer an mich glaubt, wird leben, auch wenn er gestorben ist« nur die Wahl haben, Jesus für einen Aufschneider zu halten, oder aber alle derartigen Aussprüche für nachträglich eingeschobenes Zeug zu erklären. Eingeschoben von Spitzbuben? Nein, von Dummköpfen, die sich nicht moderner ausdrücken konnten. Sie hatten z.B. das Gefühl, Jesu Sache gehe trotz der Kreuzeskatastrophe weiter, aber das konnten sie sich selbst und anderen nicht anders erklären als mit den Worten, er sei ihnen erschienen. Das ist freilich ein hochinteressanter Fall von Kommunikationshemmung. Ganz einfache Sachen konnten sie nicht ausdrücken, dafür drückten sie sich ganz kompliziert aus. Ganz wie diese heutigen Theologen.

Übrig bleibt für diese Theologen einer der vielen jüdischen Gottbegeisterten, in denen Gott »nahe ist«, und einer der vielen jüdischen Lehrer, und zwar ein ziemlich liberaler mit großartigen ethischen Grundsätzen. Alle Erlösungsansprüche, alles nach Göttlichkeit Jesu Christi Klingende, alles auf Stiftung seines Opfers Hindeutende ist beseitigt, weil es für wissenschaftliche Menschen nicht zumutbar ist, ganz zu schweigen von so etwas wie Auferstehung. Darüber lachten ja schon die Athener den Paulus aus.

Dazu einige Anmerkungen. Bei keinem der vielen jüdischen Gottbegeisterten, Moses oder den Propheten oder Johannes

dem Täufer, käme man auf die Idee, einen davon kraft seiner energischen Ethik zum Zentrum einer Religion zu machen. Wer begeistert an Gott glaubt, soll das ruhig tun, dafür steht ihm keine kultische Verehrung zu. Und große ethische Grundsätze haben viele andere aufzuweisen, Sokrates zum Beispiel, oder vielleicht auch ich selbst, ohne daß man um diese Personen einen göttlichen Kult aufbauen wird. Was die Theologen des wissenschaftlichen Zeitalters an Jesus übrig lassen, ist also belanglos und hat keinen Anspruch auf religiöse Verehrung, und gerade im wissenschaftlichen Zeitalter nicht. Man kann das höchstens sozial und politisch instrumentalisieren, und da sagen wir am besten: Vielen Dank, kein Bedarf.
Zweitens: Einfach nur an Gott zu glauben, ohne viel von der Gottheit Christi herzumachen, das ist in der katholischen Theologie heute sehr en vogue. Schon Paul VI. hatte diesen Lösungsvorschlag für den Nahen Osten: »An dem Konflikt sind drei Religionen beteiligt, die alle den wahren Gott anerkennen, das Volk der Juden, das Volk des Islam und dazwischen das über die ganze Welt verbreitete christliche Volk. Sie verkünden mit drei Stimmen den einen Monotheismus. Sie sprechen höchst authentisch, höchst ehrwürdig, höchst geschichtlich, höchst unverwüstlich, höchst überzeugend. Wäre es nun nicht möglich, daß der Name des gleichen Gottes statt zu unüberbrückbaren Gegensätzen zu einer gegenseitigen Hochachtung, Übereinstimmung und friedlichen Koexistenz führt? Könnte der Hinweis auf den gleichen Gott, den gleichen Vater, ohne vorgefaßte Meinungen theologischer Diskussionen nicht eines Tages der klaren, gleichzeitig schwierigen, aber unumgänglichen Entdeckung dienen, daß wir Söhne des gleichen Vaters und allesamt Brüder sind?« Der Anspruch auf den vollen Besitz der Wahrheit und die Gottheit Christi sind diesem römischen Papst unter der Hand zu theologischen Spitzfindigkeiten geworden. Neuerdings rangiert auch der Buddhismus in der gleichen Güteklasse. Aber einfach nur einen Allerhöchsten, den Gott der Freimaurer, anzunehmen, heißt in Kauf nehmen zu müssen, daß

der Allerhöchste mir den Allerwertesten zuwendet. Ein Gott, den ich nicht kenne und dessen Beziehung zu mir verschwommen ist, ist kein Gott des Glaubens, auch wenn er eine etwas elegantere Lösung ist, als beim Urknall stehen zu bleiben. Die gläubigen Christen aber wissen von Gott, daß er uns geradezu aufdringlich zugetan ist, seit er sich uns in Jesus Christus vorgestellt hat. Wieso aber dieser liebende Christus-Gott-Geist eine so herrliche entsetzliche Welt und Menschheit erfunden hat, darüber hilft uns vielleicht die Erinnerung ein wenig hinweg, daß es ohne Not und Tod kein Glück und keine Gier nach Ewigkeit gäbe. Aber man kann das Problem der Theodizee auch auf sich beruhen lassen und sich einfach dem immer wieder vom Tod und von der Überwindung des Todes redenden Christus anheimgeben.

Drittens: Alle, die zu wissen scheinen, was man dem modernen Menschen des wissenschaftlichen Zeitalters nicht zumuten könne, scheinen nicht zu wissen, daß die Wissenschaft einen winzigen Ausschnitt der Welt, nämlich nur das Meßbare und experimentell Verifizierbare zum Gegenstand hat. Alles angeblich Unzumutbare galt auch den Alten schon für unzumutbar – dafür können wir die lachenden Athener gleich noch einmal heranziehen, und ebenso die erbittert widerstreitenden Juden im Johannes-Evangelium.

Die vom Zumutbaren für wissenschaftliche Menschen reden, sind schlicht und einfach mit dem Namen zu belegen, den die Redakteure der WELT aus meiner Rezension des Theaterstücks »Zicke-Zacke« gestrichen haben.

Alles, was ich da im Laufe der Zeit gefunden habe, kann man auch als Ungläubiger finden; es muß nur mit dem Evangelium übereinstimmen. Nun stimmt allerdings das von mir Gefundene nicht mit der Ideologie des letzten Konzils überein, das der Kirche die Aufgabe zuweist, einen Beitrag zum Fortschritt der Menschheit zu leisten. Das ist die absolut unchristliche Ideologie innerweltlicher Perfektibilität. Auf keinen Fall konnte mich das Konzil zur Rückkehr zum Glauben bringen, sondern allen-

falls zur Abkehr vom Glauben. Zum Glauben aber bin ich in der Tat zurückgekehrt durch einige andere Impulse.
Erstens lernte ich einen in der Kirche verhaßten Erzbischof namens Lefebvre kennen, der an den Worten »dies ist mein Leib, dies ist mein Blut«, vom Priester »in persona Christi« gesprochen, keine verbilligende Manipulation zuläßt, so wie Paulus schon die korinthische Perversion donnernd zurückwies. Ich fand den Mann, der am Konzil teilgenommen und die törichtesten Sachen nicht unterzeichnet hat, für mindestens ebenso sehr, wenn nicht ein bißchen mehr als die zweitausend Schlafmützen vom Heiligen Geist inspiriert, und ich sagte mir: wenn schon katholisch, dann ganz katholisch und nicht halb oder gar antikatholisch.
Daß Lefebvre ein französischer Royalist ist, das ist seine Privatsache, die Regimes sind sub specie aeternitatis alle gleichgültig, und sub specie 1985 bin ich für die parlamentarische Demokratie, dieses schlechteste Regime neben sämtlichen anderen noch schlechteren; aber unseren alten Kaiser Wilhelm möchte ich auf keinen Fall wiederhaben. Und daß unter den Priestern, die Lefebvre trotz römischer Proteste fortgesetzt weiht, einige kindische, für paulinische Kämpfe ungeeignete Frömmler und einige Zickzack-Denker sind, die mit Rom am liebsten einen faulen Frieden schlössen oder diesen Frieden schon schrittchenweise kommen sehen, das ist mir gleichgültig. Oder sag ich besser: das kann ich leider nicht ändern. Mir muß dann genügen, daß sie das Opfer, das Christus selbst am Altar immer aufs neue darbringt, um keinen Tropfen verwässern lassen. Und wenn sie nicht so hart gegen die römischen Miniapostel kämpfen wollen, wie Paulus gegen die Jerusalemer »Superapostel« kämpfte, so mögen sie's bleiben lassen. Dann wird eben ihr Widerstand gegen die säkularisierte Kirche erlöschen. Ich jedenfalls habe mit einem meiner letzten Bücher (»Revolution in der Kirche«) den Römern und ihrem knieweichen opportunistischen Anhang kräftig in die salzlose Suppe gespuckt. Laura hat fröhlich an diesen Kämpfen teilgenommen. Meinen Vorträgen über

diese Themen hat sie kritisch assistiert und fuhr jedesmal mit, einmal bis Lugano. Außerdem haben wir einen Priester kennengelernt, der zur gleichen Zeit wie Lefebvre zu widerstehen anfing, dem Hinauswurf aus seiner Pfarrei mit dem Bau einer eigenen Kirche antwortete und mit glänzender paulinischer Schärfe für die unverwässerte Lehre ficht. Diesem Priester verdankten wir sehr viel.

Ein anderer, höchst wichtiger Anstoß für Laura und mich entsprang aus unserer eigenen Arbeit. Ich habe schon ausführlich dargestellt, wie das Nachdenken über das menschliche Kunstbedürfnis zu dem Ergebnis führte, daß die unentwegte Intentionalität, das endlose Zielen trotz Endlichkeit, die Gier nach Vollkommenem hier auf Erden nur eine einzige symbolische Erfüllung findet: im gelungen verspannten Kunstwerk. Eines Tages tauchte der Gedanke auf: Da wir Menschen mit dem Hunger nach unendlicher Dauer entworfen sind, warum eigentlich bitter resignieren, statt diesem Entwurf zu vertrauen? Und gleichzeitig entdeckten wir voller Staunen, daß das einzige religiöse Genie, das diesem Entwurf vertraut, Jesus Christus heißt. Er wußte, daß alles, was wir hier treiben, vom Tod im voraus durchtränkt ist, er wußte, daß unsere tiefste Trauer aus dem Sterbenmüssen stammt. Er redet ununterbrochen vom Ende und ununterbrochen vom Sieg über den Tod, und nicht in mythischen Erzählungen, sondern nackt und konkret. »Wer an mich glaubt, wird leben, auch wenn er gestorben ist.« Und er verlangt nichts als Glauben, wohl wissend und voraussetzend, daß aus dem tiefen Glauben des auf Erden nicht Beheimateten ganz von selbst die hilfreiche Zuwendung zum Mitmenschen entspringt. Und er malt nichts aus, er hält keine eschatologischen Vorträge, der Weltuntergang und das Jüngste Gericht finden im Augenblick deines und meines Todes statt: »Wer glaubt, wird nicht gerichtet, wer nicht glaubt, ist schon gerichtet.« (Nämlich: der schließt sich selbst aus.) Es gibt keine Religion, die so eindeutig wie seine Botschaft von der Gier und der Trauer unseres Daseins ausgeht.

Und das ist unendlich viel mehr als jede verlegene oder schwafelnde Theodizee.
Für mich war es ein großer Tag, als Laura ganz ruhig und gelassen sagte: »An Gott zu glauben, ist selbstverständlich, an Jesus Christus zu glauben, ist zwingend, denn kein Mensch in Israel hätte zu reden und zu fordern gewagt wie er.«
Sie ruhte auf der Couch, als sie das sagte. Es klang wie eine Bilanz, ein Strich unter alles, was wir ein Leben lang getrieben hatten. Ich stand vor ihr und nickte. Sie hatte soeben ein ganz schlichtes Glaubensbekenntnis abgelegt, ruhig und gelassen. Daß dieser Tag ein großer Tag war und mich zu verwandeln bestimmt war, das kam mir erst viel später zum Bewußtsein. Mit dem Konzilsgeschwafel und den verödenden »Reformen« hatten wir natürlich nach wie vor ebensowenig zu tun wie mit der verkrüppelnden Bigotterie des vorigen Jahrhunderts.

Ein großer Tag. Wir haben ein Leben lang getan, was wir konnten, um vollkommen eins zu sein, und wurden nie müde, immer wieder voll Vertrauen die Hände danach auszustrecken ... Sie hat getan, was sie konnte und mich immer wieder an sich gezogen, und wie oft dankte ich ihr auf den Knien, wie oft weinten wir zusammen, und dann lachten und jubelten wir wieder ... Und schließlich diese Bilanz unter dem hochgespannten intentionalen Bogen, Bilanz aus jahrzehntelangem Sehen und Hören und Denken, Bilanz plötzlich auf dem Grund der Seele, nicht mehr das intellektuelle »man«, sondern das endlich und entschlossen eingebrachte »Ich«. Ein großer Tag.

Wir haben getan, was wir konnten, um den heranwachsenden Söhnen ein wenig Stütze und Hilfe zu sein; zwar war es nicht viel. Oft fragte ich mich: Was werden die Kinder sagen, später, wenn sie zurückblicken auf so viele Tage? Und ich hoffte und hoffe, daß sie am Ende von eigenen großen Tagen das Herz voll haben.

Wir haben getan, was wir konnten, um die Kunst von Kitsch und Quatsch zu sondern und die Politik auf Vernunft und Maß zu gründen; was beides fast über Menschenmöglichkeit geht in dieser quatschenden und vernunftlosen Welt. Dabei haben wir viele Menschen, die ja stets alles besser wissen, vor den Kopf gestoßen. Aber ich liebe meine Feinde. Feindschaft ist besser, als im Auspuffgas der Freunde zu krepieren. Ich wünsche meinen Feinden Glück und Freude. Und selbst den Freunden wünsche ich ein so volles Leben, wie wir es gehabt haben.

Ich aber gehe jetzt beiseite, einem langen großen Tag entgegen, ich denke: ihrem und meinem Tag, und ich denke: eine Ewigkeit lang.

Bitte beachten Sie die folgenden Seiten

Rudolf
Krämer-Badoni
Galileo
Galilei
Herbig

»Galilei wollte die
»Köpfe umformen«. Aber in
seinem ungeheuren
Selbstbewußtsein hat er die ein-
flußreichsten Köpfe –
vor den Kopf gestoßen.
Er wollte ohne Kompromisse
siegen. Und das gelang
ihm auch, um den Preis des
Martyriums.«

Rudolf Krämer-Badoni

328 Seiten · Efalin

Paul
Frischauer
LEONARDO
DA VINCI
Roman
Herbig

Frischauers
fundierter Roman, der den
großen Biographien
Irving Stones an die Seite zu
stellen ist, folgt Leonardo
auf den verschlungenen
Wegen seines abenteuerlichen
Lebens. Dem Autor gelang ein
packendes, menschlich
ergreifendes Porträt Leonardos,
das bisher gern übergan-
gene Aspekte seines Lebens
nicht verschweigt.